唐健 谭荣 魏西云 ◎著

农村土地制度改革的
中国故事

地方政府行为的逻辑

北京大学出版社
PEKING UNIVERSITY PRESS

图书在版编目（CIP）数据

农村土地制度改革的中国故事：地方政府行为的逻辑 / 唐健，谭荣，魏西云著. —北京：北京大学出版社，2021.12
ISBN 978-7-301-32503-2

Ⅰ.①农⋯ Ⅱ.①唐⋯ ②谭⋯ ③魏⋯ Ⅲ.①农村 – 土地制度 – 经济体制改革 – 研究 – 中国 Ⅳ.①F321.1

中国版本图书馆 CIP 数据核字（2021）第 183966 号

书　　名	农村土地制度改革的中国故事：地方政府行为的逻辑 NONGCUN TUDI ZHIDU GAIGE DE ZHONGGUO GUSHI: DIFANG ZHENGFU XINGWEI DE LUOJI
著作责任者	唐　健　谭　荣　魏西云　著
责任编辑	张俊仪　李娟
标准书号	ISBN 978-7-301-32503-2
出版发行	北京大学出版社
地　　址	北京市海淀区成府路 205 号　100871
网　　址	http://www.pup.cn
电子信箱	em@pup.cn
新浪微博	@北京大学出版社　@北京大学出版社经管图书
电　　话	邮购部 010-62752015　发行部 010-62750672　编辑部 010-62752926
印刷者	三河市北燕印装有限公司
经销者	新华书店
	720 毫米 ×1020 毫米　16 开本　20 印张　308 千字 2021 年 12 月第 1 版　2021 年 12 月第 1 次印刷
定　　价	69.00 元

未经许可，不得以任何方式复制或抄袭本书之部分或全部内容。
版权所有，侵权必究
举报电话：010-62752024　电子信箱：fd@pup.pku.edu.cn
图书如有印装质量问题，请与出版部联系，电话：010-62756370

推荐序

非常高兴为唐健、谭荣、魏西云教授的新书《农村土地制度改革的中国故事——地方政府行为的逻辑》作序,祝贺这本学术著作的出版。可以说,该书是作者多年从事土地制度、土地政策理论与实践研究的成果集成,透过该书的文字,可以看出作者在土地政策研究领域的深厚积累和学术底蕴。

唐健教授1990年从北大毕业,到当时的国家土地管理局经济所工作,从事土地政策研究三十余年,亲历并参与了中国土地制度改革的一系列重大事件,在工作中得到锻炼和成长,从刚走出校门的学生成长为我国土地政策研究领域的专家。最近,她刚刚完成了职业转型,从国家部委的研究机构到大学任教,预祝她在新的岗位作出成绩。

该书回顾总结分析了2015—2018年在全国范围内开展的农村土地三项制度改革的主要内容、进展,并选择12个典型试点县进行对比分析。围绕改革实施、地方行为、制度环境以及央地关系等要素,该书构建了系统的制度分析框架,探讨了本轮农村土地制度改革的内在逻辑与规律。该书主要回答了两个问题:一是影响农村土地制度改革绩效的因素有哪些;二是改革试点中不同地方政府的行为选择逻辑是什么。在此基础上,该书对本轮改革的绩效作出评价,并给出继续深化改革的建议。

2015年正式启动的农村征地制度、宅基地制度和集体经营性建设用地入市制度等三项土地制度改革试点是在中央主导下开展的。在试点改革中,国务院、原国土资源部等相关部委相继下发多份文件指导全国性的改革试验,

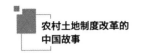

分时序、分步骤地统筹协调试点地区改革。作者通过对四年改革的跟踪评价，敏锐地观察到，试点地区在改革过程中自发衍生出各具特色的改革策略和政策设计，并且随着试点改革的不断深化，许多地方性政策工具呈现出不同的演变趋势。

在集体经营性建设用地入市制度改革部分，该书分析了浙江德清等地在改革过程中的差异，从地方目标、经济特征、集体自治能力和资源禀赋等四个方面进行了解释，总结提炼了地方政府在不同情境下决策行为的规律，并评价了改革实施的绩效。在宅基地制度改革部分，该书以江西余江等地为例，考察东、中、西部地区农村宅基地制度改革的政策安排、实施过程和效果，总结了义乌"渐进式"改革、余江"减法式"改革和湄潭"标准化"改革的突出特征，并从激励机制、制度环境、政策工具三个维度解释了上述三地改革策略分异和时间演化背后的理论逻辑。在征地制度改革部分，该书以广东南海等地区的留用地政策为观察对象，阐释了留用地制度的典型模式、主要特征和取得成效，并在此基础上，对不同地区的政策选择、政策绩效的时空差异和演化规律进行辨析，尝试揭示征地制度演进背后的政府决策行为规律。在统筹实施三项改革部分，该书归纳了上海松江等地在统筹改革上的政策选择差异，阐释了地方政府在统筹改革方面的政策选择逻辑，并尝试总结当前中国农村土地制度统筹改革的主要经验与启示。

作者构建了"激励机制—制度环境—政策工具"的三层次分析框架，并在分析框架下对各项改革进行分析和解释。激励机制层次刻画出中央通过财政和晋升两种机制使地方政府积极执行中央决策，从而保障行政组织稳定和政令通行；制度环境层次刻画的是中央对地方政府行为的具体限制，实质上反映了中央的价值目标，即在农村土地制度改革中保护谁的利益，赋予土地在资源资产上何种属性等；政策工具层次体现的是地方政府的行为选择，是地方政府对中央改革要求的具体行为表现，也是在实际条件约束下对制度环境和激励机制的反馈。三层次分析框架不仅刻画了农村土地制度改革不同类别的影响因素,更揭示了中央与地方之间的互动关系。

中国农村土地制度的演化主要经历了从集中控制向放权创新的变化过程。本轮改革正是中央鼓励地方政府在中央设计的框架内进行地方性的政策创新。党的十八大以来,党中央对农村土地制度的价值取向、央地关系、权利体系、城乡关系等方面做出了一系列调整,这是新一轮农村土地制度改革的基本逻辑。在这种逻辑下,以中央正式制度层面的推动为起点,地方政府作为政策实施主体开展了央地间的纵向互动、地方政府间的横向竞争以及各职能部门间的合作,构成了这个"中国故事"的主线。中央遵循了兼顾不同区域、不同发展阶段和模式的原则进行试点选择,而各改革试点之间差异化的资源禀赋、经济基础以及改革基础,导致了政策的行为在放权让利程度、组织模式选择和政策创新程度上的差异,最终形成了不同的政策结果。

该书的学术贡献主要有如下三点:一是构建了"激励机制—制度环境—政策工具"三层次的分析框架,并将之运用于本轮农村土地三项制度改革的分析。其中,该书重点关注了中央在不同阶段对于公平与效率目标的权衡,剖析了中国农村土地制度中城市与农村的关系、中央与地方的互动以及政府与市场的边界。二是在总结各地土地制度改革实践经验的基础上,揭示了地方政府在改革中的行为逻辑,旨在通过对央地关系的梳理,识别改革中地方政府积极和消极的行为及其背后的原因。通过激励机制、制度环境和地方情境对地方政府行为的影响分析,作者既发现了地方政府面对改革所采取的"共性"行为,也看到不同地方政府的"特性"行为,这些行为都反映了地方政府的决策逻辑。三是土地制度改革的路径选择是国家整体经济社会发展阶段的产物。该书回顾了历次土地制度改革变迁过程,每次政策调整都符合特定时期中央的价值目标。中央对地方改革探索的态度,表明了中央支持什么和维护谁的利益。例如,征地制度改革对农民的补偿标准不断提高;在财力有限、没有能力对农民实行高额货币补偿的条件下,中央对地方的留用地政策

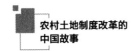

采取默许的态度；等等。党的十一届六中全会指出，我国社会的主要矛盾是人民日益增长的物质文化需要同落后的社会生产之间的矛盾，而党的十九大提出，我国社会的主要矛盾已经转化为人民日益增长的美好生活需要和不平衡不充分的发展之间的矛盾——这也揭示了新一轮农村土地制度改革在追求效率的基础上，开始转向注重不同主体间的公平，也和当前国家在推动高质量发展中促进共同富裕的路径不谋而合。

作者在用"激励机制—制度环境—政策工具"的分析框架解释改革过程的基础上，通过"效率、公平与损耗"分析，对改革的总体绩效进行评价。本轮农村土地制度改革的绩效主要有以下三点：一是建立市场机制提高土地资源利用效率。农村土地制度改革在各试点地区初步建立了城乡统一的建设用地市场体系，以市场配置机制提高城乡建设用地的利用效率，以此倒逼经济高质量发展。二是通过权利重构优化增值收益分配机制。权利体系的重构重新界定了城乡间的发展关系，开启了结束以乡村补贴城市的发展模式的进程，在地方政府的推动下逐步实现了农村土地收益权能，助力乡村振兴。三是以政策统筹降低交易成本。新一轮农村土地制度改革通过非正式制度、正式制度之间的改革联动，降低了各级政府间、政府与农民集体间的交易成本，提高了治理过程的效率，符合推进国家治理体系和治理能力现代化的导向。

最后，该书提出了深化农村土地制度改革的建议。作者指出，我国现行的土地制度环境已成为约束地方改革的"条条框框"，而央地之间的激励机制也对地方政府的改革决策产生着深刻影响，两者共同制约着本轮农村土地制度改革绩效的提高。摆在面前的难题是，截至本轮农村土地制度改革收官，我国城乡二元土地所有制、城乡二元土地市场体系等制度壁垒仍然存在，这就表明未来继续深化农村土地制度改革仍将面临制度环境的影响和制约。

推进土地要素市场化改革、建立城乡统一的建设用地市场，仍然是我们需要继续努力实现的目标。该书的研究则揭示了：实现这一目标，可以从激励机制、制度环境以及政策工具等方面找到适合的改革切入口和保障成功的途径。

胡存智

原国土资源部副部长

2021 年 10 月 15 日

自序

《农村土地制度改革的中国故事——地方政府行为的逻辑》终于付梓了,它是我们观察和思考中国土地制度改革的第四本书。"十二五"初期,我们就开始对中国土地制度,尤其是农村土地制度改革进行深度观察,陆续在浙江、江西、重庆、广东、广西、四川、上海、内蒙古、湖北、福建、河北等11个省(区、市)建立了覆盖"省-市-县-乡-村"的五级土地政策实证监测点。同时,我们还在这些省(区、市)组建了一支土地政策实证监测研究队伍。每年年初,我们统一选题并按照统一方法开展调研。经过十年的积累,我们形成了自己的研究视角,总结了一套土地政策评价方法,并对中国土地制度改革进行了持续的观察和分析。

"十二五"之初,我们重点观察了浙江、四川、江西、湖北、贵州等地针对农村土地制度改革热点问题所进行的探索,并于2014年出版了《新型城镇化战略下农村土地政策改革试验》一书。自此,我们初步搭建了对中国农村土地制度改革的制度分析框架,并在以后的研究中不断做了深化和创新。

在中央提出高质量发展的背景下,基于对广东"三旧"(旧城镇、旧厂房、旧村居)改造工作的跟踪分析,并结合上海、江西、四川、湖北等省(市)以及当时国土资源部在全国部署的低效建设用地再开发试点工作,我们提出了"政府主导""社会资本主导"以及"利益相关方自组织"三种低效建设改造模式。我们还进一步分析了影响各地采用不同模式的因素和作用机制。这些内容都呈现在2016年出版的《新型城镇化战略下建设用地再开发政策的理论与实践》一书中。

在既要保障发展，又要保护资源的严格要求下，中央提出数量、质量、生态"三位一体"耕地保护的理念。针对耕地占补平衡管理中出现的问题，我们从治理效率的视角出发，运用"资源配置、治理结构和制度环境"分析框架，分析了耕地占补平衡制度的演进过程，评价了其绩效，并讨论了未来可能的创新路径。基于此，我们于2017年出版了《耕地占补平衡政策评价与创新》一书。

2015年，党中央部署在全国33个县（市、区）开展农村集体经营性建设用地入市、宅基地制度和征地制度改革试点，旨在建立城乡统一的建设用地市场，实现农民的土地财产权价值，为修改《中华人民共和国土地管理法》提供依据。此次试点工作从2015年开始，至2018年结束，历时四年时间。四年时间里，我们对改革试点情况进行了详细的跟踪评估。

我们观察到，由于地方政府面临的激励和约束条件不同，农村土地制度改革在试点地区存在不同的路径。为此，我们从分析地方政府的行为入手，探索各地采取不同改革路径的内在逻辑，并进一步解释"从上向下"推动改革在执行过程中出现制度多样性的原因。在前期已经初步形成的制度分析框架的基础上，我们进一步完善了理论分析逻辑，建立了包含"激励机制、制度环境、政策工具"的地方政府行为分析框架和"效率、公平与损耗"的土地制度评价维度，作为本书的分析框架和理论支撑。

《农村土地制度改革的中国故事——地方政府行为的逻辑》致力于研究两个议题：第一，辨析制约农村土地制度改革绩效的因素；第二，理解农村土地制度改革试点中地方政府的行为选择逻辑。其中，关于集体经营性建设用地入市改革试点，我们选择了德清县、晋江市、北流市的做法进行比较分析；关于宅基地制度改革试点，我们比较分析了义乌市、余江县、湄潭县的不同做法；关于征地制度改革试点，我们重点分析了杭州市、南海区、和林格尔县的留用地制度；关于统筹农村土地制度改革实践，我们选择了绍兴市、泸县、松江区三地展开对比分析。在对上述四类改革试点的研究中，我们从效率、公平与损耗三个评价维度，对各地改革模式的增值收益、分配结构、制度成本等进行了评价分析。从地方政府在改革中的实施模式、让利程度和创新程度等方面来比较并解释地方政府的行为差异，以此梳理出"农村土地制度改革的中国故事"的主线。

在相同的改革背景下，由于中国目前的纵向政府间关系和地方间关系存在经济、社会发展条件的差异，地方政府采取了多样化的改革模式，并呈现出特定的规律。分析能否以及如何找到这一规律，正是本书最吸引人的地方。我们通过分析改革的实施过程、地方政府的具体行为、特定的制度环境以及当前央地关系下的激励机制，初步勾勒出农村土地制度改革的内在逻辑与规律。上述四类改革试点虽然在具体路径和模式上存在时空差异，但在提升土地收益、提升农民农村收益和降低制度成本上体现了相同的目标导向，这与各地面临相似的激励机制、不同的制度环境和地方情境有关。农村土地制度改革未来将面临深层次的体制机制制约，破解这一问题需要在政策工具、制度环境和激励机制三个层次上进行协同创新。

感谢所有为讲好"农村土地制度改革的中国故事"作出贡献的伙伴们。在我的学术生涯中，最幸运的就是能够同这些优秀的同行们一起愉快地合作，共同探索中国土地制度改革的过程。感谢中国国土勘测规划院为本书提供的支持和便利。感谢浙江大学公共管理学院谭荣教授和他的 CLIME 团队对本书研究思路、方法和框架的设计，以及熊昌盛、孙萌、韩曼曼、胡如梅、王荣宇、张凯文、税丽、周天肖等人在资料整理和书稿撰写上的协助。感谢浙江省、江西省、重庆市、广东省、上海市、四川省、广西壮族自治区、福建省、湖北省、内蒙古自治区、河北省、贵州省等地相关研究机构从事土地政策研究的同行们。近十年的合作中，我们在土地政策研究的道路上结下了深厚的友谊，我们互相成就，彼此欣赏，共同发展。

感谢北京大学出版社的林君秀主任对本书的肯定和大力支持，感谢兰慧女士对本书提出的非常专业的修改建议，感谢张俊仪编辑对本书的加工处理。

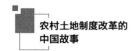

希望我们的研究能够引起同行的关注和讨论,并吸引更多的人关注中国农村土地制度改革。

唐　健

2021 年 8 月

目 录

第一章 新一轮农村土地改革：深化改革破壁而出 1
  一、土地制度与经济社会发展 1
    （一）改革开放以来的发展成就 2
    （二）中国土地制度对社会经济发展的支撑 4
    （三）不平衡的农村土地制度与城市土地制度 6
  二、农村土地制度的发展历程 8
    （一）中华人民共和国成立初期（1949—1952年）：农村土地个人所有制 8
    （二）计划经济时代（1953—1977年）：集体土地所有制下的集体经营 9
    （三）经济转轨时期（1978—2012年）：集体土地所有制下的家庭经营 11
    （四）深化改革时期（2013年至今）：集体土地所有制下的多方经营 13
  三、全面深化改革以来的农村土地制度改革 16
    （一）新一轮农村土地制度改革的背景 16
    （二）破壁而出的新一轮农村土地制度改革 20
    （三）新一轮农村土地制度改革的内容与特征 23
    （四）新一轮农村土地制度改革地方实践的多样化 26

四、地方政府行为与农村土地制度改革的共性与特性 31
    （一）地方改革实践的时空差异性客观存在 31
    （二）地方改革实践差异背后的政府行为 33
    （三）地方政府行为背后的体制机制 34

五、本书研究问题的提出 36

六、本书的结构 38

第二章 农村土地三项制度改革的历史与脉络 42

一、农村集体经营性建设用地管理制度的历史演变 43
    （一）1949—1956 年：市场主导的城乡平等建设用地流转 44
    （二）1957—1985 年：城乡二元建设用地管理体制初步建立 44
    （三）1986—2004 年：地方自发流转与中央制度约束间的矛盾 45
    （四）2005—2008 年：中央授权下的地方流转探索 47
    （五）2009 年至今：城乡统一建设用地市场的建立 48

二、农村宅基地管理制度的历史演变 50
    （一）1949—1956 年：中央主导的无偿分配与自由流转 51
    （二）1957—1978 年：政府代替市场配置宅基地资源 51
    （三）1979—2013 年：政府严格管控与市场化配置萌芽 52
    （四）2014 年至今：中央鼓励地方探索市场配置宅基地资源 53

三、农村征地制度的历史演变 54
    （一）1950—1958 年：中央主导的城乡公平征地模式 55
    （二）1959—1985 年：农村支持城市的征地模式 56
    （三）1986—1998 年：中央规范管理地方政府征地行为 57
    （四）1999—2015 年：中央严格管控与市场机制萌芽 58
    （五）2016 年至今：市场主导的城乡公平征地制度 59

四、农村土地制度改革的历史特征和内在逻辑 60
  （一）农村土地制度改革的历史特征 60
  （二）农村土地制度演变的内在逻辑 62

第三章　激励机制—制度环境—政策工具：一个分析框架 64
 一、农村土地制度改革：全国一盘棋与地方分异化策略 64
 二、农村土地制度改革的分析框架 66
  （一）激励机制 67
  （二）制度环境 70
  （三）政策工具 74
 三、分析框架小结 76

第四章　集体经营性建设用地入市：赋权农民的分异目标 78
 一、集体经营性建设用地入市制度改革："闲地"向"活钱"的转变 . 79
 二、浙江德清集体经营性建设用地入市制度改革：明修栈道，
  暗度陈仓 83
  （一）改革的主要制度设计 83
  （二）改革的典型案例 88
  （三）改革的主要特征和绩效评价 91
 三、福建晋江集体经营性建设用地入市制度改革：雷声大雨点小 94
  （一）改革的主要制度设计 96
  （二）改革的典型案例 97
  （三）改革的主要特征和绩效评价 98
 四、广西北流集体经营性建设用地入市制度改革：闷声发大财 100
  （一）改革的主要制度设计 100
  （二）改革的典型案例 103

（三）改革的主要特征和绩效评价 106

　五、集体经营性建设用地入市制度改革下地方选择与解释 109
　　　（一）地方试点开展入市制度改革差异性表现 109
　　　（二）现有激励机制和制度环境下地方政府的行为目标 111
　　　（三）为什么会出现空间上的策略分异？ 112
　　　（四）现有体制机制是阻碍还是推进了改革？ 118

　六、集体经营性建设用地入市制度改革的经验与启示 120
　　　（一）研究结论 121
　　　（二）政策启示 123

第五章　宅基地制度改革：市场条件决定创新空间 125

　一、农村宅基地制度改革：向准市场化配置看齐 125

　二、浙江义乌农村宅基地制度改革："渐进式" 128
　　　（一）主要政策 128
　　　（二）典型案例 130
　　　（三）小结 133

　三、江西余江农村宅基地制度改革："减法式" 135
　　　（一）主要政策 135
　　　（二）典型案例 137
　　　（三）小结 139

　四、贵州湄潭农村宅基地制度改革："标准化" 140
　　　（一）主要政策 140
　　　（二）典型案例 142
　　　（三）小结 145

　五、宅基地制度改革的地方选择及其逻辑 146
　　　（一）地方选择的空间异化逻辑 146

（二）地方选择的时间演化逻辑 150
　　（三）激励机制与制度环境的基础性影响 153
六、农村宅基地制度改革的经验与启示 156

第六章　征地制度改革：农民真实产权的进与退 160

一、征地制度改革：不断向市场化的征地补偿靠近 160
　　（一）征地制度改革的背景 160
　　（二）留用地政策：契合改革逻辑的政策选择 164
二、浙江杭州留用地政策实践：从"自主开发"转向
　　"统筹开发" 166
　　（一）留用地政策的主要制度设计与演变 166
　　（二）留用地政策实施的典型案例 170
　　（三）留用地政策实施与演变的主要特征 173
三、广东南海留用地政策实践："放"与"收"的权衡 175
　　（一）留用地政策的主要制度设计与演变 176
　　（二）留用地政策实施的典型案例 178
　　（三）留用地政策实施与演变的主要特征 180
四、内蒙古和林格尔留用地政策实践：非典型地区的尴尬经验 ... 183
　　（一）留用地政策的主要制度设计 183
　　（二）留用地政策实施的典型案例 184
　　（三）留用地政策实施的主要特征 186
五、征地制度改革中地方留用地政策的选择与解释 187
　　（一）留用地政策选择的时间演化 187
　　（二）留用地政策选择的空间演化 189
　　（三）留用地政策时空演化的原因：地方政府的激励机制 ... 191
　　（四）从留用地到土地制度改革：体制机制的影响 193

六、征地制度改革背景下留用地政策的启示 195
　　（一）留用地政策实施的改革经验 196
　　（二）留用地政策演进的政策启示 199

第七章　三项制度统筹改革："有组织的"市场化改革 202
一、突破壁垒统筹农村土地制度改革 202
　　（一）统筹农村土地制度改革的由来 203
　　（二）统筹农村土地制度改革的整体设计 205
　　（三）统筹农村土地制度改革的地方行为 206
　　（四）小结 207
二、浙江绍兴统筹农村土地制度改革的实践：闲置农房激活 208
　　（一）主要制度设计 209
　　（二）典型案例 210
　　（三）主要特征及绩效 212
三、四川泸县统筹农村土地制度改革的实践：宅基地共建共享 214
　　（一）主要制度设计 215
　　（二）典型案例 215
　　（三）主要特征及绩效 217
四、上海松江统筹农村土地制度改革的实践：集中安置与平移归并 218
　　（一）主要制度设计 218
　　（二）典型案例 219
　　（三）主要特征及绩效 221
五、地方统筹改革的选择逻辑与分析 222
　　（一）地方选择的空间异化 222

（二）地方改革的选择逻辑 223
　　　（三）激励机制对地方统筹改革的影响 227
　　　（四）制度环境对地方统筹改革的影响 229
　六、统筹农村土地制度改革的经验与启示 231
　　　（一）研究结论 231
　　　（二）政策建议 234

第八章　改革中的地方政府决策：激励和约束下的选择 237
　一、央地关系框架下农村土地制度改革的起点 237
　　　（一）当前土地制度的困境：制度红利逐渐消失 238
　　　（二）中央政府对本次改革的要求：深化市场改革与统筹城乡
　　　　　　发展 239
　　　（三）地方政府对本次改革试点的态度 240
　　　（四）不同层次下央地政府的制度改革互动 241
　二、激励机制层次对地方政府改革行为选择的影响 242
　　　（一）财政的激励对地方政府改革的影响 242
　　　（二）晋升的激励对地方政府改革的影响 244
　三、制度环境层次对地方政府改革行为选择的影响 247
　　　（一）地方政府基于改革目标对制度环境变革的推动 247
　　　（二）制度环境对地方政府改革实际行为的影响 250
　四、地方情境对地方改革行为选择的影响 253
　　　（一）土地资源的禀赋影响地方的改革动力 253
　　　（二）社会经济发展水平影响地方政府参与改革的目的 ... 255
　　　（三）市场化程度影响入市的积极性和模式选择 256
　　　（四）村集体自治能力影响地方政府的角色 257
　五、农村土地制度改革的地方行为逻辑 259

第九章 农村土地制度改革的中国故事：结论与启示 261

一、回顾本轮农村土地制度改革 261

（一）改革的逻辑 261

（二）改革的过程 264

（三）改革的绩效 266

二、本书的研究结论 268

（一）三项农村土地制度改革绩效的时空差异 269

（二）改革绩效与地方政府行为 274

（三）地方政府行为的时空分异规律 275

（四）地方政府行为分异的原因 278

（五）体制机制改革是深化农村土地制度改革的关键 283

三、研究启示与政策建议 286

（一）政策工具层次：大胆创新政策工具，提高工具运用的匹配性与协同性 287

（二）制度环境层次：加快市场机制培育，合理界定政府与市场之间的边界 292

（三）激励机制层次：积极转变央地关系，构建城乡协调发展的价值导向 297

第一章
新一轮农村土地改革：深化改革破壁而出

土地制度是中国最基础的制度，决定了整个国家的经济基础和社会结构[1]；而农村土地制度又是当代土地制度中最为关键的一环，不仅直接影响到农村土地资源配置及农业的内源发展，还关乎农民的持续增收及农村的长治久安，更决定了国家宏观稳定与经济社会的长远发展。因此，对于农村土地制度改革，即使是微小的变化，都值得予以足够的重视。

一、土地制度与经济社会发展

中国现有的土地制度，尤其是城乡二元的土地制度安排，为改革开放以来的快速工业化和城镇化提供了充裕的土地要素，并为城镇基础设施和公共服务供给提供了资金来源。现有文献普遍认为当前的土地制度是中国社会经济不断发展和演进的根源[2]，因此土地制度改革成为认识中国经济发展的重要视角之一。

---

[1] 韩长赋. 中国农村土地制度改革 [J]. 农业经济问题，2019，1:4—16.
[2] 刘守英. 直面中国土地问题 [M]. 北京：中国发展出版社，2014.

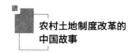

（一）改革开放以来的发展成就

改革开放四十多年来，中国经济发展经历了连续多年的高速增长，被誉为"人类经济史上的奇迹"。[1]统计数据显示，1978年，中国国内生产总值（gross domestic product, GDP）仅为3 645亿元，约占世界GDP的4.6%[2]，人均GDP为381元[3]，位于全球欠发达国家行列的末端。2019年，中国GDP高达99.09万亿元[4]，占世界GDP比重达到16.33%，稳居全球第二，人均GDP增长到7.09万元，这意味着中国稳步迈入了全球中等收入国家的行列。中国经济在四十多年的发展历程中保持了年均近9.5%的增长速度，2019年，经济总量规模已是改革开放之初的34倍以上。[5]

除了经济的高速增长，中国改革开放所取得的伟大成就还体现在国家经济结构与社会结构的变迁上。据统计，1978年，中国第一、二、三产业结构比例为28∶48∶25，而第二产业增加值仅为1 755亿元；到了2019年年底，产业结构比例调整为7∶41∶52，第二产业增加值也达到36.60万亿元，相比改革开放之初增长了200倍以上。与此同时，中国城镇化率（按常住人口计算）也从改革开放伊始的17.86%迅速增长到2019年的60.60%[6]，这意味着四十多年中累计有2.8亿左右的农民离开家乡并真实地参与了中国城镇化的进程。由此可见，经过四十多年的稳步发展，中国已由一个传统的农业大国转变成

---

[1] 林毅夫. 改革开放40年中国经济增长创造世界奇迹[EB/OL]. (2018-05-06) [2021-03-30]. https://baijiahao.baidu.com/s?id=1599667232988406990.

[2] 世界银行WDI数据库。

[3] 国家统计局. 改革开放铸辉煌 经济发展谱新篇——1978年以来我国经济社会发展的巨大变化[EB/OL]. (2013-11-06)[2021-03-30]. http://www.stats.gov.cn/tjsj/zxfb/202002/t20200228_1728913.html.

[4] 国家统计局. 中华人民共和国2019年国民经济和社会发展统计公报[R/OL]. (2020-02-28) [2021-03-30]. http://www.stats.gov.cn/tjgz/tjdt/201311/t20131106_456188.html.

[5] 林毅夫. 改革开放40年中国经济增长创造世界奇迹[EB/OL]. (2018-05-06) [2021-03-30]. https://baijiahao.baidu.com/s?id=1599667232988406990.

[6] 国家统计局. 中华人民共和国2019年国民经济和社会发展统计公报[R/OL]. (2020-02-28) [2021-03-30]. http://www.stats.gov.cn/tjgz/tjdt/201311/t20131106_456188.html.

以工业化、城镇化为主体的现代化国家[1]（见图1-1），国家综合实力也与日俱增。

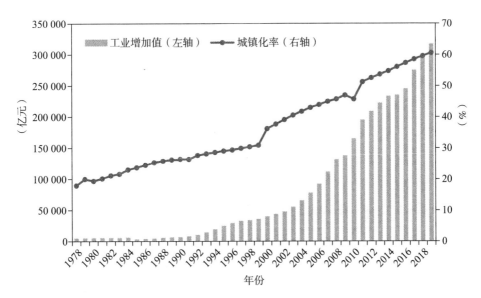

图1-1　改革开放以来中国工业化、城镇化的变化情况

事实上，多年来中国经济增长的主线始终是工业化、城镇化。[2]从1978年党的十一届三中全会提出的突出科技进步作用的工业化战略到2002年党的十六大提出的"以信息化带动工业化、以工业化促进信息化"的新型工业化战略，以及从改革开放初期的小城镇建设战略到2007年党的十七大提出的大城市发展战略，再到2013年的新型城镇化建设战略，都体现了这一发展逻辑。

中国经济与社会结构的快速转型造成了土地从农业用途向工业、城市用途的转变，尤其是大量农业用地被转变为建设用地，即农地非农化过程。据统

---

[1]　吴宇哲，孙小峰.改革开放40周年中国土地政策回溯与展望：城市化的视角[J].中国土地科学，2018, 32(7): 7—14.

[2]　张平，楠玉.改革开放40年中国经济增长与结构变革[J].中国经济学人，2018, 13(1): 22—57.

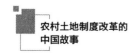
农村土地制度改革的
中国故事

计,为推动工业园区开发建设,2007年前后全国共设有各类国家级、省级、市级经济开发区共6 866个,涉及土地总面积3.86万平方公里[1];还有研究表明,中国在1978—2008年农地非农化的年均数量(即土地资源投入量)约为30万公顷,且其投入变化趋势与中国经济增长的波动趋势基本一致。[2]由此可见,土地资源作为一项重要的生产要素以及各类社会经济活动的重要空间载体,与中国改革开放所取得的经济成就密切相关,而且是助推中国工业化和城镇化建设的重要因素之一。对此,我们不禁进一步思考,是什么机制保障了农用地的及时投入,从而满足中国改革开放以来经济社会的发展需求。

(二)中国土地制度对社会经济发展的支撑

土地资源作为人类社会最为重要的生产要素之一,与资本、劳动力以及技术等共同推动了经济社会的发展。在中国工业化、城镇化进程中,土地要素用于社会生产并非简单的予给予求,因为土地资源的供需往往牵涉不同权利主体权益的变化。为了协调土地不同权利主体的利益以保障社会生产的有序进行,土地制度需要不断创新。简言之,土地要素的投入是土地制度安排的结果,这也是认识中国改革开放以来所取得的伟大成就的重要视角之一。

围绕土地资源利用、管理及收益分配而建立起来的一系列规则安排构成了土地制度。土地制度是确立生产关系的重要制度性安排,也是一国经济制度体系中最为基础的规则设定。[3]相比于其他国家或地区,中国的土地制度具有显著的特点,即三个"二元"特征:一是城乡二元土地所有制,城市土

---

[1] 国家发展和改革委员会,国土资源部,住房和城乡建设部. 关于全国各类开发区清理整顿工作总结报告 [R/OL].(2012-08-30)[2021-03-30]. http://www.doc88.com/p-974627821675.html.

[2] 谭荣,曲福田. 土地非农化的治理效率 [M]. 北京:科学出版社,2015.

[3] 韩长赋. 中国农村土地制度改革 [J]. 农业经济问题,2019,1: 4—16.

地属于国家所有，并由国务院代为行使所有权，而农村土地属于集体所有，并由乡镇集体组织、村集体组织或村小组代为经营、管理；二是城乡二元土地市场，国有土地可以就土地使用权进行市场化的交易买卖，由地方政府垄断，而集体土地一般不允许入市交易[1]，且受地方政府严格管控；三是地方政府的二元主体角色，地方政府既是土地资源的管理者——通过土地用途管制严格限定土地所有制的转变，也是土地交易的主导者——征收集体土地，并将其转为国有土地在国有土地市场上进行交易。正是由于上述三个"二元"特征，中国土地制度助推了改革开放以来工业化、城镇化的发展。

一方面，中国土地制度框架下的农地非农化（即土地要素向城镇和工业领域的投入），为工业化、城镇化的资本积累提供了渠道。[2] 原始资本积累是促进一国经济发展的重要途经。不同于欧美国家通过战争、侵略或殖民等手段完成本国工业化的原始资本积累，改革开放之后，中国工业化、城镇化的资本积累一定程度上是通过农地非农化所带来的土地增值收益实现的。具体而言，在城乡二元土地所有制及城乡二元土地市场的制度框架下，地方政府通过征收土地将集体土地转变为国有土地，并在国有土地市场进行出让交易，在这个过程中，地方政府通过"低价补偿、高价售卖[3]"获得高额的土地增值收入，为地方基础设施和公共服务供给提供了重要的资金来源。此外，地方政府在招商引资中的"竞次"行为[4]，会促使其以较低的价格吸引外来的工业投资，也就是通过降低企业用地成本来吸收市场投资，这本身也是完

---

[1] 《中华人民共和国土地管理法（2019年修正版）》已允许农村集体经营性建设用地进行使用权的入市交易。

[2] 刘守英. 土地制度变革与经济结构转型——对中国40年发展经验的一个经济解释 [J]. 中国土地科学，2018, 32(1): 1—10.

[3] 低价补偿是指以不超过原农业用途年产值的30倍进行补偿，高价售卖是指将征收土地在国有土地市场上公开出让所获取的价格。

[4] 陶然，袁飞，曹广忠. 区域竞争、土地出让与地方财政效应：基于1999~2003年中国地级城市面板数据的分析 [J]. 世界经济，2007, 10:15—27.

成资本积累的又一种隐性形式。

另一方面,中国土地制度框架下的农地非农化,为工业化、城镇化提供了源源不断的土地生产要素。在二元主体角色下,地方政府为了公共利益的需要,比如基础设施建设,就会动用行政征收权将农民集体所有的土地转变为国有土地。但是,法律法规并没有明确界定公共利益的内容,这造成地方政府往往会扩大"公共利益"的范畴以满足地方发展利益的需求,扩大对集体土地的征收规模,比如扩大供应住宅、商业用地的规模等。[1] 这是因为地方政府在征收集体土地过程中享有较高的自主权,征收土地的补偿价格及征收土地的规模通常由地方政府决定。

(三)不平衡的农村土地制度与城市土地制度

基于城乡二元土地所有制,中国土地制度又可以进一步划分为城市土地制度与农村土地制度两类。前者主要是针对城市国有土地的利用、管理与收益分配的规则安排,后者主要是针对农村集体所有土地的规则安排。经过四十多年的发展,以国有土地有偿使用制度和市场体系为主要内容的城市土地制度已在土地交易、价格形成、收益分配及利用管理等方面形成了较为完备的法律法规与制度体系,成为城市经济社会发展的重要经济制度之一。

与城市国有土地相反的是,农村集体所有土地一方面被限定用于从事农业生产或部分与农业生产生活相关的建设开发活动;另一方面,由于农村集体土地所有权的缺陷及法律法规对其参与市场交易的限制,农村集体所有土地无法形成高效、独立的土地市场,资产价值无法显化。在这一背景下,农民的权益难以得到有效保障,农村的经济社会发展也因此缺乏类似城镇经济

---

[1] 陶然,陆曦,苏福兵,等. 地区竞争格局演变下的中国转轨:财政激励和发展模式反思 [J]. 经济研究,2009,44(7): 21—33.

社会发展的动力，成为中国社会经济发展"不平衡、不充分"的症结所在。

城市土地制度的相对完备与农村土地制度的相对缺失，使得中国改革进入深水区后，农村土地制度的改革创新成为重要议题。比如，地方政府通过征收农村集体所有土地获取了大量土地要素以及大部分土地增值收益，本质上是农村土地制度的不完善所致。根据《中华人民共和国土地管理法（2004年修正版）》规定，在城乡二元土地所有制的框架下，政府出于"公共利益"的需要，可以动用行政征收权将农村集体所有土地转变为国有土地，并按原有农业用途进行低价补偿，而农民在这一过程中很难有拒绝的权利。[1] 如何体现农民集体土地所有者权益，如何实现"同地同权同价"，成为农村土地制度改革需要直面的问题。再比如，现阶段农村为城市发展提供了大量低成本的劳动力，这主要是因为大量农民是在未完全放弃农村宅基地和承包地的前提下进城务工。宅基地、承包地等实质上扮演着"蓄水池"和"稳定器"的角色，为广大农民提供基本生活保障，起到对抗市场风险的作用，免除了农民进城务工的后顾之忧，同时也降低了农民工对城市务工收入高于务农的机会成本和对抗风险的需求。但是，这种"蓄水池"和"稳定器"的状态也造成农村土地资源配置效率的低下，是农村土地制度改革需要直面的另一类问题。

总而言之，中国改革开放四十多年来所取得的伟大成就，离不开特有的农村土地制度。一方面，我们应该认识到农民集体在这个过程中所作出的牺牲和贡献；另一方面，我们也要认识到在当前"以工促农""统筹发展"的战略布局下，有必要对农村土地制度进行全面审视，通过制度改革创新赋予农村地区新的发展活力，也赋予农民新的发展权利。

---

[1] 刘守英. 直面中国土地问题 [M]. 北京：中国发展出版社，2014.

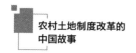

二、农村土地制度的发展历程

根据奥利弗·伊顿·威廉姆森（Oliver Eaton Williamson）的四层次分析框架[1]可知，上述农村土地制度属于正式制度层次，其形成、发展与演化受国家价值理念、政治制度、社会经济体制等基础规则的影响。因此，在讨论如何改革现有的农村土地制度之前，有必要梳理中国农村土地制度的发展历程及其背景。

自 1949 年以来，中国经济体制经历了"稳定社会""单一计划经济体制""计划经济向市场经济体制转型"以及"以市场经济体制为主"四个阶段。相应的农村土地制度安排也可以划分为"农村土地个人所有制""集体土地所有制下的集体经营""集体土地所有制下的家庭经营"以及"集体土地所有制下的多方经营"四个阶段。

（一）中华人民共和国成立初期（1949—1952 年）：农村土地个人所有制

中华人民共和国成立初期，中国始终把土地问题摆放在保障国家稳定的重要位置。[2]这一阶段颁布了具有宪法性质的《中国人民政治协商会议共同纲领》和《中华人民共和国土地改革法》，这两部法律法规围绕土地所有制（含农村土地所有制）问题，给出了明确的改革路线与目标，即废除封建、半殖民地半封建的具有剥削性质的地主土地私有制，并在全国实现农村土地个人所有制。在这两部法律法规的指导下，中国仅用了三年时间便在全国范围内完成了土地制度改革。这一时期的土地制度改革，不仅巩固了新生国家政权的稳定性，还大大促进了农村地区的经济恢复与发展[3]，使得农村生产、生

---

[1] Williamson O E. The new institutional economics: Taking stock, looking ahead[J]. Journal Of Economic Literature, 2000, 38(3): 595—613.

[2] 刘守英. 直面中国土地问题 [M]. 北京：中国发展出版社，2014.

[3] 姜爱林. 土地政策基本理论研究 [M]. 北京：中国大地出版社，2001.

活水平得到明显提高。[1]

在这一阶段，无论是农用地、宅基地还是集体经营性建设用地，都是农民的私有财产，农民享有最为完整的占有、使用、收益、处分及交易权利。也正因为土地产权的明晰与完整性，土地制度改革后不久，部分农村地区又开始出现土地买卖的情形，造成农民群体之间的分化[2]，有违国家当时的意识形态，偏离了共同发展的社会主义目标。因此，在这个阶段的中后期，中国开始提倡将农民"组织起来"，动员农民集体开展农业互助合作，并形成了"互助组"这一组织形态，以期引导农民集体走上共同富裕的道路。[3]

（二）计划经济时代（1953—1977年）：集体土地所有制下的集体经营

在中华人民共和国成立之后至改革开放前的一段较长时间内，受国内外政治形势及意识形态的影响，中国经济社会发展主要是以建立社会主义计划经济体制为目标。这一阶段，全国人民代表大会通过了《中华人民共和国宪法》（1954年）、《农业生产合作社示范章程草案》（1955年）、《高级农业生产合作社示范章程》（1956年），中央政治局扩大会议通过了《关于在农村建立人民公社的决议》（1958年），第八届中央委员会第十次全体会议通过了《农村人民公社工作条例修正草案》（1962年），拉开了第二次农村土地制度改革的序幕，而此次土地制度改革的重点则在于将个人所有制逐步转变为集体所有制，主要采取的是农业生产合作社的形式，并先后经历了初级农业生产合作社（1953—1956年）、高级农业生产合作社（1957—1958年）和人民公社（1959—1977年）三个时期。

---

[1] 中国社会科学院经济研究所现代经济史组.中国土地改革史料选编[M].北京：国防大学出版社，1988.

[2] 刘守英.直面中国土地问题[M].北京：中国发展出版社，2014.

[3] 中共中央印发《关于农业生产互助合作的决议（草案）》的通知[EB/OL].(2007-05-28)[2021-07-08]. http://www.ce.cn/xwzx/gnsz/szyw/200705/28/t20070528_11516124.shtml.

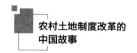

初级农业生产合作社简称"初级社",也称"土地合作社"[1],它是在前期"互助组"的基础上演化而成、个体农民自愿组织起来的半社会主义性质的集体经济组织。在初级社时期,农民将土地作股入社成为社员,土地统一交由初级社进行经营,而农民(社员)则参与社内统一劳作与分配。然而,考虑到农民前期树立的土地私有观念,这一时期的土地制度仍保留农民个人所有制,农民仅将土地所有权中的经营权剥离出来[2],并交由初级社来管理。此外,国家允许社员留有少量自留地,农民(社员)可以耕种自留地和经营其他家庭副业。据统计,1956年,初级社的数量达到历史最高峰139.40万个,涉及农户1.07亿户,占全国农户总数的90%左右。

高级农业生产合作社简称"高级社",是在初级农业生产合作社的基础上,进一步建立起来的以主要生产资料集体所有制为基础的农民合作经济组织,其中就包括农村土地的集体所有制。换句话说,农民(社员)在初级社时期所有的农村土地(宅基地除外,详见后文),到了高级社时期被无代价地统一转化为合作社集体所有[3],而农民(社员)则完全投入到社内农业劳作中。与此同时,农民(社员)原先所有的包括耕畜、大型农具、坑塘、水井等在内的主要生产资料也统一转为合作社集体所有。正是在这一过渡时期,中国农村土地的个人所有制彻底转变为社会主义劳动群众的集体所有制。

人民公社是农业生产合作社的终极形态,是政社合一的农村集体经济组织,也是中国社会主义社会在农村中的基层单位。这一时期,中国农村地区开始实行"三级所有,队为基础"的体制,其中,"三级所有"是指农村生产资料分别属于人民公社、生产大队和生产队所有,"队为基础"是指以生

---

[1] 刘守英.直面中国土地问题[M].北京:中国发展出版社,2014.

[2] 刘广栋,程久苗.1949年以来中国农村土地制度变迁的理论和实践[J].中国农村观察,2007,2:70—80.

[3] 刘守英.直面中国土地问题[M].北京:中国发展出版社,2014.

产队为基础的生产管理机制，并建立以生产队为基础的集体土地所有制下的集体经营制度。此外，国家还恢复了农民保有自留地的制度，并允许小规模经营。

总体来看，第二次土地制度改革与农业生产合作社建设，将中华人民共和国成立初期所确立的农村土地个人所有制转变为了合作社或集体所有制，并建立起相应的土地征收制度。这一制度的变迁与演进，有其历史必然性，为解决当时生产资料匮乏问题、集中响应国家生产需要等作出了应有的贡献。但同时也暴露出生产效率低下、出工不出力、集体行动难以协调、土地资源配置效率较低等一系列问题与矛盾，亟需作出相应的历史转变。

（三）经济转轨时期（1978—2012年）：集体土地所有制下的家庭经营

中国改革开放最早是从农村土地制度改革开始的。[1] 党的十一届三中全会以后，党和国家的工作重心调整到以经济建设为中心的基本路线上来，并确立了由计划经济向市场经济逐渐转轨的发展目标，改革开放成为中国社会经济发展的主旋律。中国农村地区率先开始了经济改革，而其核心就是农村土地制度的改革。[2] 这一阶段，全国人民代表大会通过并颁布了《中华人民共和国土地管理法》（1986年）、《中华人民共和国土地承包法》（2002年）以及《中华人民共和国物权法》（2007年）等一系列法律法规，预示着第三次土地制度改革的到来。这一阶段的农村土地制度变迁，主要是由计划经济时代集体土地所有制下的集体经营转变为集体土地所有制下的家庭经营，即家庭联产承包责任制，并为之建立起相应的法律支撑体系。从本质上来看，此次制度变迁仍保留了集体土地所有权性质不变，仅从中剥离出经营权，实现了集体所有权与使用权的"两权分离"。具体可分为探索建设与法制完善两个时期。

---

[1] 许明月. 改革开放40年中国农地制度的变迁与展望 [J]. 东方法学，2018, 5: 72—79.

[2] 赵崔莉，刘新卫. 基于城镇化视角的中国农村土地制度改革 [J]. 中国人口·资源与环境，2011, 21(1): 121—126.

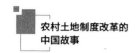

探索建设时期（1978—1986年）。这一时期取消了政社合一的合作社，打破了集体土地所有制下的集体经营制度，并探索建立起家庭联产承包责任制。1978年，党的十一届三中全会通过了《农村人民公社工作条例（试行草案）》（以下简称"六十条"），并维持了"三级所有，队为基础"的旧有体制；同年，安徽凤阳小岗村18位农民在土地承包责任书上立下生死状，正式开始了家庭联产承包责任制的自主探索。1980年，面对社会各界对"包产到户"的巨大争议，中共中央印发《关于进一步加强和完善农业生产责任制的几个问题》的通知，并正式肯定了家庭联产承包责任制这一创新型的农村土地经营方式。此后，从1982年到1986年，中央连续五年以一号文件的形式，明确了家庭联产承包责任制的社会主义性质[1]，提出土地承包期应在十五年以上[2]，指出要将家庭联产承包责任制作为中国农村集体经济组织的一项基本制度并长期稳定下来[3]。至此，以家庭联产承包责任制为代表的农村土地使用权的流转交易已没有了意识形态上的阻碍。

法制完善时期（1987—2012年）。在破除意识形态上的阻碍后，随着农村土地制度探索实践的不断成熟，国家也加快了农村土地制度法制化建设的步伐。1988年，《中华人民共和国宪法修正案》明确了农村土地集体所有制，并规定"土地的使用权可以依照法律的规定转让"。2002年，《中华人民共和国农村土地承包法》的颁布标志着家庭联产承包责任制成为中国农村土地制度的一项基础性制度。2007年全国人民代表大会通过的《中华人民共和国物权法》明确规定土地承包经营权属于用益物权。此后，国家又出台了一系列法律修订与一号文件，对农村土地征收制度、集体建设用地使用制度进行修改和

---

[1] 1982年中央一号文件《全国农村工作会议纪要》[EB/OL].（2018-06-29）[2021-07-09]. http://www.cssn.cn/zt/zt_zh/1n__/4/201806/t20180629_4489981.shtml.

[2] 1984年中央一号文件：关于1984年农村工作的通知[EB/OL].(2008-09-24)[2021-07-08]. http://www.ce.cn/cysc/ztpd/08/ncgg/ngr/200809/24/t20080924_16903356.shtml.

[3] 1985年中央一号文件：关于进一步活跃农村经济的十项政策[EB/OL].(2008-10-09)[2021-07-08]. http://www.cctv.com/special/C22314/20081009/105119.shtml.

完善。

从集体土地所有权中剥离出土地承包经营权是中国实施土地所有权与土地使用权"两权分离"的一次大胆尝试,其坚持的是"巩固所有权、强化使用权"的改革思路[1],而相对于计划经济时代集体土地所有制下的集体经营,这一制度变迁使得农民得以自发进行农业生产活动,从而使优化农村土地资源配置成为可能,同时也摆脱了"大锅饭"下的集体行动困境。但随着中国工业化、城镇化步伐的加快,越来越多的农村人前往城市工作,"人地分离"的局面逐渐形成,劳动力与农村土地资源的错配,使得农村土地承包权与经营权相分离的呼声越来越高。与此同时,人们对中国农村土地产权在处分、收益、交易等方面存在权能残缺的质疑也日渐高涨。

(四)深化改革时期(2013年至今):集体土地所有制下的多方经营

2013年11月,党的十八届三中全会正式通过了《中共中央关于全面深化改革若干重大问题的决定》,指出要积极稳妥地从广度和深度上推进市场化改革,大幅减少政府对资源的直接配置,这意味着过去的向市场经济转轨变为向市场经济过渡,这标志着中国自1978年开始的改革开放进入了新的历史阶段。[2] 在这一阶段,中央连续多年出台一号文件聚焦"三农"问题。2015年年初,在全国33个试点地区开展的农村土地征收、集体经营性建设用地入市和宅基地制度改革,标志着第四次土地制度改革的到来。

从制度变迁的内容来看,这一阶段的农村土地制度主要是由农村集体土地所有制下的"两权分离"转向"三权分置",且呈现由农村土地承包地"三权分置"向宅基地"三权分置"扩张的态势。与此同时,农村集体经营性建设用地在这一阶段也实现了"两权分离"下的入市交易,农村土地征收在征

---

[1] 刘守英. 直面中国土地问题 [M]. 北京:中国发展出版社,2014.

[2] 新中国峥嵘岁月 | 审议通过《中共中央关于全面深化改革若干重大问题的决定》[EB/OL]. (2019-11-29)[2021-04-08]. http://www.xinhuanet.com/2019/11/29/c_1125289644.htm.

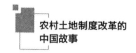

地补偿标准提高、征地范围缩小、征地标准规范等方面取得突破。

2014年，中央一号文件正式提出要在落实农村土地集体所有权的基础上，稳定农户承包权，放活经营权[1]，这表明国家对早期各省市探索农村土地承包权与经营权相分离的肯定。随后连续多年，中央一号文件都指出要完善、落实农村土地承包地的"三权分置"[2][3]，且在2019年明确提出要开展相关法律法规与政策体系的建设[4]，从而将农村土地承包地的"三权分置"提升到国家法律层面的高度。

与此同时，2014年中央一号文件最早明确了新时期农村土地制度改革的另一个重头戏，即开展农村集体经营性建设用地入市、农村宅基地以及征地制度改革（以下简称"农村土地三项制度改革"）[5]，探索将农村土地制度改革扩展到整个集体土地层面，尤其是与农民或集体利益切身相关的集体经营性建设用地、宅基地和征地。2015年，中央正式在全国33个县（市、区）开展农村土地三项制度改革试点[6]，并在随后两年的中央一号文件中强调要稳步推进、统筹协调农村征地、集体经营性建设用地入市、宅基地制度改革

---

[1] 中共中央国务院印发《关于全面深化农村改革加快推进农业现代化的若干意见》[EB/OL].(2014-01-20)[2021-07-08].http://zqb.cyol.com/html/201401/20/nw.D110000zgqnb_20140120_3-06.htm.

[2] 中共中央国务院关于落实发展新理念加快农业现代化 实现全面小康目标的若干意见[EB/OL].(2016-01-28)[2021-07-08]. http://china.qianlong.com/2016/0128/321015.shtml.

[3] 中共中央国务院关于深入推进农业供给侧结构性改革加快培育农业农村发展新动能的若干意见[EB/OL].(2017-02-06)[2021-07-09]. http://www.mofcom.gov.cn/article/zt_dzswjnc/lanmuone/201704/20170402553790.shtml.

[4] 中共中央国务院关于坚持农业农村优先发展做好"三农"工作的若干意见[EB/OL].(2019-02-19)[2021-07-09]. http://news.youth.cn/sz/201902/t20190219_11873951.htm.

[5] 中共中央国务院印发《关于全面深化农村改革加快推进农业现代化的若干意见》[EB/OL].(2014-01-20)[2021-07-09].http://zqb.cyol.com/html/2014/01/20/nw.D110000zgqnb_20140120_3-06.htm.

[6] 全国人民代表大会常务委员会关于授权国务院在北京市大兴区等三十三个试点县（市、区）行政区域暂时调整实施有关法律规定的决定[EB/OL].(2015-02-28)[2021-07-09]. http://www.gov.cn/xinwen/2015-02/28/content_2822866.htm.

试点[1][2]。而在农村土地三项制度改革试点的过程中，2018年中央农村工作会议和2020年中央一号文件提出了要探索、完善宅基地所有权、资格权与使用权相分离，宅基地的"三权分置"也预示着农村宅基地的利用与配置将引入类似市场化的治理机制。[3][4]

2019年，中央一号文件提出全面展开农村土地三项制度改革，加快建立城乡统一的建设用地市场[5]，这更加凸显了中央政府将市场机制引入农村土地利用与管理领域的决心和魄力。同时，中央政府也强调应坚持农村土地集体所有、不搞私有化[6]，坚定农村集体土地所有制不动摇。显然，中国第四次农村土地制度改革仍然坚持"巩固所有权、强化使用权"的改革思路，即在坚持农村集体土地所有制的基本前提下，探索从使用权中进一步细分出不同的土地权利，比如农村承包地的经营权与使用权、宅基地的资格权与使用权等，并允许细分的土地权利在农民集体甚至城乡间进行流转交易，这有利于破解农村人口流入城市的背景下，承包地、宅基地以及集体经营性建设用地处于闲置的难题，同时进一步扩大了农村土地资源交易流转的范围。

农村集体土地所有制进入到多方经营的时代，农民与集体在这一过程

---

[1] 中共中央国务院关于落实发展新理念加快农业现代化 实现全面小康目标的若干意见[EB/OL].(2015-12-31)[2021-07-09]. http://news.cri.cn/2016127/fce553fa-b6ff-72ac-8040-bb0cca70cf95.html.

[2] 中共中央国务院关于深入推进农业供给侧结构性改革加快培育农业农村发展新动能的若干意见[EB/OL].(2016-12-31)[2021-07-09]. http://www.mofcom.gov.cn/article/zt_dzswjnc/lanmuone/201704/20170402553790.shtml.

[3] 中央农村工作会议在京召开 习近平对做好"三农"工作做出重要指示[EB/OL].(2018-12-30)[2021-07-09]. http://china.cnr.cn/news/20181230/t20181230_524466405.shtml.

[4] 中共中央国务院关于抓好"三农"领域重点工作 确保如期实现全面小康的意见[EB/OL].(2020-02-05)[2021-07-09]. http://world.hebnews.cn/2020-02/05/content_7684415.htm.

[5] 中共中央国务院关于坚持农业农村优先发展做好"三农"工作的若干意见[EB/OL].(2019-02-19)[2021-07-09]. http://news.youth.cn/sz/201902/t20190219_11873951.htm.

[6] 同上。

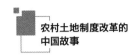

中逐渐获得了类似于市场化的土地权益。当然，此次农村土地制度改革远未结束，有关农村集体经营性建设用地入市、宅基地以及征地制度改革的各项内容仍在不断实践探索中，开展相应的法律法规及政策体系建设以使其合法化、规范化，也仍有较长的一段路要走。正因为如此，本书将以第四次农村土地制度改革为背景，归纳、梳理、总结各试点地区农村土地三项制度改革的经验做法与内在逻辑，力求为后续改革的持续推进提供相关线索和指引。

三、全面深化改革以来的农村土地制度改革

（一）新一轮农村土地制度改革的背景

改革开放以来，中国逐步形成了以公有制为基础，以耕地保护和节约集约用地为主线，以用途管制、农地征收、宅基地无偿分配为主要内容的中国特色农村土地制度。在四十多年的运行中，该制度为中国农村地区的稳定和城市地区的经济发展作出了重要的历史贡献。然而，随着社会经济的快速发展，城乡发展不均衡、城乡收入差距过大的矛盾日益突出，以及上升到国家层面"不平衡、不充分"的发展论断，都与中国当前农村土地制度本身存在的问题有关。

第一，中国农村土地产权主体不明晰，是农村土地经济关系产生矛盾的根源。国家对农村土地所有权权利主体的界定主要体现在《中华人民共和国土地管理法（2004年修正版）》第八条："农村和城市郊区的土地，除由法律规定属于国家所有的以外，属于农民集体所有；宅基地和自留地、自留山，属于农民集体所有。"从法理上看，农民集体是农村土地的产权主体，农民集体指一定范围内的全体农民，区别于自然人、法人和其他组织。围绕农村土地的使用、收益、支配、处分等权利，理应召集所有农民个体进行集

体讨论，但这一组织和决策过程成本极高，且效率较低，因此实践中多是村民代表大会或村干部代为行使相关权利，这就造成了农村土地产权主体的缺位。

农村土地产权主体不明晰直接导致农村土地经济关系的模糊，从而各方之间产生利益冲突，主要表现为城乡之间和集体内部的矛盾。城乡之间的矛盾主要体现在地方政府借"公共利益"之名征收农民集体的土地，在这一过程中，农民集体并非完整意义上的法人，因此在征地过程中难以与政府形成民事上的对等地位，且无法抗拒政府对农村土地使用权、收益权、处分权甚至所有权的干预。集体内部的矛盾，一方面表现在部分村干部可能利用职务之便侵占集体利益，比如利用集体土地发包权为己谋私；另一方面则表现为农村土地利用上的"公共地悲剧"，即农民以个人利益为目标采取掠夺式经营的方法，造成农村土地肥力与地力的下降，或者盲目侵占、超占土地用于房屋建设。

第二，中国农村土地产权不完整，限制了农村土地各项权能的实现。城市土地制度经过四十多年的发展，已经基本形成了相对完备的土地产权体系，但农村土地产权仍存在不完整的问题。《中华人民共和国土地管理法（2004年修正版）》规定："城市市区的土地属于国家所有；农村和城市郊区的土地，除由法律规定属于国家所有的以外，属于农民集体所有。"这一规定将中国土地所有制划分为国家所有与集体所有的二元土地产权结构，再加上土地用途管制制度、征地制度等，农村土地产权在使用权、收益权、处分权和所有权等权能上便产生了不完整这一问题。比如，农村土地只能用于与农业生产相关的用途活动，并因此仅享有与农业生产相关的收益，农村土地一般不能转让给集体以外的其他个人或组织使用，农民集体也难以与地方政府的征地行为相对抗。

农村土地产权的不完整会引发一系列矛盾，最大的问题在于农民集体无法充分享有农村土地的各项权能，其土地权益无法得到保障。具体而言，在

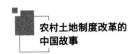

现行制度框架下，农村土地可以通过征收和办理农地转用审批手续变为国有建设用地，但转变为集体建设用地时，除了要办理农地转用审批手续，使用范围还被严格限定在农民自用、以土地合伙或入股与他人办企业、进行农村公共设施建设和自建宅基地内。此外，农村土地不得出让、转让或出租用于非农建设，集体建设用地的流转范围也严格受限。这意味着农村集体建设用地不能与国有建设用地同等入市、同权同价。农民集体的权益无法得到根本保障，农民集体的土地权益也无法实现。

第三，农村土地市场机制尚未建立，土地资源配置效率低下，农民集体的权益难以得到保障。农村土地产权的不完整增加了土地市场交易的不确定性与风险，进而无法有效促成农村土地交易流转的实现，而2019年之前的法律法规也限制了农村土地市场的形成。根据《中华人民共和国土地管理法（2004年修正版）》的规定："任何单位和个人进行建设，需要使用土地的，必须依法申请使用国有土地；但是，兴办乡镇企业和村民建设住宅经依法批准使用本集体经济组织农民集体所有的土地的，或者乡（镇）村公共设施和公益事业建设经依法批准使用农民集体所有的土地的除外。"该法强调"农民集体所有的土地的使用权不得出让、转让或者出租用于非农业建设"。上述规定堵塞了农村土地流入土地市场的正常渠道，导致农村土地市场难以成型，并由此形成了城乡二元土地市场。

农村土地市场的欠发育进一步给农村地区的稳定与经济发展带来诸多影响：一是市场竞争机制的欠缺导致农村土地长期处于一种低效率配置的状态，以"空心村""废旧厂房"等现象为典型的土地闲置或低效利用状态较为普遍，而宅基地配置方面更是出现了"多户一宅"与"一户多宅"并存的"冰火两重天"现象，土地资源错配现象较为严重；二是农村土地的资产属性被人为抑制，而资本属性更是无从谈起，农民集体的土地权益无法得到根本保障；三是由于庞大的现实需求存在，农村地区存量集体建设用地长期未被纳入规范的市场管理体系中，造成集体建设用地隐形交易大量存在，甚至出现了小产权房买卖和农村宅基地私下交易等混乱现象[1]，这是造成农村地区不稳定的重要原因。

第四，土地所有权的单向流动及征地制度的存在，导致了"以农补工"的局面，侵害了农民集体的土地权益与发展权利。根据《中华人民共和国土地管理法（2004年修正版）》规定："任何单位和个人进行建设，需要使用土地的，必须依法申请使用国有土地""国有土地包括国家所有的土地和国家征收的原属于农民集体所有的土地"，在中国城乡二元土地产权制度以及城乡二元土地市场的基本体制下，只允许国家（尤其是地方政府）通过行政强制力和土地征收手段将集体所有土地转变为国家所有土地，而不允许国家所有土地转变集体所有土地，更不允许集体所有土地入市交易买卖。

现有的农村土地制度不仅限制了农村土地市场的形成，而且通过土地征收的方式，将广大农村地区的土地资源变成国有土地市场的"储备资源"，为地方国有土地一级市场源源不断地提供价格低廉的土地要素。在这一过程中，地方政府通过"低价征收、高价竞出"获得了大量的土地增值收益，并直接服务于城市地区的工业化与城镇化进程，而农民集体仅获得少量收益（按原有农业用途一定倍数补偿），且损失了原有土地的所有权及发展权利，农村地区也失去了发展的机会。此外，因土地征收制度不完善，尤其是征地补偿标准过低，各地存在冲突现象，为社会治理带来了风险。

第五，农村土地收益分配机制不完善，阻碍了城乡统筹与区域协调发展。在2015年这轮农村土地制度改革之前，农村土地制度面临着土地收益分配不合理的问题，主要指"无偿、均质化"的分配机制。例如，《中华人民共和国土地管理法（2004年修正版）》中对宅基地分配作出如下规定："农村村民一户只能拥有一处宅基地。"此外，早期农村土地经济收益相对较低，不同利益主体的矛盾并不突出，这掩盖了农村土地制度未能兼顾国家、集体、个

---

[1] 黄小虎.关于我国房地产业的若干思考[J].开放导报，2009, 5: 57—64.

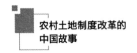

人利益的问题。

然而，随着社会经济的发展，尤其是在经济发达、土地市场化程度较高的地区，农村土地的经济价值在逐渐显现并不断提升，农民、集体以及地方政府围绕农村土地收益的利益冲突也越发明显。例如，征地所引发的矛盾，本质上是农民集体与地方政府之间收益分配的不均衡导致的。此外，农村土地收益分配机制的缺乏，还导致了城市与农村之间、集体与集体之间、集体与农民之间，以及农民与农民之间的收益分配冲突，加剧了城乡及农村地区内部的分化，成为制约城乡统筹发展与区域协调发展的重要因素之一。

总之，中国当前农村土地制度已无法适应新时代经济社会发展的要求，不仅阻碍了农村地区土地资源配置效率的提高，还削弱了农民集体的农村土地权益，是加深城乡二元体制烙印、加剧城乡发展不平衡的重要因素。因此，积极推进农村土地制度改革十分必要且迫在眉睫。

（二）破壁而出的新一轮农村土地制度改革

为了响应党的十八届三中全会有关全面深化改革重大问题的会议精神，同时也是为了破解现行农村土地制度运行中暴露出的种种问题，2014年12月，中央全面深化改革领导小组第七次会议审议通过了《关于农村土地征收、集体经营性建设用地入市、宅基地制度改革试点工作的意见》（以下简称"《意见》"），并于2015年1月由中共中央办公厅和国务院办公厅联合印发，标志着新一轮的农村土地制度改革正式进入了试点阶段。《意见》的出台，不仅树立了新一轮改革应当坚持的"土地公有制性质不改变、耕地红线不突破、农民利益不受损、粮食生产能力不降低"的底线思维，还对各项制度改革的任务目标作出了具体要求。

2015年2月，第十二届全国人民代表大会常务委员会第十三次会议通过了《全国人民代表大会常务委员会关于授权国务院在北京市大兴区等三十三个试点县（市、区）行政区域暂时调整实施有关法律规定的决定》，拟授权国务院在 33 个试点县（市、区）行政区域内分别开展为期三年的农村集体经营性建设用地入市制度、宅基地制度以及征地制度改革，并允许试点地区在 2017 年 12 月 31 日前暂停调整实施《中华人民共和国土地管理法》《中华人民共和国城市房地产管理法》等法律法规中与新一轮农村土地制度改革内容相悖的法律条文，移除了改革实践的法律障碍，这标志着新一轮农村土地制度改革正式进入启动实施阶段。

试点之初，全国 33 个改革试点地区根据中央政府改革设定的安排，分别承担了新一轮农村土地制度改革中的其中一项进行试点，其中，农村集体经营性建设用地入市制度改革和宅基地制度改革的试点地区为 30 个，征地制度改革的试点地区为 3 个（见表 1-1）。例如，德清县起初是浙江省唯一开展农村集体经营性建设用地入市制度改革试点的地区；福建省晋江市最早开展的是宅基地制度改革；而内蒙古自治区和林格尔县最早开展的是征地制度改革。

随着改革的深入，各试点地区在开展单项农村土地制度改革的实践中，暴露出诸如难以调动地方政府征地制度改革积极性、宅基地与集体经营性建设用地之间界线模糊、集体经营性建设用地存量较少等现实问题，阻碍了各项改革内容的推进，并限制了改革成效的进一步扩大。对此，2016 年 9 月，中央全面深化改革委员会办公室复函同意原国土资源部将农村集体经营性建设用地入市制度和征地制度改革扩大到全国 33 个试点地区的建议，即允许开展宅基地制度改革的 15 个试点地区实现三项制度改革的联动，允许农村集体经营性建设用地入市制度改革的 15 个试点地区扩大开展征地制度改革，以及允许开展征地制度改革的 3 个试点地区同时开展农村集体经营性建设用地入市制度改革。

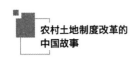

表1-1 新一轮农村土地制度改革33个试点县（市、区）及改革内容演进

改革试点地区	改革试点内容		
	2015.2–2016.9	2016.10–2017.11	2017.12–2018.12
北京市大兴区	入市制度改革	入市制度改革 + 征地制度改革	入市制度改革 + 宅基地制度改革 + 征地制度改革
浙江省德清县			
江苏省常州市武进区			
上海市松江区			
海南省文昌市			
广东省佛山市南海区			
广西壮族自治区北流市			
重庆市大足区			
贵州省湄潭县			
四川省郫县			
吉林省长春市九台区			
黑龙江省安达市			
河南省长垣县			
甘肃省陇西县			
山西省泽州县			
天津市蓟县	宅基地制度改革	入市制度改革 + 宅基地制度改革 + 征地制度改革	
浙江省义乌市			
福建省晋江市			
江西省余江县			
四川省泸县			
辽宁省海城市			
安徽省金寨县			
湖北省宜城市			
湖南省浏阳市			
云南省大理市			

(续表)

改革试点地区	改革试点内容		
	2015.2–2016.9	2016.10–2017.11	2017.12–2018.12
西藏自治区曲水县			
陕西省西安市高陵区			
青海省湟源县			
宁夏回族自治区平罗县			
新疆维吾尔自治区伊宁市			
内蒙古自治区和林格尔县	征地制度改革	入市制度改革 + 征地制度改革	
河北省定州市			
山东省禹城市			

此后，为进一步深化落实中央改革的任务目标，2017年10月31日，第十二届全国人民代表大会常务委员会第三十次会议审议并通过了将新一轮农村土地制度改革试点期限延长一年至2018年12月31日的决议，以期进一步深入推进改革试点，更好地总结试点经验，为修改法律打好基础。同年11月，国土资源部在《关于深化统筹农村土地制度改革三项试点工作的通知》中明确指出，将宅基地制度改革从15个拓展到所有试点地区，意味着33个试点地区同时开展农村集体经营性建设用地入市制度、宅基地制度以及征地制度改革。至此，新一轮农村土地制度改革试点工作进入了全面覆盖、统筹推进、深度融合的新阶段。

（三）新一轮农村土地制度改革的内容与特征

根据《意见》，新一轮农村土地制度改革除了对三项制度提出具体的改革任务目标，还对三者共同涉及的土地增值收益分配问题作出了指导性安排。

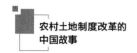

具体来说,在农村集体经营性建设用地入市制度改革方面,针对农村集体经营性建设用地权能不完整,不能同等入市,同权同价和交易规则亟待健全等问题,《意见》提出要完善农村集体经营性建设用地产权制度,赋予农村集体经营性建设用地出让、租赁、入股权能;明确农村集体经营性建设用地入市范围和途径;建立健全市场交易规则和服务监管制度。

在农村宅基地管理制度改革方面,针对农户宅基地取得困难、利用粗放、退出不畅等问题,《意见》提出要完善宅基地权益保障和取得方式,探索农民在不同区域户有所居的多种实现形式;对因历史原因形成超标准占用宅基地和一户多宅等情况,探索实行有偿使用;探索进城落户农民在本集体经济组织内部自愿有偿退出或转让宅基地;改革宅基地审批制度,发挥村民自治组织的民主管理作用。

在征地制度改革方面,针对征地范围过大、程序不够规范、被征地农民保障机制不完善等问题,《意见》提出要缩小土地征收范围,探索制定土地征收目录,严格界定公共利益用地范围;规范土地征收程序,建立社会稳定风险评估制度,健全矛盾纠纷调处机制,全面公开土地征收信息;完善对被征地农民合理、规范、多元的保障机制。

与此同时,针对上述三项改革所共同涉及的土地增值收益分配问题,新一轮农村土地制度改革还提出要建立兼顾国家、集体、个人的土地增值收益的分配机制,合理提高个人收益;针对土地增值收益分配机制不健全,兼顾国家、集体、个人之间利益不充分等问题,提出要建立健全土地增值收益在国家与集体之间、集体经济组织内部的分配办法和相关制度安排。

根据上述改革内容,可以进一步将新一轮农村土地制度改革的主要特征归纳为如下几点:

第一,坚持问题导向与底线思维。改革并非凭空出现,而是对现实发展问题的积极回应。在经历了四十多年的制度建设与"修补"过后,中国现行农村土地制度在运行中所暴露出的各种问题,已成为横亘在乡村振兴、城乡一体化建设以及新型城镇化建设等各项战略实施道路上的"绊脚石",无法适应新时代的发展要求,要挪开这些"绊脚石",需以"解铃还须系铃人"的心态重新回到制度层面,从制度改革入手,破除现有制度壁垒,这也是本轮改革的初衷所在。与此同时,改革并非革命,不是对以往制度体系的彻底推翻和重建,而是要继续坚持符合国家长期发展战略的、旧有的制度规范。在社会主义公有制长期不变,粮食安全问题长期伴随国家发展存在,以及农民集体权益应得到落实保护的背景下,树立"土地公有制性质不改变、耕地红线不突破、农民利益不受损、粮食生产能力不降低"的底线思维,既是维护社会稳定的需要,也是保障国家未来长远发展的需要。

第二,提高配置效率与保障公平正义相并存。一方面,无论是集体经营性建设用地入市,还是宅基地有偿退出与流转,抑或是探索多元化的征地补偿方式等,都能看到"无形之手"——市场的影子。换句话说,使市场竞争机制在农村土地资源配置中起决定性作用,是本轮农村土地制度改革的重要方向之一,既是为了有效解决长期以来农村地区土地资源低效配置的难题,也是为了赋予农民集体"可交易"农村土地的权利,使其享有应有的土地权益。另一方面,从构建城乡统一的建设用地市场以及探索建立兼顾国家、集体、个人土地增值收益的分配机制中,则能感受"有形之手"——政府的力量,即通过中央政府的主动改革与顶层设计,打破收益向城市地区倾斜的分配格局,力图实现城乡之间的公平发展与农村地区不同主体之间的公平分配,这是本轮农村土地制度改革的另一个重要方向。

第三,"广而精"的改革试点实践。与以往的改革试点实践有所不同,新一轮农村土地制度改革试点范围较广,涉及全国31个省级行政区域(不含港、澳、台)的33个试点县(市、区),而且对于同一项农村土地制度改革,往往有多个试点地区在进行,基本涵盖了中国各类区域,照顾了各地区发展的特殊性与差异性。与此同时,对33个试点地区的选择也绝非"拍脑袋"决定,而是对试点地区的社会经济条件、地方发展改革历程以及地方政府治理水平等

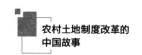

多方面因素考量的结果。例如，福建省晋江市是全国最早开始探索农房抵押的地区；广东省佛山市南海区在农村集体土地利用与管理方面已自主探索多年；内蒙古自治区和林格尔县是自治区内承担中央各项改革试点任务最多的地区。总之，选取试点地区时"广撒网"与"精挑细选"并重，既确保了农村土地制度改革的共性特征得以体现，又兼顾了地方发展特色，做到了共性与特性相兼容。

第四，"自上而下"与"自下而上"相结合的改革。正如前文所言，中央政府在新一轮农村土地制度改革中，对改革的问题导向、底线思维以及任务目标等作了框架性的规范和要求，采取"自上而下"下达改革试点任务的方式，看似约束着地方政府探索改革的空间，但实际上只是明确了"为什么要改""改的底线有哪些"以及"改成什么样"等基本问题，至于"如何去改"仍交由地方政府自由发挥。地方政府在"如何去改"的探索实践中形成的经验总结，也将通过"自下而上"的方法体现到新一轮农村土地制度改革的最终目标——法律修改中。这种"自上而下"的任务下达与"自下而上"的自主改革相结合的方式，既能够保障中央政府改革目标的落地，也能够充分发挥地方政府的主观能动性，是本轮改革的又一鲜明特色。

（四）新一轮农村土地制度改革地方实践的多样化

无论是出于自身现实发展的需要，还是迫于完成试点改革任务的压力，33个试点地区率先在全国范围内开始农村土地三项制度改革的探索实践。总体来看，这些试点地区已经形成了一批可复制、可推广的改革经验与优秀做法，同时也出现了一些明显带有自身特色的地方试点行为。

在农村集体经营性建设用地入市制度改革中，浙江省德清县自改革伊始便表现出极大的热情，其围绕"农民保障更有力、集体资产更壮大、产业结构更优化、基层治理更有效"的改革目标，坚持"制度政府定、价格市场来、收益共分享"的基本思路，不仅率先构建了"一办法、两意见、五规定、十范本"的入市政策体系[1]，还严格遵照制度设计与规则安排，完成了全国首宗集体经营性建设用地入市，并成功举办了首场集体经营性建设用地使用权出让拍卖会，是集体经营性建设用地入市制度改革的先行者。截至2019年10月底，德清县累计完成集体经营性建设用地入市199宗，面积为1 494.77亩，成交价款为3.14亿元，居全国33个试点地区前列，入市的总体规模和实现的入市收益都位居全国前列。[2]

相比于德清县，广西壮族自治区北流市在推广入市制度改革的道路上不仅完成了利用存量集体经营性建设用地进行入市制度改革的基本动作，还拓展了新增集体经营性建设用地入市的渠道，更探索了利用集体经营性建设用地进行房地产开发，实现了对既有入市制度改革范围的突破，是集体经营性建设用地入市制度改革的破局者。截至2018年10月底，北流市已完成98宗集体经营性建设用地入市，其中入市用途为住宅用地的共计70宗，入市面积共计3 961.98亩，占全域入市土地总面积的79.85%[3]，其规模高居试点地区首位。

与之相反的是，福建省晋江市在入市改革上却呈现"雷声大、雨点小"的特征，虽然完成了集体经营性建设用地入市的系列制度建设，但面对市域

---

[1] "一办法"是指《德清县农村集体经营性建设用地入市管理办法（试行）》，这是德清县集体经营性建设用地入市政策体系的总纲，对入市相关政策进行了原则性规定；"两意见"是指《关于建立农村土地民主管理机制的实施意见》和《德清县鼓励金融机构开展农村集体经营性建设用地使用权抵押贷款的指导意见》；"五规定"是指《德清县农村集体经营性建设用地使用权出让规定（试行）》《德清县农村集体经营性建设用地出让地价管理规定（试行）》《德清县农村集体经营性建设用地异地调整规定（试行）》《德清县农村集体经营性建设用地土地增值收益调节金征收和使用规定（试行）》《德清县农村集体经营性建设用地入市收益分配管理规定（试行）》等；十范本具体指《德清县集体经营性建设用地入市申请书》《德清县集体经营性建设用地入市审核表》《德清县集体经营性建设用地入市决议》《德清县集体经营性建设用地入市核准呈报表》《德清县集体经营性建设用地入市核准书》《德清县集体经营性建设用地入市委托书》《德清县集体经营性建设用地使用权出让（租赁）公告》《德清县集体经营性建设用地使用权出让（租赁）须知》《德清县集体经营性建设用地使用权出让（租赁）成交确认书》《德清县集体经营性建设用地使用权出让（租赁）合同》。

[2] 德清县自然资源与规划局统计数据。

[3] 北流市自然资源与规划局统计数据。

范围内规模较大的存量集体经营性建设用地，实际完成入市交易的案例并不多，是集体经营性建设用地入市制度改革的观望者。截至2018年12月底，晋江市共完成集体经营性建设用地入市交易90余宗，但累计入市面积仅470余亩，入市制度改革成效在全国范围内来看也并不突出。[1]

同样的情形也发生在农村宅基地制度改革中。江西省余江县始终以"坚守土地公有制性质不改变、耕地红线不突破、粮食生产能力不减弱、农民利益不受损"为根本准则，以"户有所居、民有所获、村有所美"为总目标，以"规划引领、公平分配、取退有偿、允许流转、城镇导向"为路线图，以"宅基地使用、退出、流转、分配和管理改革探索"为主要内容，以"政府引导、村组主导、农民参与；规划先行、统筹整合、经济调控"为主要做法总结，面向全县展开宅基地制度改革试点。截至2019年11月，余江县宅基地制度改革实现了行政村100%覆盖，共退出宅基地34 226宗（4 573亩），其中有偿退出7 687宗（1 073亩），无偿退出26 539宗（3 500亩）。村集体收取有偿使用费1 133万元（7 968户），发放农民住房财产权抵押贷款5 251万元，改革效果喜人。

浙江省义乌市的宅基地制度改革相比于江西省余江县则体现出"行稳致远"的鲜明特征。从最早的"四层半"农房自建模式，到"高低结合"的社区统建模式，再到"高层集聚"的城乡新社区模式，直至最后的"集地券"交易模式，其围绕宅基地制度改革的目标先后经历了四次模式变迁，而每一次变迁的背后，都是对宅基地有偿使用、退出、流转及抵押交易等改革内容的深度融合与贯通，也是在宅基地制度改革中追求"向空间要地"和"由发展权供资"的极致体现，极大地拓展了宅基地制度改革的思路与范畴。据不完全统计，截至2018年年底，义乌全市解决农村住房历史遗留问题的村有128个，处理户数33 694户，收取有偿使用费93 865万元，占全国总量的2/3以上，居全国试点

---

[1] 晋江市自然资源与规划局统计数据。

地区首位。而农村居民在宅基地制度改革中共获利51.07亿元,其中"集地券"收益7.73亿元,有偿选位费32.00亿元,有偿使用费9.39亿元,入市获利0.70亿元,留地安置货币补偿1.25亿元[1],改革成效更为惊人。

贵州省湄潭县以切实保障和维护农民宅基地使用权、住房财产权为出发点和落脚点,在确保农民户有所居的前提下,探索农村集体经济组织和农户盘活利用闲置农房和宅基地、增加农民财产收益的有效方式与途径:一是针对宅基地所有权、资格权、使用权的问题,改革完善农村宅基地权益保障制度和取得方式;二是针对宅基地历史遗留问题,探索建立宅基地有偿使用制度;三是针对闲置宅基地问题,探索建立宅基地自愿有偿退出机制;四是针对宅基地多元主体管理问题,完善宅基地管理制度。截至2018年7月底,湄潭全县腾退出零星、闲置的宅基地9.6万户,共7.1万亩,共办理农房抵押4.7万宗,涉及抵押金额高达91亿元。[2]

本轮征地制度改革的关键任务之一是改革旧有征地补偿过低以及无法顾及被征地农民长远利益的补偿模式。因此,"留地留物业"作为一项制度创新成为各地试点实践的重要内容之一。留用地是指政府在征收集体所有土地时,以村级集体经济组织为单位,在城乡规划和土地利用规划确定的建设用地范围内,按照一定比例核定用地指标,给予相关优惠扶持政策,专项用于发展村级集体经济的土地。

浙江省杭州市、温州市早在20世纪90年代末便开始探索留用地补偿安置政策,即在征收农村集体土地的过程中,按10%的比例留予被征地农民和集体,并交由农民集体自主开发或与市场主体合作开发,用以保障其未来长远发展的利益诉求。然而在多年实践中,留用地也暴露出开发项目同质化过高(比如都倾向于开发商业等高附加值业态)、农民集体缺乏项目运营经验以

---

[1] 金华日报. 义乌农村土地制度改革多项成果位列全国第一 [N/OL].(2018-01-15) [2021-06-02]. https://zjnews.zjol.com.cn/zjnews/jhnews/201801/t20180115_6326475.shtml.

[2] 《湄潭农村土地制度改革三项试点成果评估报告》。

及经营资金链断裂等一系列问题，导致留用地开发实际效率较低，也无法满足全市统一开发布局的需要。因此，后期杭州等地在留用地制度改革上又开始出现"回撤"的现象，即地方政府重新将农民集体的留用地集中或收回，并进行统一规划、统一建设、统一运营，通过让渡部分物业和年底分红等形式保障农民集体的权益。

广东省佛山市南海区地处珠江三角洲核心区域，为引进工业产业并加快其顺利落地，南海区早在20世纪80年代末便开始采取留用地安置的政策来协调征地开发的矛盾，并以此保障农民的长远利益。在四十多年的实践历程中，南海区地方政府对留用地政策的探索实践出现了"逐渐扩大留用地比例、取消留用地政策"的戏剧性转折。从90年代起，南海区留用地比例由最早的15%上升到20%，再到38.6%，最高时曾一度达到60%。[1] 然而，与浙江地区相类似的是，南海区留用地政策在实施过程中同样出现留用地难以落地、产业布局过于零散、用地集约度不高等一系列矛盾问题。因此，南海区政府于2018年也正式取消了留用地政策。[2]

与浙江省、广东省选择"退出"留用地政策相反，内蒙古自治区和林格尔县却在积极"引进"留用地制度。和林格尔县是新一轮农村土地制度改革中3个征地制度改革试点地区之一，肩负突破现行征地制度、创新征地补偿模式的重任。为此，和林格尔县将目光转向发达地区，并尝试引入留用地政策来改革征地制度。和林格尔县的留用地政策规定，只要人均耕地小于5亩的村庄都可以采用留用地政策征收土地，而且按被征地农民人均1亩的数量留地，保留集体土地所有权，用于发展壮大农村集体经济。截至2018年12

---

[1] 曹正汉. 弱者的产权是如何形成的？——中国被征地农民的"安置要求权"向土地开发权演变的原因 [M]// 张曙光. 中国制度变迁的案例研究（土地卷）第八集. 北京：中国财政经济出版社，2011：45.

[2] 中地集团."南海区留用地开发利用与地票交易"专题研讨会在南海区国土城建和水务局举行 [EB/OL].(2017-08-14)[2021-06-02]. https://www.zdpg.com.cn/html/7489151742.html.

月,全县留用地政策涉及1 784位农民,按照每人1股共计1 784股委托县公司统筹开发1 784亩留用地,但由于土地潜在开发价值较低,难以吸引企业落地,而农村自主开发能力难以支撑留用地的有效开发与利用。目前来看,整体实施效果远不及浙江省杭州市、广东省佛山市南海区等发达地区。

四、地方政府行为与农村土地制度改革的共性与特性

在新一轮农村土地制度改革的过程中,不同地方政府在不同制度改革内容上所采取的无论是相近的还是相异的实践做法,都与地方实际情况有关。观察地方政府试点中的共性与特性,能够帮助我们更加全面地了解当前农村土地制度的现实矛盾,并把握改革的突破口。

(一)地方改革实践的时空差异性客观存在

纵观全国新一轮农村土地制度改革中各试点地区的实践探索,针对同一项农村土地制度改革,不同地方政府在承接"自上而下"的改革任务以及探索改革目标落地的过程中,在改革意愿、动员力度、改革措施以及改革效果等方面,都或多或少表现出一定的差异性。这些差异可以从空间和时间两个维度进行观察与解读。

从空间维度来看,以农村集体经营性建设用地入市制度改革为例,入市制度改革意味着不同试点地区普遍面临着培育集体建设用地市场、让利于民甚至在一定程度上挤压国有土地一级市场的重任与压力。对此,在探索实践中,浙江省德清县与广西壮族自治区北流市采取了主动出击、积极应对的措施,即鼓励在全境范围内开展集体经营性建设用地入市交易,政府不仅建立入市交易平台,还协助农民集体作好用地规划、土地平整,以及接洽用地单位。广西壮族自治区北流市更是大胆探索,利用集体经营性建设用地入市发

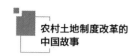

展当地房地产业,表现出较高的积极性。然而,福建省晋江市作为中国民营经济较为发达的地区之一,在开展入市制度改革中却选择了相对保守甚至消极的改革路径,实质上并未在全市范围内展开入市制度改革,而是选择性地挑选部分案例进行入市交易。正因为如此,三个试点地区在累计入市面积上出现了较大的差异,其中广西壮族自治区北流市累计入市面积达到近4 000亩,浙江省德清县约为1 500亩,而福建省晋江市仅为广西壮族自治区北流市的11%。另外,值得注意的是,发达地区用地需求相对较高,更有利于农村集体经营性建设用地的入市交易;而欠发达地区往往因用地需求不足而难以完成交易。显然,上述三个试点地区的实践结果已偏离发达地区入市意愿理应高于欠发达地区的一般认知。

从时间维度来看,以征地制度改革为例,浙江省杭州市与广东省佛山市南海区因较早面临大规模工业化、城镇化的快速扩张压力,早在20世纪80—90年代便开始探索留用地政策,这不仅极大促进了当地社会经济的发展,也为推动征地制度改革提供了重要参考。然而,随着留用地政策运行中暴露出的难落地、难统筹、难开发、难管理等问题越来越明显,这两个地区正在逐步采取"回撤"或"退出"的方式取消留用地政策,并转而回归到提高补偿利益标准、扩大物业补偿的常规改革动作上来。而内蒙古自治区和林格尔县为了在新一轮征地制度改革中完成改革内容的突破,积极大胆引入浙江省杭州市、广东省佛山市南海区已"回撤"的留用地政策,并尝试通过成立国有公司的方式对被征地农民集体的留用地进行统一开发和管理。然而,从实施效果来看,远未达到改革之初所设定的预期目标。

总而言之,新一轮农村土地制度改革在各地方实践中表现出空间变化与时间演化差异共存的基本特征,而这也正是本书所要关注的重点所在——为什么同样的农村土地制度改革内容,放在不同地区或不同时间会出现差别化的改革措施与绩效?除了自然环境、社会经济发展背景,是否还存在其他更为本质的原因?

（二）地方改革实践差异背后的政府行为

事实上，无论是不同试点地区累计入市面积的高低之分，还是采取相同政策措施所表现出的时间演化差异，其本质上都是各个地方政府自主决策、自主探索、自主实践的结果。此外，从前文对新一轮农村土地制度改革的特征归纳来看，地方政府在"如何去改"的过程中实际上享有较高的自主权，而中央政府也正希望地方政府在改革实践探索中能积极发挥主观能动性，完成改革的目标与任务。

正因为如此，本书在观察、分析、解释新一轮农村土地制度改革出现的时空差异时，需重点关注地方政府的行为。换句话说，我们应该从地方政府的行为出发来理解各试点地区改革实践的差异性。

客观来看，地方政府行为早已渗透到每项改革的各个环节，对改革绩效具有重要影响。在农村集体经营性建设用地入市制度改革中，制定集体经营性建设用地入市政策体系是开展入市交易的关键所在，也在很大程度上决定着入市制度改革的成败。而这一环节的工作主要由地方政府拍板确定，包括确定入市范围与途径、入市主体资格、入市渠道、入市程序以及入市收益分配等，这些都需要地方政府结合中央政府的改革要求与地方实际情况来确定。其中，入市范围、入市主体资格直接决定着参与市场规模的大小，而入市后的收益分配则与多方主体参与入市交易的积极性密切相关，这都会对入市制度改革绩效产生重要影响。此外，如前文所述，开展农村集体经营性建设用地入市制度改革，实际上是要求在现有国有土地一级市场之外培育新的农村集体建设用地市场，这意味着地方政府面临着长期垄断的国有土地一级市场被农民集体"分一杯羹"的经济压力。因此对于具有理性特征的地方政府来说，除非有其他激励机制，否则它们不会主动寻求改革。

在农村宅基地制度改革中，地方政府同样是制定改革相关政策的重要决策者，决定着宅基地有偿使用、退出及抵押等改革内容实施的绩效。例如，宅基地有偿使用费的高低以及宅基地退出的补偿标准等，将直接决定"一户多宅"或"违建超建"农户参与宅基地使用或退出的积极性。而实际调研也发现，各地方农民普遍难以接受有偿使用宅基地以及低标准退出宅基地，因此各地收取的有偿使用费以及宅基地退出比例普遍较低。当然，地方政府对政策把握与理解上的差异也会对宅基地制度改革的绩效产生重要影响，但这本质上仍是地方政府行为的重要体现。例如，浙江省义乌市抓住宅基地制度改革的契机大力推进城乡建设用地的空间优化，依托增减挂钩政策实现整村搬迁或异地腾转，从而改革绩效显著；而其他试点地区在探索宅基地制度改革中大多限定在中央政府下达改革任务的标准动作上，突破较小。

在征地制度改革中，地方政府仍是实施改革并制定征地补偿标准、规范征地程序、限定征地范围等政策内容的主导性决策者，出于对自身利益的考虑，尤其是考虑到新一轮征地制度改革会对地方政府所垄断的国有土地市场形成较大冲击，地方政府在征地制度改革上难免会有抵触。一方面，地方政府在政策制定上过于宽松；另一方面，在征地案例实施上存在消极懈怠的现象。这也是新一轮农村土地制度改革中征地制度改革成效并不明显的根本原因。而以内蒙古自治区和林格尔县为代表的试点地区之所以积极引进"留用地"政策，其背后必然还有其他更深层次的原因。

显然，地方政府的行为贯穿于每一项农村土地制度改革的各个环节，并会对改革的实施与绩效产生重要影响。这就需要通过分析本轮农村土地制度改革的绩效来把握地方政府行为的激励机制。地方政府行为并非混乱无序的结果，作为理性主体，地方政府采取的行为、选择与决策必然会遵循一定的内在逻辑，并受到深层次因素的制约或激励。深层次的因素究竟是什么？这值得深入细究。

（三）地方政府行为背后的体制机制

从理论上来看，地方政府行为并非偶然的、无序的随意决策，而是综合了地方政府所处外部环境约束以及内在因素制约后的理性选择。其中，外部环境主要是指地方政府辖区内的社会经济条件及自然资源禀赋状况，它会对地方政府可支配的手段或能力带来一定影响。例如，在开展农村土地制度改革的过程中，社会经济越发达的地区，地方政府动用经济手段促成改革内容落地的能力也会越强。而内在因素主要是指国家治理过程中，中央与地方的关系以及制度环境，即现有体制机制。外部环境和内在因素共同决定了地方政府的行为，是左右地方政府行为的两类重要变量。相对而言，外部环境往往是给定的，更容易被感知，而内在因素对地方政府行为的影响更为隐蔽，更加值得关注。

一方面，中央与地方的关系反映的是中央政府与地方政府在政治利益、经济利益上的互动关系。具体而言，中央政府享有对地方政府的财政支配权与职务任免权，但在国家施政大纲实施上又依赖于地方政府的执行与落实；而地方政府在行政上隶属于中央政府并受其管理指挥，但享有属地的综合治理权和自由裁量权。在当前中央政府与地方政府的互动关系中，中央政府主要通过财政激励和晋升激励来影响地方政府行为的选择，并使其尽可能与中央政府的施政目标相一致。在新一轮农村土地制度改革的背景下，中央政府确立的改革任务与目标需要依靠 33 个试点地区去自主探索与创新，而试点地区在属地开展改革实践时，又会结合自身实际给出相应的改革措施，可能与中央的意愿不一致。例如，在农村集体经营性建设用地入市制度改革中，中央政府旨在培育形成农村集体经营性建设用地的交易市场，使农民集体能共享入市或社会经济发展所带来的收益，但入市改革会动一些地方政府在国有土地一级市场上的"奶酪"，这会引起这些地方政府的犹豫甚至抵制；再如，在征地制度改革中，中央政府确立的缩小征地范围、提高补偿标准、规范征地程序等改革目标，与当下大部分地方政府的征地意愿相违背，会明显挤压地方政府通过国有土地一级市场获得土地财政收入的空间，从而引发一些地方政府的抵触。

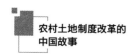

另一方面,制度环境具体是指中国现有的法律法规或政策制度,即地方政府在特定政策领域中应当遵守的基本价值取向和利益偏好,它设定了地方政府在各项施政活动中要遵循的条条框框,圈定了地方政府行为的可选空间,同样会对地方政府的行为选择产生重要约束。

例如,在农村集体经营性建设用地入市制度改革中,《中华人民共和国宪法》及《中华人民共和国土地管理法(2004年修正版)》对城乡二元土地市场及集体土地所有权的规定,确定了入市制度改革只能围绕集体土地使用权,而涉及土地所有权变化的改革则不被现行法律框架所允许;再如,在征地制度改革中,现有城乡二元产权与市场体制,决定了征地制度改革的大方向仍是对征地制度本身进行调整,即缩小征地范围、提高补偿标准和规范征地程序,而不能跨越国有与集体所有权,实现大的改革突破。同样,在宅基地制度改革中,在集体土地所有权的现行法律法规约束下,宅基地的退出、流转和抵押都仅限于对使用权和经营权的扩大探索,而不能触及所有权这条底线。

至此,本书分析了新一轮农村土地制度改革背景下地方政府的行为差异,以及地方政府行为与央地关系、制度环境两类因素的内在关系,这为从更深层次、更一般化的角度把握本轮农村土地制度改革的逻辑和规律提供了一个新的思路。本书后续章节将通过解释地方政府行为来分析农村土地制度改革背后的时代特征和影响因素。本章余下部分将对这一思路作出系统的介绍。

五、本书研究问题的提出

本书将围绕改革实施、地方行为、制度环境以及央地关系等要素,通过构建一个系统的制度分析框架来探讨本轮农村土地制度改革的内在逻辑与规律,并回答两个基本的理论问题:一是影响农村土地制度改革绩效的制约因素有哪些?二是改革试点中不同地方政府的行为选择逻辑是什么?

回答第一个理论问题，有助于客观把握本轮农村土地制度改革中各试点地区的实际改革绩效与差异，并帮助我们理解其形成的具体原因；回答第二个理论问题，旨在进一步关注本轮改革试点中重要的地方政府行为对改革绩效的影响，这有助于我们弄清改革试点绩效存在差异的根本原因。上述两个理论问题的回答又可以转化为对三个现实问题的求解。

一是本轮农村土地制度改革中，不同试点地区的改革实施绩效究竟如何，是否存在明显差异？这是认识第一个理论问题的基础前提。具体而言，从中央政府所设立的改革目标来看，本轮农村土地制度改革主要关注收益、分配以及效益三个维度的绩效。其中，收益主要关注的是农村集体经营性建设用地入市的市场价值，宅基地制度改革所显化的宅基地资产价值，以及征地制度改革中对补偿标准的提高等；分配主要是指入市收益在农民、集体与地方政府等不同主体之间的收益分配，农民住房权益的分配与保障，以及征地到入市交易整个环节的土地收益分配等；而效益则包括三项制度改革所带来的各种社会或生态效益。

二是各个地方政府在改革中所采取的措施是否与中央改革的目标相一致？更直接地说，地方政府的行为到底是在真改革，还是在假改革。这是串联起第一个与第二个理论问题的关键。具体地，在农村集体经营性建设用地入市制度改革以及征地制度改革会冲击地方政府垄断的国有土地一级市场的情况下，哪些地方政府是在响应中央政府的目标并采取了"动真枪"的改革措施，即构建入市交易市场、缩小征地范围、提高补偿标准等；而在宅基地制度改革中，哪些地方政府又是在真正提高宅基地配置效率、显化宅基地资产属性以及提高农民住房财产权收入等。这都是判断地方政府行为"真"或"假"的重要指标。

三是在中国现有制度环境及央地关系的体制机制下，地方政府在试点改革中是如何进行行为选择的？这是回答第二个理论问题的根本所在。具体来说，在现有央地关系下，财政激励与晋升激励两种机制会如何影响地方政府在农村土地制度改革中的行为选择，会如何影响地方政府的改革意图，又会如何影响地方政府的改革措施等,以及现有制度环境对地方政府圈定的条条框框的边界在哪里,又会如何约束地方政府的行为。同时,第三个问题也会进一步探究有无调整现有体制机制的必要与可能,从而促进地方政府行为与中央政府目标相一致。

通过对上述理论问题与现实问题的研究,本书旨在系统认知本轮农村土地制度改革的外在表现与内在本质,并未为当前及未来仍将持续进行的农村土地制度改革提供更加深刻的认识与实践启示。

六、本书的结构

本书按照"总—分—总"的结构,首先构建全书的理论分析框架,其次用该分析框架分别对不同农村土地制度的改革内容进行叙述与论证,最后总结地方政府实施农村土地制度改革背后的行为逻辑,并提出政策建议。具体如表1-2所示。

表1-2 全书结构

章节	主要内容
第一章	新一轮农村土地改革:深化改革破壁而出
第二章	农村土地三项制度改革的历史与脉络
第三章	激励机制—制度环境—政策工具:一个分析框架
第四章	集体经营性建设用地入市:赋权农民的分异目标
第五章	宅基地制度改革:市场条件决定创新空间
第六章	征地制度改革:农民真实产权的进与退
第七章	三项制度统筹改革:"有组织的"市场化改革
第八章	改革中的地方政府决策:激励和约束下的选择
第九章	农村土地制度改革的中国故事:结论与启示

第一章介绍了改革开放至今，中国农村土地制度在不同历史时期的地位和扮演的角色。本章以2015年以来中国实施的新一轮农村土地制度改革为抓手，梳理了农村集体经营性建设用地入市制度改革、宅基地制度改革、征地制度改革以及统筹农村土地制度改革中的相关背景知识，并围绕各地开展农村土地制度改革的实践与差异，提出本书的研究问题，引导后续章节内容的展开。

第二章介绍了不同时期中国农村集体经营性建设用地、宅基地和征地制度的特点与历史沿革，并从全局的视角分析中央政府在不同阶段对于公平与效率的权衡。以此为依据，本章剖析了中国农村土地制度中城市与农村的关系、中央与地方的互动以及政府与市场的边界，为理解新一轮农村土地制度改革的逻辑奠定基础。

第三章构建了一个"激励机制—制度环境—政策工具"的三层次分析框架。在该框架中，激励机制层次刻画出中央政府通过财政和晋升两种激励让地方积极执行上级政府决策，从而维护政府组织的稳定和上级政府的权威；制度环境层次刻画的是中央政府对地方政府行为的具体限制，实质上反映了中央政府的价值目标，即在农村土地制度改革中保护谁的利益，着重关注土地的哪方面属性，等等；政策工具层次体现的是地方政府的行为选择，是地方政府回应中央政府改革要求的具体行为表现，也是地方政府在约束情境下对制度环境和激励机制的直接反馈。三层次分析框架刻画了中国农村土地制度改革中中央与地方之间的互动关系，是解释第四章至第七章地方治理行为的基础。

第四章关注了地方试点在农村集体经营性建设用地入市制度改革中的表现异同，总结提炼了地方试点在不同情境下的政策行为规律（pattern），并根据第三章构建的"激励机制—制度环境—政策工具"的分析框架进行了解释。本章首先梳理了中国农村土地非农化利用的制度环境的初始状态和十八届三中全会以来发生的变化，识别了中央政府的价值目标和对地方政府行为限制

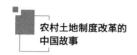

的变化,接着结合浙江省德清县、福建省晋江市和广西壮族自治区北流市的入市制度改革实践,总结了地方政府的行为选择差异,并评价其实施绩效,然后从地方目标、经济特征、农村集体组织自治能力和资源禀赋方面对试点地区的差异进行了解释。最后得到本章的结论和政策启示。

第五章首先以浙江省义乌市、江西省余江县和贵州省湄潭县为例,考察东、中、西部地区农村宅基地制度改革试点的政策安排、实施过程和最终效果。接着,本章分别总结义乌"渐进式"改革、余江"减法式"改革和湄潭"标准化"改革的突出特征,并利用"激励机制—制度环境—政策工具"的分析框架来解释上述三地改革策略的空间和时间演化差异背后的行为逻辑。最后,本章提出了深化农村宅基地制度改革的政策建议。

第六章讨论了农村征地制度改革,尤其是留用地制度的出现和演变。首先,以浙江省杭州市、广东省佛山市南海区和内蒙古自治区和林格尔县三个地区的留用地政策为例,阐释了留用地制度的典型设计、主要特征和成效。在此基础上,基于经济社会发展的客观条件,对不同地区的政策选择、政策绩效的空间和时间演化差异及规律进行辨析,从而尝试揭示征地制度演进背后的政府行为规律。最后,基于各地方实践经验,对当前农村征地制度改革提供了参考性的政策建议。

第七章以三项土地制度改革为基础,探讨了统筹农村土地制度改革中的地方行为选择。本章在梳理统筹改革这一制度设计由来的基础之上,结合典型试点区域的统筹改革实践和经验做法,分析了不同地方统筹改革的政策选择差异,揭示了地方政府在统筹改革方面的政策选择逻辑,并尝试总结了当前中国农村土地制度统筹改革的主要经验与启示。

第八章在总结各地土地制度改革实践经验的基础上,聚焦地方政府的行为逻辑,旨在通过梳理央地关系,识别土地制度改革中地方政府积极或消极的行为及其背后的原因。通过分析激励机制、制度环境和地方情境对地方政府行为的影响,我们既发现了地方政府在改革中采取的"共性"行为,也看到了不同地方政府的"特性"行为。这些行为都构成了地方政府的"理性"选择。

第九章是中国故事的经验总结和政策建议。我们围绕"激励机制—制度环境政策工具"的主线，归纳总结了本轮农村土地制度改革实施的特征、绩效及全书的研究结论。我们希望本书的研究结论能够为中国土地资源治理转型提供本土化的理论支撑。同时，我们将提供在现有体制机制不变或可变两种情形下，实现中国农村土地制度改革绩效的相关政策建议，为当前正在全国开展的农村土地制度改革提供决策参考。

第二章
农村土地三项制度改革的历史与脉络

为解决城乡二元结构下的土地问题，2015年中央针对农村集体经营性建设用地入市、宅基地和征地制度开展了改革试点工作。本章聚焦农村土地制度的历史演变过程，旨在梳理制度变迁的脉络、不同阶段的改革目标和制度设计上的差异，从而理解本轮农村土地制度改革试点中政府的决策机理。

本章首先梳理了农村三项土地制度的历史演变，包括制度目标、内容、成效和存在的问题，重点分析集体经营性建设用地的入市过程、农村宅基地的权利体系，以及土地征收的范围、补偿和程序。接着梳理了不同时期中央在正式制度层面对地方的引领与限制，地方政府相应的决策行为及其影响，总结出中央制度设计和地方决策行为的共性规律。

农村土地制度演变背后隐含着对城市与农村、政府与市场、政府与社会以及中央与地方四对关系的定位与调整。其中，城市与农村的关系表现为经济发展路径对城市发展[1]和农村发展优先次序的权衡；政府与市场和社会的关系表现为农村土地资源治理中是"政府本位"，还是"市场主导"，抑或"多元治理"；中央与地方的关系则表现为土地管制上集权与分权的交替运行[2]。

---

[1] 周铁训."大城市化战略"：中国实现城市化的必由之路[J]. 城市，2003,6:20—23.

[2] 周雪光. 权威体制与有效治理：当代中国国家治理的制度逻辑[J]. 开放时代，2011,10:67—85.

一、农村集体经营性建设用地管理制度的历史演变

农村集体经营性建设用地管理制度演变的核心在于集体作为土地供应主体权利的变化。政府是否允许集体建设用地入市流转，是不同时期中国农村集体经营性建设用地管理制度改革的关键。[1] 2015年的农村土地制度改革中，集体建设用地制度最大的变化就是打破了对集体经营性建设用地入市的限制。因此，本节以集体建设用地入市的过程为主线，划分农村集体经营性建设用地管理制度变迁的阶段（见图2-1）。

1949年	1956年	1986年	2004年	2008年
允许入市	禁止流转	无序流转	流转探索	统一市场

图 2-1 农村集体经营性建设用地制度演变一览

表面上，农村集体经营性建设用地管理制度是以入市流转权利变化为主线，其背后却蕴含着不同时期政府对效率与公平的权衡，包括对城市与农村、政府与市场、政府与社会，以及中央与地方四对关系的权衡（见表2-1）。

表 2-1 不同阶段农村集体经营性建设用地制度演变的目标权衡

阶段	效率与公平	城市与农村	政府与市场	政府与社会	中央与地方
允许入市	公平优先	城乡平等	市场主导	农民享有发展权	中央主导
禁止流转	效率优先	城乡二元制度	政府主导	政府享有发展权	中央强制
无序流转	效率优先	农村支持城市	政府主导	集体不完整发展权	地方无授权创新

---

[1] 陈利根，龙开胜. 我国农村集体建设用地流转的发展历程及改革方向 [J]. 中国农史，2008，27(2): 79—84.

（续表）

阶段	效率与公平	城市与农村	政府与市场	政府与社会	中央与地方
流转探索	效率优先，兼顾公平	城市反哺农村	市场作用提高	集体不完整发展权	地方有授权创新
统一市场	公平与效率并重	城乡同权发展	市场主导	集体享有发展权	地方主动创新

（一）1949—1956 年：市场主导的城乡平等建设用地流转

这一时期中国处在各项制度的建立和调整时期。在中央政府的引导下，地方政府平等地向农民分配土地，并允许农民自由流转建设用地。由市场主导土地的再分配，保留了私有制下城乡间相对平等的建设用地流转制度。

1950 年 6 月，《中华人民共和国土地改革法》规定，土地制度改革完成后，由人民政府颁发土地所有证，并承认一切土地所有者自由经营、买卖及出租其土地的权利。[1]

在这一时期，中央政府允许市场发挥配置资源的作用，但分散化的小农经营模式无法满足中华人民共和国成立初期国家工业化和共同富裕的要求[2]，因此，这种土地管理结构只存在了较短的时间。1953 年，农业合作化运动开始之后，农村建设用地管理制度逐步开始新一轮的变迁。

（二）1957—1985 年：城乡二元建设用地管理体制初步建立

这一时期中央政府通过从上到下的正式制度实现了农民土地私有制向集体所有制的转变，初步建立起了城乡二元的土地管理体制。政府全面替代了

---

[1] 吴玲. 新中国农地产权制度变迁研究[D]. 哈尔滨：东北农业大学，2006.

[2] 李雷雷. 建国以来农村土地制度变迁研究[D]. 哈尔滨：黑龙江大学，2019.

市场对建设用地资源的配置作用，禁止集体建设用地自由流转，也同时掌握了农村土地的发展权。

1956年，《高级农业生产合作社示范章程》将除宅基地以外的农村土地都转为集体所有。这一规定也确立了二元土地所有制，将城市与农村建设用地的管理分离开来，成为多年以来建设用地管理的基本框架。而1962年、1982年、1986年中央政府分别以行政法规、宪法、土地管理法的形式规定，任何组织或者个人不得侵占、买卖、出租或者以其他形式非法转让土地。[1][2][3][4] 至此，农村集体建设用地资源的配置完全由政府行政主导，城乡二元的建设用地市场初步建立。

政府主导模式牺牲了市场经济下生产要素合理流动的生产效率，在政府执行中反而成为城乡发展差距的制度根源。而中央政府自上而下指令式的管制也面临"有效治理"的难题，成为建设用地需求较高地区地方政府自发流转探索的制度障碍。

（三）1986—2004年：地方自发流转与中央制度约束间的矛盾

这一时期中央政府确立了以经济建设为中心的目标，在集体土地使用权的流转中逐步允许地方自发探索流转的市场机制，但并没有在全国范围内出台正式的土地流转制度，因此农民仅享有部分集体建设用地的发展权。城乡二元的建设用地市场抑制了农村建设用地的资产属性，不断拉大了城乡间的发展差距，并形成了农村"补贴"城市的发展模式。

---

[1] 陈利根，龙开胜.我国农村集体建设用地流转的发展历程及改革方向[J].中国农史，2008，27(2):79—84.

[2] 1962年9月，党的八届十中全会通过《农村人民公社工作条例修正草案》肯定农村土地的集体所有制。

[3] 1982年2月《国务院关于发布村镇建房用地管理条例的通知》严禁买卖、出租和违法转让建房用地。

[4] 刘永湘，杨明洪.中国农民集体所有土地发展权的压抑与抗争[J].中国农村经济，2003，6:16—24.

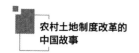

1988年，第七届全国人民代表大会第一次会议及常务委员会第五次会议分别通过了《中华人民共和国宪法》修正案[1]和《中华人民共和国土地管理法（1988年修正版）》[2]，将土地使用权从土地所有权中分离并放开了对使用权转让的限制。这一规定也催生了城乡二元建设用地市场：城市的土地流转在法律上得到认可，而对农村集体建设用地流转的限制却一直存在，仅在有限范围内得以突破。

1996年，《关于小城镇土地使用制度改革若干意见的通知》（国土〔建〕字〔1996〕第6号）[3]中明确强调集体建设用地不得直接进入市场，但以补办征收出让手续的形式促成了流转行为合法化。随后，1997年，《中共中央国务院关于进一步加强土地管理切实保护耕地的通知》延续了对集体建设用地入市的限制。[4]但是，考虑到集体产业发展的需求，国务院补充了与集体以外的单位兴办企业或抵押转让附着物产生的土地使用权交易应严格审批的规定，要求注意保护农民的利益。1998年的《中华人民共和国土地管理法》同样允许因乡镇企业经营而导致的使用权流转。[5]

随着市场经济的快速发展，这一时期城市建设用地的需求量也越来越大，农村集体建设用地自发流转的无序状态逐渐被地方政府重视。苏州、广州等发达城市的地方政府率先探索了农村集体建设用地的流转，打破对集体建设用地入市的制度限制，通过地方性法规明确了集体建设用地可以出让、

---

[1] 刘守英．中国的二元土地权利制度与土地市场残缺——对现行政策、法律与地方创新的回顾与评论[J]．经济研究参考，2008, 31:2—12．

[2] 陈利根，龙开胜．我国农村集体建设用地流转的发展历程及改革方向[J]．中国农史，2008, 27(2):79—84．

[3] 国家土地管理局、国家经济体制改革委员会关于小城镇土地使用制度改革若干意见的通知[EB/OL].(1995-12-29)[2021-06-02]. https://www.110.com/fagui/law_164709.html.

[4] 蒋瑜，濮励杰，朱明等．中国耕地占补平衡研究进展及述评[J]．资源科学，2019, 41(12):2342—2355．

[5] 高圣平，刘守英．集体建设用地进入市场：现实与法律困境[J]．管理世界，2007, 3:62—72．

出租、转让、转租和抵押。但这一时期，地方政府对集体建设用地的规范化管理并没有催生出国家层面的正式制度。

经济发展对建设用地的需求促使地方政府在这一时期积极开展属地制度创新。然而，中央政府因经济效率优先目标而保持对农村建设用地市场的管制。农民集体依然面临不完整的建设用地交易权能。狭窄的法律空间和集体建设用地配置效率的矛盾背后，是政府职能和市场作用的矛盾，而这个矛盾也逐渐拉大了城乡经济发展的差距。这一时期初步形成的城乡二元土地市场，虽然在短时间内促进了城市经济的快速发展，实现了经济效率的快速提高，但却损害了城乡分配上的公平，而行政主导土地资源配置更是成为农村集体建设用地低效开发利用的制度根源。

（四）2005—2008 年：中央授权下的地方流转探索

这一时期，城乡二元土地市场引致的公平分配问题和土地资源利用低效问题逐渐凸显。正式制度对农村集体建设用地流转的限制造成了城市与农村、政府与市场之间的矛盾。因此，在这一阶段，中央开始允许地方探索集体建设用地流转，调整城市与农村不对等的发展关系，提高市场机制对土地资源的配置作用。

早在 2003 年，《中共中央国务院关于做好农业和农村工作的意见》（中发〔2003〕3 号）就提出，为了鼓励乡镇企业向小城镇集中，各地可通过集体建设用地流转、土地置换、分期缴纳土地出让金等形式，降低企业的搬迁成本。但这一规定的目的在于调节大城市和小城镇经济发展的差距，未能关注不健全的土地市场给城乡经济发展带来的问题。

2004 年，中央一号文件[1]和《关于深化改革严格土地管理的决定》（国发

---

[1] 中华人民共和国中央人民政府. 国务院办公厅关于落实中共中央国务院关于促进农民增加收入若干政策意见有关政策措施的通知 [EB/OL].(2004-02-20)[2021-06-02]. http://www.gov.cn/gongbao/content/2004/content_62695.htm.

〔2004〕28号）[1]中提出村庄、集镇、建制镇中的农民集体所有建设用地可以依法流转，鼓励各地方政府积极探索集体非农建设用地进入市场的途径和办法。此后，国务院和国土资源部相继提出推进集体非农建设用地流转试点，推进集体建设用地流转的规范化管理。但是，这一时期集体建设用地流转范围仍然没有得到清晰的界定，城市与农村建设用地间的壁垒仍然存在，且制度构建未能得到法律保障。

此后，我国于2007年颁布了《中华人民共和国物权法》，虽然在法律层面对集体建设用地使用权流转的相关权能做出了界定[2]，但仍然沿用了1998年《中华人民共和国土地管理法》的主要思路，规定符合土地利用总体规划并依法取得建设用地的企业发生破产、兼并等情形时，所涉及的农民集体所有建设用地使用权方可依法转移，但未能就集体建设用地使用权的性质及变更问题进行系统、完整的制度构建。因此，建立集体建设用地市场的问题在这一时期仍然未能正式得到解决。

这一时期地方政府自发性的制度变迁和外部环境的限制，促进了中央政府对集体建设用地流转实施更加规范的管理，但是法律保障的缺位使制度构建仍然无法打破城乡二元建设用地市场的既有模式。

（五）2009年至今：城乡统一建设用地市场的建立

这一时期，地方改革实践和现有正式制度的矛盾问题愈加突出。中央在公平与效率兼顾的导向下，提出要发挥市场对资源配置的基础性、决定性作用，逐步推进建立城乡统一的建设用地市场，实现国有土地与集体土地同等入市、同权同价，鼓励地方政府在试点改革中因地制宜地进行制度创新。

---

[1] 伍振军，林倩茹.农村集体经营性建设用地的政策演进与学术论争 [J]. 改革，2012, 2:113—119.

[2] 李浩宇.从物权法的角度看农村集体建设用地使用权流转问题 [D]. 北京：中国政法大学，2010.

第二章
农村土地三项制度改革的历史与脉络

2008年，党的十七届三中全会通过《中共中央关于推进农村改革发展若干重大问题的决定》，正式提出打破城乡二元土地市场对建设用地流转的限制，建立城乡统一的建设用地市场，使农村建设用地在符合规划的前提下与国有土地享受同等的权益。然后，中央政府在2009年、2012年提出要规范集体建设用地流转，保护农民权益，鼓励地方政府积极探索以联营、入股等形式盘活闲置土地和低效利用的土地。但是，这一时期对非农建设用地入市始终未做出明确的制度设计。[1][2]

2013年，中央政府以一号文件的形式要求规范集体建设用地流转，农村集体非经营性建设用地不得进入市场。[3] 至此，农村集体非农建设用地入市制度与农村宅基地和农村公益性用地的管理制度分离开来，非农建设用地入市的边界在正式制度层面得到了清晰的界定。2015年，在中央的推动下，全国33个县（市、区）级地方政府进行了集体经营建设用地入市的改革试点，在符合规划和用途管制的前提下，允许农村集体经营性建设用地出让、租赁、入股，实行与国有土地同等入市、同权同价，同时要求加快建立农村集体经营性建设用地产权流转和增值收益分配制度。[4] 2019年，《中华人民共和国土地管理法》修正案以法律的形式保障了集体经营建设用地与城市国有建设用地平等的权利，并进一步规范了流转的程序。

---

[1] 2009年《关于促进农业稳定发展农民持续增收推动城乡统筹发展的若干意见》（国土资发〔2009〕27号）中提出，要规范集体建设用地流转，通过流转增加农民财产性收益。

[2] 2012年《关于大力推进节约集约用地制度建设的意见》（国土资发〔2012〕47号）明确集体土地使用权人可以土地使用权联营、入股等形式兴办企业，以此作为盘活利用闲置土地和低效用地的有效途径。

[3] 中华人民共和国中央人民政府.中共中央关于全面深化改革若干重大问题的决定[EB/OL]. (2013-11-15)[2021-06-02]. http://www.gov.cn/jrzg/2013-11/15/content_2528179.htm.

[4] 威海市扶贫开发工作信息网.关于农村土地征收、集体经营性建设用地入市、宅基地制度改革试点工作的意见［EB/OL］. (2016-05-24)[2021-06-02]. http://www.whncfp.gov.cn/art/2016/5/24/art_42647_1256688.html.

二、农村宅基地管理制度的历史演变

权利体系的变化是农村宅基地管理制度历史沿革的主要表征。具体来说，中央政府如何定义农村宅基地所包含的权利内容，又如何在政府、集体、农民和经营者之间分配权利，是不同时期宅基地管理制度的关键差异所在。1949 年至今，农村宅基地的权利体系经过了私有化，两权分离到三权分置的演变（见图 2-2）。本节以农村宅基地权利体系的变化作为描述农村宅基地管理制度变化的主线。

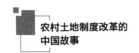

图 2-2 农村宅基地管理制度演变一览

农村宅基地作为农村居民生产生活的关键载体，其权利体系的变化影响着政府、集体、农民和使用者等多方主体的利益。宅基地管理制度在不同时期被外部环境和政府内部的互动关系影响与改变。因此，本节在归纳不同阶段农村宅基地权利体系变化的基础上，进一步引申出政府对城市与农村、政府与市场、政府与社会，以及中央与地方四对关系的权衡（见表 2-2），从而把握宅基地制度演变所包含的内在逻辑。

表 2-2 不同阶段农村宅基地管理制度演变的目标权衡

阶段	效率与公平	城市与农村	政府与市场	政府与社会	中央与地方
私有化	注重公平	城乡平等	政府主导	无偿分配	中央主导
两权分离	注重效率	城乡二元	政府主导	强制集体化	中央主导
过渡时期	注重效率	农村支持城市	市场萌芽	严格管控	中央主导
三权分置	两者兼顾	城乡统一	市场主导	鼓励流转	鼓励创新

（一）1949—1956 年：中央主导的无偿分配与自由流转

这一时期，新中国百废待兴，中央政府经过土地改革建立了农村宅基地私有制度。在保证公平的导向下，无偿向农民平均分配宅基地，允许农民自由出租、经营、买卖私有的宅基地，建立了自由的宅基地交易市场秩序。

1950 年，《中华人民共和国土地改革法》[1]废除了封建社会的地主土地私有制，为了实现"居者有其屋"的目标，将宅基地平均无偿分配给农民，并允许农民自由经营、买卖或出租。随后，1954 年的《中华人民共和国宪法》正式确立了宅基地无偿使用制度。[2]

中央政府通过宅基地权利关系的调整，建立起农民生产生活的秩序。而宅基地平均无偿分配的制度虽然在一定程度上满足了城乡公平的要求和集体成员权利的诉求，但因无法通过价格机制配置资源，成为宅基地资源浪费的制度诱因。

（二）1957—1978 年：政府代替市场配置宅基地资源

这一时期农业生产效率与农业生产要素禀赋不相匹配的矛盾造成了无法规模生产这一问题，中央开始建立农村宅基地集体所有、农民使用的两权分离制度，在体现使用权权益的基础上推动土地资源的集中化。它彻底代替了市场主导宅基地资源的分配制度。

1956 年，《高级农业生产合作社示范章程》[3]正式提出了社员土地转为集体所有的要求。随着公社化的不断推进，宅基地逐渐完成了私有制向集体所有制的转变。1962 年，《农村人民公社工作条例修正草案》（"人民公社 60

---

[1] 王旭东. 中国农村宅基地制度研究 [D]. 北京：财政部财政科学研究所，2010.

[2] 王玉庭，李哲敏，任育锋等. 中国农村宅基地管理的历史演变及未来改革趋势 [J]. 农业展望，2019, 15(1):34—38.

[3] 张勇. 宅基地"三权分置"改革："三权"关系、政策内涵及实现路径 [J]. 西北农林科技大学学报 (社会科学版)，2020, 20(2):61—68.

条")的出台使得农村宅基地私有制彻底退出历史舞台,标志着集体所有制的建立。[1] 1963年,《中共中央关于各地对社员宅基地问题作一些补充规定的通知》第一次使用了"宅基地使用权"的概念,明确了农民对宅基地只有使用权而没有所有权,构筑起农村宅基地两权分离的基本框架。[2] 与此同时,对农村宅基地流转的规定与城市国有建设用地管理产生了较大差别,政府对农民宅基地流转的严格限制成为城乡间发展差距的主要原因。

使用权初始无偿取得、严格限制流转成为这一时期农村宅基地管理制度有别于城市国有建设用地管理制度的主要特征。政府主导下使用权配置的低效问题为城乡发展差距埋下了隐患。

(三)1979—2013年:政府严格管控与市场化配置萌芽

这一时期城镇建设用地需求不断增加,城乡二元土地管理制度对农村宅基地流转的限制引发的矛盾也日益增多,引发了农民私下流转、一户多宅、违法违规使用宅基地等现象。中央政府为了解决这些问题、严肃宅基地管理和利用的秩序,开始逐步探索宅基地配置的市场模式。

1982年,《村镇建房用地管理条例》结束了多年来村民可以随意占用宅基地建房的行为[3],规定了建房使用土地面积的上限标准。1986年,《中华人民共和国土地管理法》加强了对宅基地申请的程序性规定。此时,国家层面的正式制度延续了中华人民共和国成立之初所建立的宅基地无偿取得制度。[4]

随着城市发展对建设用地需求越来越大,宅基地的价值逐渐显化,部分城镇居民通过购置宅基地获得资产性收入。这种炒卖土地的行为一方面破坏

---

[1] 张振勇. 农村宅基地制度演化研究[D]. 泰安:山东农业大学, 2013.

[2] 喻文莉,陈利根. 农村宅基地使用权制度嬗变的历史考察[J]. 中国土地科学, 2009, 23(8):46—50.

[3] 张振勇. 农村宅基地制度演化研究[D]. 泰安:山东农业大学, 2013.

[4] 丁关良. 1949年以来中国农村宅基地制度的演变[J]. 湖南农业大学学报(社会科学版), 2008, 9(4):9—21.

了建设用地市场秩序，另一方面带来了城中村等诸多社会问题。从 1998 年修订的《中华人民共和国土地管理法》到 1999 年《关于加强土地转让管理严禁炒卖土地的通知》（国发〔1999〕39 号），再到 2004 年《国务院关于深化改革严格土地管理的决定》（国发〔2004〕28 号）和《关于加强农村宅基地管理的意见》，中央政府将城镇居民取得农村宅基地的权利"越扎越紧"，直至最后完全取消。[1]

与此同时，为了缓解宅基地无偿使用模式对土地资源利用效率的损害，20 世纪 90 年代，中央政府进行了宅基地有偿使用的有益探索。但是，考虑到长久以来城乡二元土地制度对农村经济发展能力的影响，为避免加重农民的负担，中央政府在 1993 年取消了有偿使用的试点工作。

建设用地需求增加和农村宅基地闲置浪费的问题，在这一时期并没有通过中央政府的强制控制得以解决，但宅基地有偿使用的试点，为后续市场主导的宅基地管理制度提供了有益的探索。

（四）2014 年至今：中央鼓励地方探索市场配置宅基地资源

这一时期中央政府为了缩小城乡发展差距，正式完善了宅基地的用益物权，创新性地将宅基地所有权、资格权、使用权"三权分置"，并放宽对宅基地流转的限制，探索了宅基地有偿使用制度。这总体上发挥了市场对宅基地资源配置的决定作用，并鼓励地方政府在试点中因地制宜创新治理结构。

2013 年，《中共中央关于全面深化改革若干重大问题的决定》要求通过试点的方式尽快开启新一轮保障农村宅基地用益物权的探索。2014 年的中央一号文件进一步提出要完善农村宅基地分配政策，慎重稳妥地推进农民住房财产权抵押、担保与转让。

2015 年中央在《关于农村土地征收、集体经营性建设用地入市、宅基

---

[1] 张慧慧.论农村宅基地有偿使用制度的构建 [D].苏州：苏州大学，2019.

制度改革试点工作的意见》的基础上，进一步提出宅基地制度改革试点措施，要求探索农民宅基地取得和保障新机制，整理超标准占用宅基地和一户多宅等情况，有序推进有偿使用制度及有序退出机制的探索。2015年2月，中央启动了全国15个县（区）的宅基地改革试点工作。

农村宅基地管理制度前一阶段遗留的权属不清、权益受限的问题是这一时期探索完善宅基地用益物权的主要障碍。因此，2016年中央一号文件指出要加快宅基地使用权确权登记工作；2018年中央一号文件则首次提出了宅基地所有权、资格权和使用权的"三权分置"，适度放活宅基地的使用权[1]。

三、农村征地制度的历史演变

土地征收的范围、征收程序和征收的补偿标准的变化是农村征地制度改革的主要内容，也是不同时期征地制度变迁的主线。如图2-3所示，本节以中央对地方在征收范围、程序和补偿标准方面的相应要求为依据，描述征地制度历史演变的过程。

1949年	1958年	1986年	1998年	2015年
初步建立	低价补偿	法规建设	从严管理	全面改革

图2-3 农村征地制度演变一览

征地范围、程序和补偿标准是不同阶段外部经济社会环境和政府内部不同层级的互动在土地征收领域的表现。因此，本节在划分农村征地制度不同时期的基础上，总结了政府对城市与农村、政府与市场、政府与社会，以及中央与地方四对关系的权衡（如表2-3所示）。

---

[1] 中华人民共和国中央人民政府. 中共中央国务院关于实施乡村振兴战略的意见 [EB/OL]. (2018-02-04)[2021-06-02]. http://www.gov.cn/xinwen/2018/02/04/content_5263807.htm.

表 2-3 不同阶段农村征地制度的目标权衡

阶段	效率与公平	城市与农村	政府与市场	政府与社会	中央与地方
初步建立	注重公平	城乡平等	政府主导	公平合理补偿原则、自主自愿原则	分级限额审批制度
低价补偿	注重效率	城市优先	政府主导	范围过大、补偿过低、强制征收	审批权逐渐上移
法规建设	注重效率	城市优先	政府主导	提高标准、完善方式	条块分割、法治化管理
从严管理	效率优先	反哺农村	转向市场	提高标准、缓和征地矛盾	严格控制地方政府土地征收
全面改革	两者兼顾	城乡统一	市场主导	丰富方式、提高标准、完善程序	鼓励地方制度框架内的创新

（一）1950—1958 年：中央主导的城乡公平征地模式

这一时期，中央政府为了平衡公共事业建设的需要和农民土地私有权益，建立了在平等自愿基础上的土地征收制度，并采用分级的方式向各级地方政府授予土地征收审批权力，成为中华人民共和国成立初期农村土地征收制度的基本框架。

1950 年，国家运输事业快速发展，原有铁路用地无法满足公共事业建设的需要，因此国务院公布《铁路留用土地办法》[1]，规定铁路局可通过征收或购买的方式弥补现有铁路用地的短缺，这是中央政府对于土地征收做出的最早的规定。同年 11 月，为了在土地改革中保护农民的农地私有权，中央政府颁布了《城市郊区土地改革条例》[2]，提出土地征收范围限定为满足市政等公共事业建设用途，征收补偿要以公平合理为原则。然而，地方政府在政

---

[1] 乔小雨. 中国征地制度变迁研究 [D]. 徐州：中国矿业大学，2010.
[2] 王紫东. 中国征地制度变迁及租值消散研究 [D]. 广州：华南理工大学，2010.

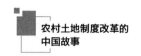

策执行中,面临范围模糊、程序不规范等问题。因此,1953年,中央颁布了《中央人民政府政务院关于国家建设征用土地办法》[1],以征地目录的方式确定了征地范围、民主自愿的原则和分级审批的权力分配方式与程序。1954年,《中华人民共和国宪法》将这一土地征收制度基本框架以法律形式正式确定下来。[2]

总体来说,这一阶段建立了中国农村土地征收制度的框架,且对后来的土地征收制度造成了深远的影响。但是,针对"国家公共利益需要"这一征地范围的定义较为模糊,且无法有效监管地方政府分级审批的权力,这为后续的征地矛盾以及土地资源浪费埋下了隐患。

(二)1959—1985年:农村支持城市的征地模式

这一时期,中央政府为了推进城市经济快速发展,允许地方政府低价征收农民的土地,并确立了强制性的征收原则,形成了农村支持城市的格局。为防止前一阶段模糊的征地范围和缺乏监管的审批权限造成隐患,中央上收了部分审批权限,同时加强了对"征而不用"等行为的控制。

前期因征地范围模糊和分级审批权限缺乏监管造成的弊端在这一时期逐渐凸显,地方政府的冒进行为加剧了土地浪费现象,多地出现了"多征少用",甚至"征而不用"的现象。为了防止土地浪费,中央政府于1958年对《国家建设征用土地办法》进行了修订,杜绝早征多征,严格审批程序,涉及农户较多的地块审批权上移至省级行政单位等。

然而,这一时期规范征地程序并没有从根本上调节政府与被征地农民、城市与农村间的关系,相反,过高的、不切实际的经济发展目标导向下,降低补偿标准,甚至在村民大会和镇政府同意的情况下,可以不补偿失地农民

---

[1] 中央人民政府政务院关于国家建设征用土地办法[J].新黄河,1953,12:12—14.

[2] 王紫东.中国征地制度变迁及租值消散研究[D].广州:华南理工大学,2010.

的损失这一规定，都在一定程度上加剧了农民与政府间的矛盾。1962 年，《农村人民公社工作条例修正草案》彻底废除了农村土地私有制，并禁止农村集体建设用地流转，建立起了城乡二元的土地管理制度，使得土地征收后再出让成为农村集体土地用于集体之外主体经营的唯一合法路径。1966 年以后，我国的土地征收补偿制度基本陷入了停滞状态。

改革开放以后，经济发展逐步恢复正常秩序。1982 年，《国家建设征用土地条例》（国发〔1982〕80 号）（以下简称《条例》）[1] 开始实施，《条例》第一次明确提出"节约土地是我国的国策"这一说法。《条例》规定了土地征收的强制性原则，并第一次具体规定了我国征地补偿的范围，包括青苗补偿费、土地补偿费、附着物补偿费和安置补助费等。这种分类方法一直沿用至今日。农村支持城市的征收模式造成了城乡间的发展差距越来越大，为后期快速城镇化阶段的征地拆迁矛盾埋下了隐患。

（三）1986—1998 年：中央规范管理地方政府征地行为

这一时期，《中华人民共和国土地管理法》的颁布和土地管理部门的成立标志着中国告别了土地征收无法可依、管理分散的状态，形成了土地征收和管理制度的基本架构。制度设计提高了政府补偿标准，完善了征地程序，调节了政府与农民的关系。

土地征收制度经过前几个阶段的发展与变迁，为经济和城市发展贡献了土地要素，但也产生了地方政府轻视被征地农民的利益、土地资源浪费等问题。1986 年，国务院成立了国家土地管理局[2]，1987 年，《中华人民共和国土地管理法》正式实施，其中明确规定："征用耕地的补偿费，为该耕地被征用前三年平均年产值的三至六倍。征用其他土地的补偿费标准，由省、自治

---

[1] 程洁 . 土地征收征用中的程序失范与重构 [J]. 法学研究，2006, 1:62—78.
[2] 唐健，谭荣 . 农村集体建设用地入市路径——基于几个试点地区的观察 [J]. 中国人民大学学报，2019, 1:13—22.

区、直辖市参照征用耕地的补偿费标准规定"。除此之外，地方政府征收土地还应解决失地农民的后续生活与就业问题。与此同时，这一时期中央政府对失地农民的补偿标准采用的是农用地产值倍数法，即"土地补偿费和安置补助费的总和不得超过土地被征用前三年平均年产值的二十倍"。

通过加强对职能部门的规范管理，中央实现了对土地无序征收的控制，并大力提高失地农民的补偿标准，完善保障形式，在一定程度上调节了政府与农民间的征地矛盾。但是，这个时期征地范围过大、征地补偿封顶的政策设计仍然轻视了被征地农民的利益。

（四）1999—2015年：中央严格管控与市场机制萌芽

这一时期，中央政府开始在征地补偿标准制定中引入市场机制实行公平补偿，完善征地程序，从而调整政府与农民的关系。同时，中央进一步通过征收审批权严格控制地方政府的征地行为。

1998年修订的《中华人民共和国土地管理法》[1]明确了"土地用途管制"和"耕地占补平衡"原则，在此基础上再次强调对可耕土地的保护，以及控制农用地转用的数量；完善了征地程序，要求地方政府在征地前需要履行告知、听证、报批、公告等义务，征求被征地农村集体组织和村民的意见，赋予村民知情权和参与权；进一步上收农用地征收权，而国有土地使用权的审批权下放到县市级政府；调高了征地补偿标准，但补偿总额不超过被征收农用地前三年平均年产值的30倍。

进入21世纪以来，我国城镇化进程进一步加速，全国范围内出现了新一轮的圈地高潮，越来越多的耕地被征收，也导致越来越多的农民失地又失业，由此引发了征地冲突和社会问题。因此，2004年，《中华人民共和国宪法修正案》将"国家为了公共利益的需要，可以依照法律规定对土地实行征

---

[1] 乔小雨.中国征地制度变迁研究[D].徐州：中国矿业大学，2010.

用"修改为"国家为了公共利益的需要，可以依照法律规定对土地实行征收或者征用并给予补偿"，强调了征地补偿的重要性，改变行政命令主导下少补偿甚至不补偿的要求，体现了社会主义市场经济的等价交换原则。[1]2007年，《中华人民共和国物权法》规定征收集体所有的土地，除依法足额支付原有各项补偿费用外，还应安排被征地农民的社会保障费用，保障被征地农民的生活，维护被征地农民的合法权益。这表明，征地过程不仅要体现市场经济体制下的交换原则，还要承认土地的财产性功能。2011年通过的《国有土地上房屋征收与补偿条例》要求取消行政强拆，抓紧修改集体土地征收补偿法规。2013年5月，国土资源部办公厅发布《关于严格管理防止违法违规征地的紧急通知》（国土资电发〔2013〕28号），要求征地活动不得强制执行，避免暴力征地行为。违反征地合法程序、拖欠征地补偿费用、不实施征地安置的地区，必须进行整改。严肃查处违规征地和强制征地行为，处理好"保发展、保红线、保权益"的关系。

可以看出，这一时期的土地管理政策趋于严格，政府通过出台一系列制度使我国集体土地产权得到尊重和认可，并积极发挥市场对土地资源的配置作用。但是，征地补偿制度缺少市场定价的内在缺陷没有得到解决。

（五）2016年至今：市场主导的城乡公平征地制度

这一时期政府通过严格界定征地补偿范围，将政府的征收权力限定在公益用地范围以内，要求发挥市场对资源配置的决定性作用。鼓励地方政府积极探索多种征地补偿方式，规范征收程序，调节政府与失地农民的关系。

2015年，《关于农村土地征收、集体经营性建设用地入市、宅基地制度改革试点工作的意见》提出系统开展农村土地征收制度改革试点工作。针对征地范围过大、程序不够规范、被征地农民保障机制不完善等问题，要求地方

---

[1] 王紫东. 中国征地制度变迁及租值消散研究[D]. 广州：华南理工大学，2010.

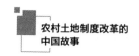

政府积极探索缩小土地征收范围，探索制定土地征收目录，严格界定公共利益用地范围；规范土地征收程序，建立社会稳定风险评估制度，健全矛盾纠纷调处机制，全面公开土地征收信息；完善对被征地农民合理、规范、多元的保障机制等。2019年，新修正的《中华人民共和国土地管理法》正式将缩小土地征收范围，规范土地征收程序，完善被征地农民合理、规范多元保障机制等改革内容以法律的形式确定下来。

四、农村土地制度改革的历史特征和内在逻辑

农村集体经营性建设用地管理制度、宅基地管理制度和土地征收管理制度虽然是不同的制度，但这些制度之间存在紧密的联系，同时也存在一些共性的演变规律。这些规律背后体现的是政府改革所面临的不同的经济社会条件、体制机制的影响，以及政府与市场和社会的关系等。本节尝试从农村土地制度整体的视角总结三项土地制度改革变迁的历史特征（见表2-4），为后面章节分析2015年以来的农村土地制度改革提供基础。

（一）农村土地制度改革的历史特征

中华人民共和国成立至公社化前这一时期，中国面对百废待兴的局面，中央政府亟须迅速恢复农村正常的生产生活秩序，巩固新生政权。因此，在这一阶段，废除封建地主土地所有制，实现农民间的分配公平是农村土地制度改革的主要目标。因此中央政府注重保护农民的权益，采用行政命令的方式，自上而下分级控制地方政府的行为，减少各级地方政府对土地市场的干预。如果政府必须征收土地、参与资源配置，需遵循自主自愿、公平合理补偿的原则。

表 2-4　1949 年以来不同阶段农村土地管理制度演变的目标权衡

阶段	效率与公平	城市与农村	政府与市场	政府与社会	中央与地方
中华人民共和国成立至公社化前	注重公平	城乡平等	政府主导	注重社会稳定	收权为主
公社化至改革开放前	注重效率	农村支持城市	政府主导	忽视农民利益	向放权转变
改革开放至 21 世纪初	注重效率	农村支持城市	市场转型	缓和农民矛盾	放权为主
进入 21 世纪以来	两者兼顾	城乡同权	市场主导	注重农民利益	鼓励地方创新

公社化至改革开放前的时期，落后的经济发展与民众生产生活需要之间的矛盾不断凸显，而分散化的小农经营方式无法满足国家工业化、城镇化的发展目标。因此，中央政府在这一阶段完成了农村土地所有制向城乡二元建设用地管理体制的过渡，逐渐放松对地方政府土地管理上的管制，允许地方政府在经济效率导向下征收农民土地，并限制农村集体建设用地和宅基地的用益物权。

改革开放至 21 世纪初的时期，各地区经济发展对建设用地需求的不断增加，农村建设用地的价值开始凸显，发展权的不均衡分配造成了城市与农村之间、农民与政府间的矛盾。因此中央政府需要缓和由不平等的建设用地市场结构造成的矛盾。另外，差异化的经济发展阶段也导致地方政府对二元土地市场采取不同的态度。有的地方政府面临着产业发展对建设用地需求增加的局面，更倾向于突破对集体建设用地流转的限制，而有的地方政府更依赖土地财政，进而倾向于维持二元土地市场结构。

差异化的资源禀赋与经济社会条件，使得中央政府无法采用统一的标准去控制地方政府的决策行为。因此，中央政府在很长一段时间只能在原有的城乡二元土地管理制度下缓和矛盾。直至进入 21 世纪，中央政府逐步探索打破城乡二元土地市场，在厘清政府与市场边界的基础上，明晰土地征收的范围，提高补偿标准，允许地方政府在实践中创新治理结构，调整城市与农村、政府与市场、政府与农民之间的关系。

（二）农村土地制度演变的内在逻辑

农村土地制度演变的内在逻辑如图 2-4 所示。

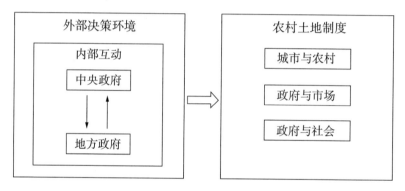

图 2-4 农村土地制度演变逻辑

外部决策环境影响农村土地制度变迁。农村土地制度变迁的外部决策环境主要是指政府所面临的经济社会发展条件。[1] 这个因素决定了中央政府在不同时期对各级政府决策目标的界定，也影响了中央政府自身权衡公平与效率目标的逻辑。这一逻辑体现在不同时期中央政府对城市与农村、政府与市场、政府与社会，以及中央与地方四对关系的权衡上。

在国家整体经济发展较为落后的时期，中央政府更加注重如何通过公共政策实现经济增长，即如何提高效率。例如，采取农村支持城市的发展模式，当然在一定程度上牺牲了城乡公平发展的机会；而在经济较为发达的时

---

[1] 韩长赋. 中国农村土地制度改革 [J]. 农业经济问题，2019，1:4—16.

期，中央政府面临着过大的城乡发展差距，以及经济发展效率问题，因此需要改变目标，既要追求效率，也要兼顾公平。例如，通过赋予农村土地完整的用益物权来发挥市场对资源的配置作用。

政府内部不同层级上的互动也影响着农村土地制度变迁。政府内部的互动是指中央政府为了实现国家发展等目标，设计基础性制度和治理体系来管理地方政府，同时地方政府在相应的激励机制下决定是否采用不同的方式回应中央政府的政策目标。在本书中，影响农村土地制度变迁的政府间不同层级的互动主要是指地方政府在不同阶段对中央政府目标的回应策略的变化。

如果地方政府积极回应中央政府，表明中央政府的激励机制和正式制度约束与地方决策情境能够较好地匹配；相反，则说明中央的基础性制度设计需要进行优化调整。同时，如果外部环境没有发生明显变化，中央政府可能更倾向于维持现行的制度框架，采用对地方决策严格控制的方式。而在外部环境发生改变的情况下，中央政府会更倾向于允许地方政府在小范围内进行政策创新，实现低风险的制度变迁。而在大部分地区外部环境都发生明显改变的情况下，中央政府则更可能推动正式制度层面的变革。

第三章
激励机制—制度环境—政策工具：一个分析框架

一、农村土地制度改革：全国一盘棋与地方分异化策略

2015 年正式启动的农村征地制度、宅基地制度和集体经营性建设用地入市制度等三项土地制度试点改革工作是在中央政府主导下展开的。在试点改革中，国务院、原国土资源部等相关部门相继下发多份文件指导全国性的试点改革工作，分时序、分步骤地统筹协调试点地区改革。从实践中可以观察到，试点地区自发衍生出各具特色的改革策略和政策设计，并且随着试点改革的不断深化，许多地方性政策工具呈现出不同的演变趋势。

例如，在宅基地居住权益保障改革中，主要出现了旧村改造和宅基地置换房屋两种改革形式。其中，旧村改造又可以分为在本村范围内进行安置房建设、旧房翻新、安置与翻新相结合等模式，是试点地区宅基地权益保障改革的共性。而在福建省、浙江省和江苏省等经济发达的沿海地区，宅基地置换城镇规划区范围内高层物业的方式则是更为普遍的做法，但采取的安置方式也各有不同。例如，福建省晋江市通过城中村改造的模式，推进宅基地整村退出，统一安置农民居住在国有土地上的高层公寓中；浙江省义乌市通过多年实践，宅基地置换方式先后经历了"四层半"（多层集中的商住混合型安置）—"高低结合"（高层建筑+垂直住房）—"高层发

展、异地腾转"—"集地券"等多个版本的更新迭代，表现出显著的改革递进性。

那么，这些地方性、差异化的改革策略对于全国性的农村土地制度改革有何意义呢？曹正汉形象地将这种具有中国特色的地方分异化策略比拟为"分散烧锅炉"，他认为为了实现"把水烧开"的目标，中央政府采取了中央"大锅炉"下分设数千个地方"小锅炉"，指定并监督地方烧各自的"小锅炉"的策略。[1] 韩博天和石磊则将这种治理机制定义为"分级制试验"，即中央政府设置政策议程，地方政府在中央的制度框架内进行反复"试验和试错"，这种政策试验有利于形成广泛的创新精神、适应能力和学习能力，在应对经济发展新挑战方面取得了意想不到的改革效果。[2]

总体来说，地方分异化的改革策略可以有效降低全国整体性的社会风险和制度变迁成本。在"三块地"试点改革中，中央政府首先设定了政策试验的安全边界，中央文件多次强调"土地公有制性质不改变、耕地红线不突破、粮食生产能力不减弱、农民利益不受损"，同时赋予地方一定的自主性空间，鼓励试点地区结合地方实际制定改革方案，不断平衡可选政策的多样性和统一性。试点地区的成功经验可以提升为全国性的指导方针并向其他试点地区扩散；而个别地方的失败操作可以转化为有用的信息，帮助其他地方自发修正改革方案。这些试验和试错为正式制度的建立（如《中华人民共和国土地管理法》的修订）提供了丰富的素材，从而保证国家治理的安全性和有效性。

我们应该如何理解地方政府在农村土地制度改革过程中行为选择的差异与演化？也就是说，在改革基本目标一致的情况下，试点地区为何会出现显著不同的政策设计？随着改革不断深化，这些政策工具出现了怎样的演化？

---

[1] 曹正汉."分散烧锅炉"——中国官民分治政治体制的稳定机制探索 [J]. 领导科学, 2010, 24:4—6.

[2] 韩博天, 石磊. 中国经济腾飞中的分级制政策试验 [J]. 开放时代, 2008, 5:31—51.

背后的影响机制是什么？在地方分异化策略与制度环境的交互作用下，中央的改革目标又是如何被形塑和重构的？为了回答以上问题，我们需要将地方分异化的改革策略置于一个逻辑严密的制度分析框架之中，识别影响政策工具和改革策略选择的关键性制度变量及其逻辑关系。

二、农村土地制度改革的分析框架

为了简化地方政府行为问题的分析，本书建立了一个"激励机制—制度环境—政策工具"的三层次分析框架（见图3-1）。这个分析框架有助于考察当前我国央地关系结构框架中不同层次的制度变量对于地方政府行为的影响，也可以反向分析地方政府的行为选择对于其他制度变量的影响，从而更好地理解农村土地制度改革中中央和地方之间的互动关系，地方政府行为呈现差异的原因与演化的逻辑，以及地方政府行为对正式制度变迁的推动作用。

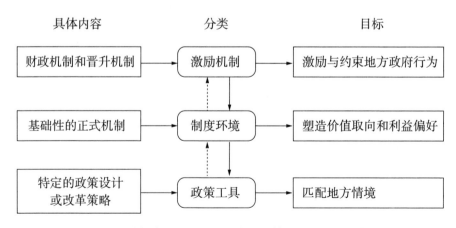

图3-1 "激励机制—制度环境—政策工具"三层次框架

第三章
激励机制—制度环境—政策工具：一个分析框架

（一）激励机制

政府改革的一个重要内容是调动地方政府的主观能动性，即通过制度设计影响地方政府的激励机制来改变地方政府的实际行为选择，以使地方政府的行为与中央政府意图保持一致。在如今中国的现实环境下，激励机制是解释地方政府行为逻辑的基础，土地资源是地方政府掌握地区发展主动权重要的生产要素之一。考察土地治理中的中央和地方关系，不能忽视经济社会管理整体框架下中央和地方的关系，这种政府间纵向的互动机制决定了国家治理的激励机制，对地方政府行为选择具有重要影响。

1. 地方行为的总体激励：财政与晋升

对于国家公共事务的管理，中央和地方本质上是一种委托与代理的关系。在我国疆域辽阔、地区差异很大的情况下，信息约束下的中央政府一般尽可能地通过权力下放来实现国家的有效治理。[1]在地方政府发挥重要作用的同时，中央也对地方的努力程度和政令执行情况实行结果导向、人格化的考核监督。换句话说，我国改革开放以来形成的央地关系在总体上可以概括为政治集权与经济分权相结合的威权体制特征。[2]这种央地权力结构从两方面对地方政府构成了行为激励。

一方面，地方政府的激励来自财政收益最大化的追求。改革开放后，中央政府通过赋予地方政府在辖区内管理经济和税收事务的相关权力，大大增强了地方政府的自主性。财政包干制的实施，则强化了地方政府作为地方经济发展的"剩余索取者"的角色，以及对地方税收利益最大化的追求。[3]正是

---

[1] 周雪光. 权威体制与有效治理：当代中国国家治理的制度逻辑[J]. 开放时代，2011, 10: 67—85.

[2] Xu C. The fundamental institutions of China's reforms and development[J]. Journal of Economic Literature, 2011, 49(4): 1076—1151.

[3] Oi, Jean C. Fiscal reform and the economic foundations of local state corporatism in China[J]. World Politics, 1992, 45(1):99—126.

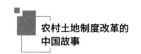

行政分权和财政分权促使地方政府在财政激励下展开辖区竞争和市场维护，有效推动了地方经济的增长和市场经济的转轨。在钱颖一等开创了"第二代联邦主义"理论的学者看来，这种具有中国特色的地方激励是奠定我国经济长期高速发展的重要制度基础。[1][2]

另一方面，地方政府的激励还来自官员的政治晋升制度。在经济管理放权的背后，中央政府同时控制着地方的人事管理权，即中央政府决定地方政府的官员任免。这意味着同一行政级别的地方官员，不仅要在GDP和税收利益上竞争，还要为官场晋升展开竞争。进一步说，在以GDP增长为政绩考核内容的政治"晋升锦标赛"模式下[3][4]，地方官员为了在晋升中脱颖而出，会努力招商引资以取得更好的政绩名次。这种基于官员晋升的地方竞争，具有比财政分权更强的经济增长推动力。一些学者通过我国改革开放以来的省级数据，验证了地方官员晋升和地方经济绩效的显著关系，提供了地方经济绩效存在政治激励的证据。[5][6]

可以看出，在财政和晋升的双重激励下，地方政府及其官员有动力展开招商引资，追求经济增长，从而形成了中国长期经济增长的内在逻辑。而在我国"向地方分权的威权体制"（regionally decentralized authoritarian，RDA）[7]长期稳定不变的条件约束下，上述激励构成了地方行为的基本逻辑。

---

[1] Qian Y, Weingast B R. China's transition to markets：Market-preserving federalism, Chinese style[J]. The Journal of Policy Reform, 1996, 1(2): 149—185.

[2] Montinola G, Qian Y, Weingast B R. Federalism, chinese style：The political basis for economic success in China[J]. World Politics, 1995, 48(1): 50—81.

[3] 周黎安. 晋升博弈中政府官员的激励与合作——兼论我国地方保护主义和重复建设问题长期存在的原因 [J]. 经济研究，2004, 6: 33—40.

[4] 周黎安. 中国地方官员的晋升锦标赛模式研究 [J]. 经济研究，2007, 7:36—50.

[5] Li H, Zhou L A. Political turnover and economic performance: The incentive role of personnel control in China[J]. Journal of Public Economics, 2005, 89(9): 1743—1762.

[6] 张军，高远. 官员任期，异地交流与经济增长 [J]. 经济研究，2007, 11: 91—103.

[7] Xu C. The Fundamental institutions of China's reforms and development[J]. Journal of Economic Literature, 2011, 49(4):1076—1151.

2.地方的土地治理激励：如何将土地作为提高财政收入与晋升的工具

随着国有土地有偿使用制度和《中华人民共和国土地管理法》的出台，中央政府赋予了地方政府土地开发权、征地权、规划权等一系列推动经济增长的权力。对地方政府（尤其是县级）来说，在矿产资源、森林资源等划归中央政府管理开发的情况下，土地资源是地方可以用来实现地方社会和经济发展的几种有限的调控工具之一。在提高财政收入和晋升的总体激励下，土地对地方政府的吸引显而易见。

首先，土地开发权下放和土地有偿使用为地方政府带来了"佃农分成"的合约激励。[1] 土地有偿使用制度使土地的使用权与转让权清晰地落在（县级）地方政府手上，自然促成了地方政府通过招商引资获得土地收入的积极性。[2] 为吸引投资者来自己的辖区"租地"经营，地方政府展开了"佃农分成"的竞争。由于土地使用的权力最终落在县级政府手上，这使得土地对县级政府的激励最为明显，而县级政府之间的竞争也最为激烈。

其次，来自土地财政的激励在"分税制"改革以后开始凸显并逐渐强化。1994年分税制改革之后，中央政府重新进行财政事务的集权管理，造成地方政府事权大于财权的局面。为增加地方财政收入，地方政府自然而然地将视角转向了土地出让金等财政预算外收入。通过在国有土地一级市场的垄断，地方政府将低价征得的建设用地高价出让给土地开发商，从而获得可观的土地出让金收入。此外，土地开发带来的直接税收和间接税收大部分属于地方税收，不需要向中央财政缴纳，进一步刺激了地方政府扩大征地范围、鼓励房地产行业发展的逐利行为。[3] 通过"以地生财"，土地财政逐渐成为地方政

---

[1] 按照张五常的"佃农分成"逻辑，中央下放土地开发权的同时，通过增值税按比例分成与地方形成了一个分成合约。而地方政府将土地出让给企业，通过土地出让金与企业也形成一个分成合约。Cheung S. The theory of share tenancy[M]. Hong Kong: Arcadia Press Ltd., 1969.

[2] 张五常. 中国的经济制度：神州大地增订版[M]. 北京：中信出版社，2009.

[3] 周飞舟. 生财有道：土地开发和转让中的政府和农民[J]. 社会学研究，2007, 1:52—85+246—247.

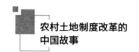

府重要的财政收入来源。

最后,对地方政府官员来说,土地也是他们开展"晋升锦标赛"的筹码和利器。在"晋升锦标赛"背景下,地方政府官员基于政治激励,往往通过土地要素的优惠政策来招商引资,推动经济增长并彰显地方的 GDP 政绩。[1] 为了在"晋升锦标赛"中胜出,地方政府的竞次行为(race to the bottom),即建设各类开发区,并以低地价供应工业用地,成为吸引外资、加快经济发展的重要手段。[2] 除了通过招拍在国有一级土地市场出让土地,各地形成的土地储备还为地方的城市基础设施投资提供了可观的融资抵押。这为地方政府改善基础设施和投资环境,进而在区域经济发展的竞争中胜出提供了充足的"弹药"。可以说,通过城市经营,"以地生财"和"以地融资"已成为地方政府官员通过经济增长的政绩而展开晋升竞争的主要手段。[3]

综上所述,建立在土地之上的财政和晋升激励,使得改革开放后的地方政府对以征地推动工业化和城镇化的热情持续高涨。换句话说,以地谋发展已经成为地方政府经营城市、实现地方战略意图和官员政绩的重要手段,但这也造成了"圈地开发热"和土地违法现象等负面问题。

(二)制度环境

奥利弗·E.威廉姆森(Oliver E. Williamson)在四层次分析框架中,将制度环境明确定义为人类行为的博弈规则,具体包括政体、司法、行政等各项

---

[1] 张莉,王贤彬,徐现祥.财政激励、晋升激励与地方官员的土地出让行为[J].中国工业经济,2011,4:35—43.

[2] 陶然,陆曦,苏福兵,等.地区竞争格局演变下的中国转轨:财政激励和发展模式反思[J].经济研究,2009,7:21—33.

[3] 刘守英,周飞舟,邵挺.土地制度改革与转变发展方式:中国经济增长模式的理论与经验研究[M].北京:中国发展出版社,2012.

基础性制度。[1] 这些基础性制度本身是客观的，但制度的选择是主观的，因此决策者的价值取向和利益偏好是构成制度环境的关键因素，从而形成了固定的利益分配格局。这是制度环境最核心的作用。[2] 在本书中，制度环境是指土地管理制度领域全国性的制度安排，即地方政府在农村土地制度改革中应当遵循的基本准则和基本规范，具体内容包括全国性的土地产权制度、土地利用规划体系、相关法律法规、行政管理框架等基础性制度。因此，这一层次刻画的是中央政府对地方政府行为的具体限制，实质性地塑造了中央政府对本轮改革的价值取向和利益偏好，具体体现在中央政府对农村土地制度改革的顶层设计和指导意见中。

1. 农村土地制度改革的制度环境

本轮农村土地制度改革面临的制度环境，是在历史、政治、经济、社会、文化等多种因素作用下形成的，因此要结合特定的领域具体分析。土地征收的制度环境主要包括国有和集体二分的产权制度、土地用途管制制度、土地增值收益分配制度。具体而言，根据《中华人民共和国宪法》和《中华人民共和国土地管理法》的规定，任何单位或个人进行建设，需要使用土地的，必须依法申请使用国有土地。上述规定从法理的角度将中国城市地区和农村地区的土地截然分开，形成了中国特有的城乡二元产权管理制度。在此背景下，农村集体土地进入市场的唯一合法途径就是通过土地征收转为国有土地，由此形成了完全由政府垄断的国有土地一级市场，绝大部分的土地增值收益归地方政府和土地开发商享有。

宅基地产权制度、土地利用总体规划（国土空间规划）等制度形成了农

---

[1] Williamson O E. The New institutional economics: Taking stock, looking ahead [J]. Journal of Economic Literature, 2000, 38:595-613.

[2] Bromley D. Environment and economy: Property rights and public policy [M]. Blackwell, Cambridge, MA and Oxford, U.K., 1991；Vatn A. Institutions and the environment[M]. UK: Edward Elgar Press Ltd., 2005.

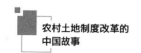

村宅基地管理的制度环境。现行相关法律法规对宅基地使用权流转作出了严格限制,如《中华人民共和国土地管理法(2004年修正版)》第六十三条规定:"农民集体所有的土地的使用权不得出让、转让或者出租用于非农业建设";《中华人民共和国城市房地产管理法(2019年修正版)》第九条规定:"城市规划区内的集体所有的土地,经依法征收转为国有土地后,该幅国有土地的使用权方可有偿出让";现行《中华人民共和国担保法》规定宅基地使用权不允许抵押。按照现有的法律法规,宅基地使用权对外(本集体之外)流转的唯一途径是被国家征收或征用,这反映出宅基地所有权、使用权的权能受限。同时,根据土地利用总体规划,无论是国有农用地还是集体农用地,要转化为国有建设用地进入市场,都需要配套建设用地指标或土地利用年度计划指标,以及占补平衡指标。当然,在严格的用途管制框架内,宅基地使用权也具有局部松绑的空间。例如,2009年在全国正式推行的城乡建设用地增减挂钩政策,允许农村闲置宅基地在复垦整理为耕地后的节余建设用地指标转化为城镇规划区的建设占用农用地的指标。因此,指标激励是地方政府开展农村宅基地制度改革的重要动力。

　　城乡二元的土地市场和土地供给计划管理体制构成了集体经营性建设用地管理的制度环境。类似地,集体经营性建设用地的权能也受到现行法律法规的限制,具体表现在集体经营性建设用地因没有完整的产权,不能自由出让或转让给本集体经济组织以外的人进行非农建设,农村集体所有的建设用地使用权不能抵押等,由此形成了城乡二元的建设用地市场。另外,从我国现行的法律法规来看,城乡土地利用总体规划、土地利用年度计划、集体建设用地审批制度等,实际上都属于行政主导的计划管理制度。政府掌握着集体土地的规划权和审批权,可以决定集体建设用地中哪一部分属于集体经营性建设用地,哪一部分可以用于非农开发。因此,尽管农村土地的所有权属于集体所有,但是这种权利受到国家的土地规划权和审批权的约束,集体建设用地入市能否真正地开展,取决于政府的规划和审批。

2. 制度环境对地方政府行为选择的影响

第一，制度环境影响了地方政府在政策设计上的备选方案。制度环境决定了地方政府所处的主体性地位和被赋予的自主性空间。以土地所有权性质为例，《中华人民共和国土地管理法（2004年修正版）》第八条已明确规定："城市市区的土地属于国家所有。农村和城市郊区的土地，除由法律规定属于国家所有的以外，属于农民集体所有。"这就意味着，维护土地公有制是农村土地制度改革必须遵循的基本前提。集体经营性建设用地入市、宅基地"三权分置"涉及土地所有权与使用权的分离和让渡，试点地区可以结合地方实际选择多种形式的治理模式，但这些改革方案都不能改变或损害土地所有权的公有制属性，诸如土地私有化的政策设计都要被排除在备选方案之外。

第二，制度环境决定了政策设计要保护谁的利益。农村土地制度改革作为一系列的政策创新，是对现有制度体系牵一发而动全身的变革，是对既有利益格局的深刻调整，体现了中央政府价值取向的转变，决定了地方政府改革在政策设计时要保护谁的利益。以征地制度改革为例，在城乡二元的土地管理基本制度和市场结构下，土地增值收益从农村向城市转移，农村和农民发展机会有限。这反映了中央政府在城乡关系上的价值取向，即以农补工、以乡补城。这种制度安排虽然在发展的增量模式下有其历史意义，但也导致了集体所有与国家所有在权利上的不对等。根据中央对本轮改革的指导意见，征地制度改革要坚持农民利益不受损的底线，明确界定土地征收范围，提高征地补偿标准，完善征收程序。这体现着中央政府对新阶段城乡关系的态度及对现有制度环境的改革意向，即重塑城乡关系，推进城乡统筹和同权发展，更强调对农民集体的利益保护。

第三，制度环境决定了政策设计要显化土地要素的特定属性。传统的土地管理制度将土地要素视为一种资源、资产和资本的综合体，而城乡二元土地市场及其相关制度体系，在很大程度上造成了农村土地的资产和资本属性被忽视的局面。例如，宅基地是中国特色社会主义产权制度下公平分配的产物，因其无偿性且更多强调农民的居住权益，故而实践中其财产权无法流转；集体经营性建设用地也被限定在集体组织内部使用，不可对外流转交易，因而无法显现价值；而耕地资源则强调其保障粮食安全的基本特性，不仅忽略了耕地的生态价值，也忽视了耕地的发展权价值。党的十八届三中全会明确指出土地制度等经济体制改革的重要方向就是让市场在资源配置中起决定性作用，意味着农村土地制度改革要营造能够显化土地要素资产和资本属性的制度环境。本轮改革探索的集体经营性建设用地入市、土地征收市场化补偿手段、宅基地用益物权实现方式等，都涉及如何充分"释放"农村建设用地的资产和资本价值的问题。

（三）政策工具

政策工具即地方政府采取的具体政策设计，其主要目标是提高政策工具与地方情境的匹配度，让不同利益主体的交互行为更加简单高效，从而降低实施成本，提高治理绩效。在本书中，政策工具是指在给定的激励机制和制度环境前提下，具备理性人特征的地方政府为了实现治理目标，基于地方情境而选择的政策工具。政策工具的选择体现着地方政府对"从上向下"改革设计的反馈，也反映了地方政府的真实意图。

例如，在征地制度改革中，地方政府需要判断是否提高征地补偿标准来提高农民分享增值收益的比例，是否在"标准动作"之外采取创新政策来响应中央目标等一系列问题。至于征地增值收益的分享方式，可以选择区片综合价核算办法，也可以选择返还一部分物业的分享方式等。对于土地征收补偿款的支付方式，可以采取由用地者与被征地者直接协商和支付，或者是由政府统一转移支付的方式等。可以说，从政策设计的起点开始，每一个环节都有可能存在差异化的策略选择。这些政策工具是地方政府基于地方情境而设计的，而它们能否发挥最佳绩效，能否实现改革目标，也高度依赖其与地方情境的匹配程度。

第三章
激励机制—制度环境—政策工具：一个分析框架

本书认为，在土地治理中，影响政策工具选择和实施绩效的地方情境主要由土地资源禀赋、社会经济发展水平、市场化程度和农村集体组织自治能力等因素构成。具体如下：

第一，土地资源禀赋反映了当地土地资源的存量与结构以及人地关系的紧张程度。土地资源充裕的地区，拥有更多的选择空间调节区域内的土地资源配置，通过改革来获取发展空间的动力相对较小；对于土地资源短缺的地区，土地的瓶颈制约可能会"倒逼"地方政府改革创新，即通过政策设计来调和社会经济发展需要与资源禀赋压力之间的矛盾。

第二，社会经济发展水平主要影响当地的建设用地需求、土地指标的资产价值以及地方财政收入的结构。社会经济发展水平相对较低的试点地区，建设用地需求较小，土地指标的市场价值也相对较低。这些地区的财政支出往往依赖中央的财政转移支付。在社会经济发展水平较高的地区，由城市扩张、招商引资引致的建设用地需求较大，土地要素的资产属性较强，以地谋发展的财政激励是地方政府行为选择的逻辑基础。如何响应中央对于显化土地资产价值属性的改革要求，取决于地方政府在财政激励和晋升激励之间的权衡。

第三，市场化程度衡量了相比政府配置经济资源的方式，市场机制对资源配置的基础性作用的大小。[1] 在市场化程度较低的地区，地方政府相对拥有较强的资源控制权力，在法律体系和产权保护制度不完善的情况下，通过政治关联获取资源的现象较为普遍；在市场化程度较高的地区，社会主体的市场化意识较强，政府对市场的接受程度较高，企业家资源、金融资源和市场资源都相对丰富，农村土地制度的改革路径可能更加多元化、市场化。

第四，农村集体组织的自治能力决定了农村制度改革中利益主体间的关

---

[1] 夏立军，方轶强. 政府控制、治理环境与公司价值——来自中国证券市场的经验证据[J]. 经济研究，2005, 5: 40—51.

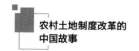

系和农村集体组织的主动性，进而影响着土地要素的生产效率和组织生产过程的治理效率。农村土地制度改革，涉及的是集体所有的土地，是村庄成员的集体资产。村民之间的信任和合作，是有效推进农村土地制度改革这一集体行动的保障。但是，受经济、社会、文化的影响，农村集体组织自治能力因地而异。村集体和地方政府在改革中所扮演的角色有所不同，进而治理模式的选择也存在地区差异。

三、分析框架小结

地方政府行为不是单次的、偶然的行为选择，而是包含了制度生成、变迁等重要内容。本书通过构建一个"激励机制—制度环境—政策工具"的分析框架来解释我国农村土地制度改革中地方政府行为选择的差异与演变的逻辑。在这个框架中，财政和晋升激励规定了上下级政府间的基本互动规则，也界定了地方政府的激励机制，有助于我们理解地方政府行为的逻辑。不过，在特定的制度领域中，中央政府还会给出特定制度改革领域的引导和框架性的操作规范，即通过给定地方政府政策工具选择的制度环境来限定地方政府的备选政策工具范围，引导地方政府实现中央政府设定的改革目标。当然，中央政府为地方政府设置的激励机制和制度环境并不会完全剥夺地方政府的自主性，而是为地方政府因地制宜、因时制宜选择政策工具留出了空间。由市场化程度、社会经济发展水平、自然资源禀赋、集体自治能力等要素构成的地方情境则造成了政策工具选择的差异化。理解地方政府在激励机制和制度环境下的自主行为空间，以及其他外部因素将如何影响地方政府的具体行为选择，有助于我们更为细致地了解地方政府在农村土地制度改革中的行为逻辑，以及这种行为逻辑将如何推动土地管理制度的生成和变迁。

第三章
激励机制—制度环境—政策工具：一个分析框架

结合这一分析框架，本书第四章至第七章将分别以集体经营性建设用地入市制度、宅基地制度、征地制度和农村土地制度统筹等四项重要的改革内容为例，尝试解读农村土地制度改革在三层次相互作用下呈现的时空分异现象。具体分析思路如下：

首先，根据已有文献及相关政策资料，介绍某项农村土地制度改革的特殊背景，归纳该项制度面临的现实矛盾和存在的主要问题，总结本轮改革的核心内容，从中央层面把握该项制度的宏观背景以及顶层设计的改革目标，揭示本轮改革的本质。

其次，针对每项制度改革，分别选取三个典型试点地区，介绍这些地区面临的治理冲突及各阶段采取的制度设计。借助典型案例介绍政策工具的具体选择和实施过程，总结政策设计的主要特征。从生产效率、收益分配和治理效率三个层面对政策绩效进行评价。

再次，通过案例比较，分析试点地区的改革策略和政策设计存在的共性及差异性，进一步总结地方政策选择的空间和时间演化差异特征。

复次，运用三层次分析框架，解释引起上述空间和时间演化差异的具体原因，具体回答以下几个问题：推动地方进行改革的激励因素是什么？现有的制度环境是阻碍还是促进了地方改革？地方情境是如何塑造政策工具和地方改革策略的？同时，剖析地方政策工具或改革策略的创新如何反馈于制度环境和激励机制。

最后，思考全面深化改革阶段面临的体制机制问题并提出对策。具体包括地方改革能否有效完成顶层设计的目标，在生产效率、收益分配和治理效率上的绩效如何，以及如何改进当前的体制机制来推动农村土地制度改革，等等。

第四章
集体经营性建设用地入市：赋权农民的分异目标

中央政府对构建城乡统一的建设用地市场、促进城乡同权发展的态度愈加明朗，突出表现在2013年党的十八届三中全会后，中央政府在全国范围内选择了33个县（市、区），分批次进行农村集体经营性建设用地入市制度试点改革。允许农村集体经济组织在符合土地规划和用途管制的条件下自行开展集体存量经营性建设用地的入市流转工作，预计在一定程度上有助于盘活闲置的集体经营性建设用地资源，实现"闲地"向"活钱"的转变，同时缩小城乡发展差距。自2015年启动入市制度改革到2018年12月，全国33个试点县（市、区）集体经营性建设用地已入市地块1万余宗，面积9万余亩，成交总价款约257亿元，政府收取调节金28.6亿元，整个农村地区增加土地财政收益近230亿元，办理集体经营性建设用地抵押贷款228宗，贷款额达38.6亿元。

但是这项不仅要"让利"，而且要"放权"的土地制度改革影响了地方政府在国有土地一级市场上的垄断地位，削弱了地方政府土地财政的汲取能力。因此作为地方社会经济发展中的关键主体，地方政府的回应态度和实际行动很大程度上影响入市制度改革的推进成效和后续的可持续发展。经过实地调研，我们发现地方试点的改革回应存在显著差异。本章将从地方政府行为视角出发，梳理和总结浙江省德清县（以下简称"浙江德清"）、福建省晋江市（以下简称"福建晋江"）和广西壮族自治区北流市（以下简称"广西北流"）三个典型试点区的入市制度改革表现、时空特征和改革成效，并运用"激励机制—制度环境—政策工具"分析框架进一步认识和解释三个试点地方呈现出的选择差异。

第四章
集体经营性建设用地入市：赋权农民的分异目标

一、集体经营性建设用地入市制度改革："闲地"向"活钱"的转变

2019年修正的《中华人民共和国土地管理法》正式实施之前，我国农村集体经营性建设用地的使用和流转受到严格限制。《中华人民共和国土地管理法（2004年修正版）》第四十三条和第六十三条规定，除兴办乡镇企业、村民建设住宅和乡（镇）村公共设施和公益事业建设情况之外，"任何单位和个人进行建设，需要使用土地的，必须依法申请使用国有土地""农民集体所有的土地使用权不得出让、转让或者出租用于非农业建设"。《中华人民共和国城市房地产管理法（2009年修正版）》第九条进一步规定："城市规划区内的集体所有的土地，经依法征用转为国有土地后，该幅国有土地的使用权方可有偿转让。"很明显，按照这些法律规定，城乡土地产权在使用权、收益权、排他权等权能上存在明显差别：从使用权来看，集体土地只能用于与农业相关的生产生活，未经政府允许或政府征收为国家所有之前，不能用于非农产业发展和非农生活使用；从收益权来看，集体土地只能通过与农业相关的生产生活获益，而不能通过非农产业收益，在征收为国有土地时，也只能按照原农业用途年均产值的若干倍或者区片综合价进行补偿；从排他权来看，在面临政府征地时，农民集体的博弈能力较弱，较难争取到有利于自身长远发展的收益分配结果。

基于以上法律基础，地方政府普遍利用征地公权力发展土地财政。根据原国土资源部发布的历年《中国国土资源公报》数据计算，从1987年年底实施国有土地有偿使用制度和土地征用制度至2014年年底，土地出让收入已达22.15万亿元。根据国家统计局公布的统计数据计算，全国同期地方财政收入为50.08万亿元。可见国有土地有偿使用制度出台至2014年，土地出让收入已占地方财政收入的44.2%。《国有土地使用权出让收支管理办法》（财综〔2006〕68号）中规定，土地出让收入全部缴入地方国库，全额纳入地方政府基金预算管理，为地方政府在基础设施和营商环境的竞争中提供了必要的财力支撑。

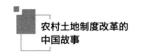

但是随着工业化和城镇化的快速发展，城乡土地升值的巨大潜力激发了农民集体参与土地增值收益分享的愿望，政府低价征地变得愈发困难，这在经济发达地区表现得尤为明显。例如，广东省佛山市南海区和浙江省杭州市分别于20世纪80年代和90年代在征地过程中实行留用地政策[1]，政策创新初期是为了安置被征地农民，此后逐渐向地方政府与村庄共享土地开发权的方向演变，并且留用地的返还比例逐渐扩大[2]。这一政策的演变从侧面反映了广东省佛山市南海区农民集体对土地开发权益的要求逐渐增强，政府的征地难度逐渐增加。

除了创新征地补偿方式，为进一步降低土地供应成本，吸引更多的资本投资，个别经济发达地区的地方政府探索将部分农村集体建设用地的开发经营权直接下放到村集体，客观上形成了农村集体建设用地的"隐形"流转市场。[3]但是隐形流转的弊端是显而易见的，主要包括以下五个方面：一是隐形流转价格的确定随意性较强，难以充分体现土地的经济价值；二是由于缺乏引导和规范，用地布局往往散乱无序，造成土地的粗放利用；三是隐形流转行为削弱了国家在土地资源管理上的调控能力，更加容易诱发非法流转，造成大量集体土地资产流失；四是未经合法登记的流转行为程序不明，意味着整个交易过程充满不确定性，易滋生权力寻租；五是流转交易缺乏法律认可和保护，用地单位（个人）不敢放开手脚进行长期投资，影响了生产规模和效益。[4][5]

我国现行法律严重滞后于经济发展对农村集体土地非农化的内在需求，

---

[1] "留用地"是指地方政府在征地过程中，除国家规定的征地拆迁补偿之外，额外返还村集体（或村民）一定比例的国有或集体建设用地。

[2] 曹正汉. 弱者的产权是如何形成的？——中国被征地农民的"安置要求权"向土地开发权演变的原因[M]// 张曙光. 中国制度变迁的案例研究（土地卷）第八集. 北京：中国财政经济出版社，2011：45.

[3] 李文谦，董祚继. 质疑限制农村宅基地流转的正当性：兼论宅基地流转试验的初步构想[J]. 中国土地科学，2009，3：55—59.

[4] 沈国明，关涛，谭荣，等. 农村土地制度改革：浙江故事[M]. 北京：科学出版社，2018.

[5] 杨秀琴. 农村集体建设用地公开流转势在必行——基于隐形流转与公开流转的效率差异分析[J]. 农村经济，2011，12：47—50.

建立受法律保护的非农建设用地流转市场成为当务之急。[1]2000年，经调查研究和征询地方意见，国土资源部选择南京、苏州、湖州、南海等9个市（区）开展集体建设用地流转试点工作。2003年，《中共中央国务院关于做好农业和农村工作的意见》（中发〔2003〕3号）进一步指出，各地要鼓励乡镇企业向小城镇集中的政策，通过集体建设用地流转、土地置换、分期土地出让金等形式，合理解决企业进镇的用地问题，降低企业搬迁成本。农村集体建设用地流转试点工作开展了十多年之久，事实证明，这些措施在规范集体建设用地流转、提高农村土地资源利用效率、增加农民财产收益等方面确有成效。例如，陕西省2003年开展农村集体建设用地土地使用权流转试点工作，截至2011年，省内的8个试点县（区）共实施集体建设用地流转839宗，面积为8 970.3亩，实现土地收益1.88亿元。[2]

但是由于对国有土地使用权一级市场的垄断可以带来"土地财政"效应，地方政府明显缺乏改革的积极性，全国性的流转管理办法迟迟未能确立，导致集体产权的建设用地仍然无法直接成为合法有效的用地。同时，因为缺乏系统性规范和法律保障，外来资本对使用权受限的集体建设用地有着天然的警惕，对长期投资集体建设用地的信心不足，导致农村建设用地"低小散"的问题依然十分突出。

为提高地方改革的积极性，党的十八届三中全会明确提出建立城乡统一的建设用地市场的目标，在符合规划和用途管制的前提下，允许农村集体经营性建设用地出让、租赁、入股，实行与国有土地同等入市、同权同价。2014年中央一号文件正式提出加快建立农村集体经营性建设用地产权流转和增值收益分配制度。2015年年初，经全国人民代表大会授权，国土资源部在全国范围内选择了包括浙江德清在内的15个县级行政区（2016年9月扩展到

---

[1] 蒋省三，刘守英. 土地资本化与农村工业化——广东省佛山市南海经济发展调查. 管理世界，2003, 11: 87—97.

[2] 佚名. 陕西：农村集体建设用地流转试点成效明显 [J]. 浙江国土资源，2011, 7: 28—28.

33个县级试点），着手开展以农村集体经营性建设用地入市为内容的改革试点。由于"三块地"改革牵涉利益关系广泛且复杂，以及土地制度改革从制度设计、工作部署、实践操作到效果反馈的周期较长，2017年10月，国土资源部申请延长试点期限一年。2018年11月，全国人民代表大会常务委员会延长授权试点期限至2019年12月31日。同年12月形成《中华人民共和国土地管理法（修正案草案）》征求意见稿，拟将成熟的经验以法律的形式固定下来，稳定社会预期。中央政府通过亲自部署改革试点，期间两次延长试点期限，并着手进行土地管理法的修订，释放出了一个鲜明的信号：改革当前的土地制度、提高农村土地市场化配置水平势在必行。这体现了中央政府建立城乡统一的建设用地市场、促进城乡统筹和同权发展的决心。

农村集体经营性建设用地入市制度改革要求向农民集体还权赋能，直接打破了地方政府在国有土地一级市场上的垄断地位，是协同推进征地制度改革和宅基地制度改革的关键。探究入市制度改革的本质，主要有两个方面的内容：一是改变地方政府对国有土地一级市场的垄断，让市场在城乡土地资源配置中起决定性作用，以较低的成本实现农村"闲地"向"活钱"的转变，这是资源配置层次的考虑；二是"还权赋能"，即在集体土地所有制不变的条件下，完善农民集体的各项土地权能，包括土地使用权、处分权、收益权、排他权等，这是制度基础层次的考虑。这两方面是相互联系、相互促进的，要想发挥市场对土地资源配置的优化作用，完善集体土地产权制度是其中重要的一步。而集体土地产权制度的完善，不仅坚实了土地市场运行的基础，更重要的意义在于，农民集体在规划和建设本村社会经济发展方面有更大的话语权，能够根据本村发展需求，在符合土地利用规划的约束框架下，自主决定村集体土地资源的配置。这将从根本上改变因权利不对等造成收益分配不公平的现象，同时有利于村集体自治环境下社会资本的积累和巩固。

开展试点改革以来，各地从实际出发选择入市制度改革的具体政策安排和推进模式，呈现出鲜明的地方特色和阶段性特征。总体来看，各地虽然都制定了指导入市制度改革的政策文件，但是在入市范围、入市用途、入市模式多样性以及完成的入市规模等方面存在显著差异，由此表现出不同程度的改革积极性。本章旨在以浙江德清、福建晋江和广西北流三个典型的农村土地制度改革试点地区为例，梳理三地入市制度改革的主要制度设计，总结地方改革策略选择的时空特征和切实效果，并从激励机制、制度环境和政策工具三个维度揭示地方选择的空间和时间演化差异背后的逻辑。

本章后续的安排如下：第二部分至第四部分分别阐述浙江德清、福建晋江和广西北流入市制度改革的政策设计、典型案例、实施绩效和主要特征；第五部分总结和阐释三地改革策略的空间和时间演化差异规律；最后一部分是本章研究的结论与启示。

二、浙江德清集体经营性建设用地入市制度改革：明修栈道，暗度陈仓

浙江德清开展入市制度改革、还权赋能的背后实则是为解决建设用地指标稀缺问题寻求其他成本较低的可行路径。基于早期集体经营性建设用地流转的试点经验，德清县对入市制度改革的诸多问题已有事先把握，并通过一系列制度设计，包括明确入市范围、规范入市流程、确定收益分配规则及创新入市途径等，进一步控制改革风险，减少了改革阻力，改革进展一直在全国领先。自 2015 年启动入市制度改革，到 2019 年 10 月底，德清县累计完成集体经营性建设用地入市 199 宗，面积为 1 494.77 亩，成交价款为 3.14 亿元。

（一）改革的主要制度设计

针对县域内集体经营性建设用地的利用现状，德清县着重从"哪些地可以入市""谁来入市""怎样入市""入市收益怎么分"等四个方面制定入市政策（见表 4-1），回应中央政府对入市制度改革的要求。

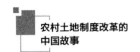

表 4-1 德清县"一办法、两意见、五规定、十范本"入市政策体系

一办法	两意见	五规定	十范本
《德清县农村集体经营性建设用地入市管理办法（试行）》	《关于建立农村土地民主管理机制的实施意见》《德清县鼓励金融机构开展集体经营性建设用地使用权抵押贷款的指导意见》	《德清县农村集体经营性建设用地入市收益分配管理规定（试行）》《德清县农村集体经营性建设用地异地调整入市规定（试行）》《德清县农村集体经营性建设用地入市土地增值收益调节金征收和使用规定（试行）》《德清县农村集体经营性建设用地使用权出让规定（试行）》《德清县农村集体经营性建设用地出让地价管理规定（试行）》	《德清县集体经营性建设用地入市申请书》《德清县集体经营性建设用地入市审核表》《德清县集体经营性建设用地入市决议》《德清县集体经营性建设用地入市核准呈报表》《德清县集体经营性建设用地入市核准书》《德清县集体经营性建设用地委托书》《德清县集体经营性建设用地使用权出让（租赁）公告》《德清县集体经营性建设用地使用权出让（租赁）须知》《德清县集体经营性建设用地使用权出让（租赁）成交确认书》《德清县集体经营性建设用地使用权出让（租赁）合同》。

1. 入市范围限定在城镇建设用地规划边界外的存量部分

德清县将入市范围限定在城镇建设用地规划边界外（公益征地除外）的集体经营性建设用地存量部分。根据《德清县农村集体经营性建设用地入市管理办法（试行）》可知，农村集体经营性建设用地，是指依法取得并在土地利用总体规划、城乡建设用地中确定为工矿仓储、商业服务、旅游等用途的存量农村集体经营性建设用地。此外，为了统筹推进征地制度改革，德清县出台了《德清县土地征收管理实施办法（试行）》《德清县土地征收管理实施办法（试行）》等文件，明确规定边界内用地需求通过土地征收解决，不再安排入市操作。这样规定主要出于两个方面的考虑：一是现行征地制度不断调整完善，为德清县推进工业化、城镇化和社会各项事业的发展，提供了强有力的土地和资金支撑，合理的征地制度仍需坚持；二是早期民营经济发展活跃，导致农村集体经营性建设用地存量规模较大，即使将入市范围控制在城镇建设用地规划边界外，仍有一定规模的集体经营性建设用地可用于本轮的改革试验。基于以上考虑，自2015年4月起，德清县对城镇建设用地规划边界外的存量集体经营性建设用地开展了普查，摸清了1881宗（10691亩）集体经营性建设用地的分布情况。

2. 充分尊重村集体入市意愿和自主经营管理能力

在明确入市主体方面，德清县针对镇、村、组三级所有的现实情况，规定乡镇集体经营性建设用地由乡镇资产经营公司、村集体经营性建设用地由村股份经济合作社作为入市主体。[1] 考虑到组不是一个独立的经济组织，也不是一个法人主体，德清县规定所有组级的集体经营性建设用地入市应当委托村股份经济合作社实施。此外，在厘清入市主体资格的基础上，德清县还创造性地提出了"自主入市""委托入市""合作入市"三种方式。[2] "自主

---

[1] 德清县2013年所有经营性资产已完成量化入股，全县106个村（社区）成立了股份经济合作组织，33万农民成为股东。这些合作社具备市场主体资格，顺理成章成为入市主体。

[2] 沈国明，关涛，谭荣，等．农村土地制度改革：浙江故事[M]．北京：科学出版社，2018．

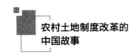

入市"是指由具备入市资格的集体经济组织自行组织入市,比如村集体所有的经营性建设用地由村股份经济合作社实施入市,镇集体所有的部分由乡镇资产经营公司等全资下属公司或其代理人实施入市。[1]"委托入市"是指集体经济组织在缺乏自主入市条件下委托其他经济组织代理入市事务,比如村民小组需委托村股份经济合作社等代理人实施入市。[2]"合作入市"则是指偏远欠发达地区的集体经济组织与集中入市区块的集体经济组织合作建立土地股份合作社,整合村集体资源,实现收益共享。[3]

为保障农村集体成员的权益,德清县出台了《关于建立农村土地民主管理机制的实施意见》,将耕地保护、违法管控、农民建房、集体经营性建设用地入市等土地管理事项纳入核心内容,特别是明确了集体经营性建设用地入市事项民主决策要求,实行入市决策"三会三公开",即村两委会讨论入市事项、村民代表大会讨论入市决策、股东社员大会讨论收益分配和入市决议公开、入市结果公开、收益分配公开,确保入市制度改革工作的透明度和公众参与度,充分调动村民的主动性、积极性和责任心。

3. 实现与国有土地入市的交易规则和监管要求平等统一

农村集体经营性建设用地入市制度改革的重要目标是实现城乡用地"同权同价"。但是城乡用地"同权同价"并不意味着权利和价格完全相同,更重要的是体现交易规则和监管制度的平等与统一。在这方面,德清县探索了"五统一"规则来支持和规范集体经营性建设用地入市:一是实行统一的交易平

---

[1] 截至2017年6月,德清县入市的131宗地块中,有近120宗采用自主入市方式。

[2] 德清县八字桥村的集体土地大多是分到村民小组,村一级土地较少。由于村民小组不具有入市主体资格,因此在经过村民代表大会讨论后,将组集体所有的12.5亩经营性建设用地以2 500元/亩的年租金流转到八字桥村股份经济合作社,由其代为进行入市操作,最终以租赁的方式成功交易给德清泰鑫金属制品有限公司。

[3] 德清县东衡村"钢琴小镇众创园"项目的B区块,是由东衡村股份经济合作社和雁塘村、洛舍村股份经济合作社三方合作,整合集聚的69亩土地,以每亩21.3万元成功入市,成交金额为1 400多万元。

台。德清县将全县农村集体经营性建设用地和国有土地统一纳入县公共资源交易中心，建立多方协同的入市监管服务机制，对公告、交易、成交公示等环节实行一体化管理。二是实行统一的地价体系，启动编制城乡统一的基准地价体系，开创性地建立了集体经营性建设用地基准地价和租金体系。三是实行统一的交易规则。参考国有建设用地使用权有偿出让的思路，规定集体经营性建设用地按出让、租赁、作价出资（入股）等有偿使用方式入市，使用权出让可采用招拍挂、协议的方式。四是实行统一的登记管理。将集体经营性建设用地纳入不动产统一登记范围，落实使用权的抵押能与国有土地享有同等待遇。五是实行统一的监管服务。"申请、审批、交易、颁证"全程服务限时60日办结，用地纳入第三方监管体系，引入"第三方机构服务"，培育了集体经营性建设用地调查、测绘、评估、交易代理等中介机构。

"五统一"制度的建设和逐步落实为实现城乡建设用地"同权同价"奠定了制度基础。依托这套入市规则，德清县逐渐实现了就地入市的常态化。在此基础上，德清县进一步强调建设用地供给的精准发力，突出表现在德清县结合块状经济区域分布情况及特点，在全县设立了7个异地调整集中入市区块。此举旨在打破区位对存量建设用地优化利用的限制，引导产业集聚和规模发展，释放更大范围内的土地增值收益。

4. 差异化落实土地增值收益分配

德清县在落实土地增值收益分配要求时，并不是单纯地应付改革任务，一刀切地增加农村农民的土地收益，相反，德清县在确定土地增值收益分配规则时考虑得十分详细，具体结合了入市地块的规划用途、区位、入市主体等因素，差别化确定土地增值收益调节金比例和土地增值收益在农村内部的分配规则。

首先，在国家和集体间的收益分配方面，德清县提出了土地增值收益调节金的概念，同时考虑到规划用途和区位差异，确定了"按类别、有级差"的调节金收取方式（见表4-2）。对于县城规划区内、县城规划区外和乡镇规划区内、乡镇规划区外的工业用地分别按土地出让收入的24%、20%、16%收取调节金，商业用地分别按照土地出让收入的48%、40%、32%收取调节金，以此实现不同区位、不同用途土地入市收益的大体平衡。

表4-2 德清县集体经营性建设用地入市土地增值收益调节金规则

（单位：%）

土地用途	县城规划区内	县城规划区外和乡镇规划区内	乡镇规划区外
工业用地	24	20	16
商业用地	48	40	32

其次，在农村内部的收益分配方面，德清县按照三级集体经济组织结构，分别采取实物形态、股权形态和现金形态三种分配模式，差别化落实农民和集体收益分配。其中，实物形态是指属乡镇集体经济组织所有的经营性建设用地，扣除收益调节金后的入市收益归乡镇集体所有，主要用于辖区内农村基础设施建设、民生项目等支出；股权形态是指属村集体经济组织所有的经营性建设用地，扣除增值收益调节金后的入市收益归村集体经济组织所有，并统一列为集体公积公益金，作为村股份经济合作社（或村经济合作社）经营性资产，以股权增值方式追加量化成员股权，再把投资所得收益中不少于30%的部分按股份分红；现金形态是指属村内其他集体经济组织(村民小组)所有的经营性建设用地，其入市收益在扣除国家相应税费、村集体提留以及入市的相关费用后，在农户中分配。

（二）改革的典型案例

1.莫干山镇仙潭村：全国首宗集体经营性建设用地入市兼首笔抵押贷款案例

莫干山镇旅游资源十分丰富，有竹林面积5.8万亩，茶园3 750亩。立足本镇资源,莫干山镇党委、政府提出了"发挥区位优势、打造旅游强镇"的总体发展思路,力争把莫干山镇建设成为"文化名镇、旅游重镇、茶果大镇"。但受限于土地政策,进驻资本大多只能私下租赁空置农居、废弃校舍,无法形成规模投资效应,对农村经济长远发展的促进作用十分有限。农村集体经营性建设用地入市制度改革为落实该镇的发展目标提供了制度支持。2015 年 8 月,莫干山镇人民政府作为出让方,将位于仙潭村废弃的原富康机械厂地块的使用权以协议出让的方式出让给了本地投资商赵建龙,修建醉清风度假酒店的配套旅游设施。该地块成为全国首宗集体经营性建设用地入市地块,并获得全国首笔集体经营性建设用地抵押贷款。

2013 年,赵建龙花 100 多万元买下了仙潭村的一处旧厂房,准备修建酒店。但是受法律和规划限制,该地块暂时很难从工业用途调整为商业服务用地,而且集体土地产权用于非农建设没有法律保障,进行长期投资将面临很大风险,因此该地块一直被闲置。2015 年,德清县成为全国首批农村集体经营性建设用地入市制度改革试点之一,赵建龙借此契机向县国土资源局提交农村集体经营性建设用地入市申请。土地行政管理部门进行联合商讨,同意将地块用途调整为商业服务用地,并通过入市决议。之后,县自然资源和规划局委托杭州中立房地产土地评估规划咨询有限公司湖州分公司对入市地块进行估价公示,估价结果无异议并对地块勘测定界和权属调查等事项确认无误后,县自然资源和规划局委托德清县公共资源交易中心进行交易。

最终在 2015 年 8 月 24 日,这块面积为 6.06 亩的地块以总价 307.11 万元(每亩约为 50 万元,且不包括城市市政基础设施配套费、受让方土地收益调节金和印花税)达成交易。作为出让方的莫干山镇人民政府按《德清县农村集体经营性建设用地入市管理办法(试行)》等规定,向县人民政府缴纳土地增值收益调节金,由县财政部门从土地出让价款中按 32% 直接提取。作为受让方的醉清风度假酒店投资商则按土地出让价款总额的 3%,即 92 132.52 元,向县人民政府缴纳土地交易税费,然后凭缴纳证明向税务部门申请办理契证。拿到集体土地使用权证的赵建龙随即从中国农业银行德清县支行成功贷款150万元,作为项目启动资金投入到醉清风酒店的后续建设中,这也成为全国第一笔集体经营性建设用地使用权抵押贷款案例。2017年4月,赵建龙又借助异地调整入市政策在仙潭村内部置换了不到3亩的建设用地用于醉清风酒店的配套设施建设。2018年,酒店开始正式营业,项目累积投入资金5000余万元。

2. 洛舍镇东衡村:借异地调整入市实现产业集聚发展

2009年关闭所有矿山后,东衡村转型发展小型木业和钢琴制造业。但是这些企业通常规模不是很大,且较为分散,单独申请国有用地一般不会得到批准,因此大多数钢琴企业依靠租用原先蚕种厂的厂房或是租用村集体或村民的土地建房生产。限于土地利用产权不稳定,企业的长线投资意愿受到影响,低小散的产业发展特征还是比较明显的。在借助入市制度改革契机解决小微企业用地困难的基础上,德清县进一步探索异地调整入市新途径,引导东衡村及其临近村内的钢琴企业集聚发展。

具体过程如下:东衡村通过盘活大面积的废弃矿地,于2017年年初规划并开工建设"中国钢琴小镇"众创园。项目规划面积680亩,现约有200亩已经投入使用,分为A、B、C三个区块,均以标准厂房为主。其中,A区块占地68.56亩,挂牌一个月后,由村里的14家钢琴及配套企业以总价1462.6万元竞得使用权,现已作为首批受让方入驻A区块投产使用。

2017年,B、C两个区块也先后完成交易。其中,B区块(约69亩)中的一处58亩的土地的所有权属于临近的洛社村,也就是所谓的"飞地"。两村达成合作调整入市协议,成功将这部分飞地调换到钢琴产业园B区块内,实现入市收益共享。C区块则是由东衡村和其他7个经济相对薄弱的村以出地或出资等形式联合建设的物业项目,占地20亩左右,标准厂房的建筑面积达24300余平方米,由八合物业管理有限公司负责运营,各村按照投资比例共同分享土地经营收益。据有关材料介绍,这一联建项目在2018年年底开始，已经按照每个村投入资金的15%进行了收益分红，7个薄弱村中有5个分别获得18.75万元，另外2个分别获得24万元。[1]

（三）改革的主要特征和绩效评价

1. 德清县入市制度改革的主要特征

地方领导干部非常重视并积极布置和开展入市制度改革工作。浙江省德清县县委、县政府把本次试点当作一项严肃、重要的政治任务，成立了以县委、县政府主要领导为组长的试点工作领导小组，抽调了国土、财政、农业、规划、发改等重点部门和有关乡镇14名业务骨干集中办公。县委常务委员会会议、县政府常务会议先后三次专题研究部署入市制度改革试点工作，常务副县长多次召开乡镇、部门协调推进会，全力推进改革试点工作。[2]

德清县已完成入市交易的宗地数量和规模位居全国前列，改革进展屡次获得中央督导组的认可。2015年8月24日，德清县莫干山镇仙潭村以协议方式出让集体经营性建设用地使用权1宗，面积为6.05亩，成为本轮全国农村土地制度改革开展以来首个集体经营性建设用地入市案例，同时也是全国首宗集体经营性建设用地抵押贷款的案例。截至2019年10月底，德清县累计完成入市199宗（1 494.77亩），成交价款3.14亿元，入市的总体规模和实现的入市收益都位居全国前列。

但是随着改革的持续推进，德清县入市制度改革的步伐逐渐慢了下来，总体呈现出早期快、后期慢的特征。如表4-3所示，2015年入市地块为41宗（372.03亩），2016年新增入市51宗（296.61亩），2017年新增入市57宗（354.06亩），2018年新增入市34宗（344.44亩），再到2019年10月底，

---

[1] 光明日报.浙江德清："农地入市"盘活乡村经济[EB/OL].(2019-10-21)[2021-06-02]. https://epaper.gmw.cn/gmrb/html/2019-10/21/nw.D110000gmrb_20191021_2-04.htm.

[2] 德清集体经营性建设用地入市的改革路径[EB/OL].(2016-05-20)[2021-06-02]. https://www.sohu.com/a/76281781_114984.

新增入市 16 宗（127.63 亩）。进一步分析，从入市用途来看，德清县已入市的集体经营性建设用地主要用于工矿仓储类用途。如表 4-3 所示，177 宗为工业用途，约占入市地块总面积的 91%；17 宗用于商业服务用途，约占入市总面积的 8%；5 宗为公共服务用途，约占入市总面积的 1%。从入市地块的交易方式来看，德清县集体经营性建设用地入市交易多采用挂牌方式。为积极稳妥地推进改革，在推出砂村村"第一拍"之前，德清县首先以协议出让的方式，完成了莫干山镇这块早在 2013 年就私下流转给醉清风酒店的集体产权地块的入市工作。而且砂村村的"第一拍"是德清县四年入市制度改革进程中的唯一一拍，之后大多数的集体经营性建设用地入市地块都是采用挂牌方式。如表 4-3 所示，挂牌交易的地块有 188 宗（1 436.29 亩），约占入市地块总面积的 96%。

2. 德清县入市制度改革的绩效评价

总体来看，经过四年时间探索，德清县的入市制度改革在提高土地利用效率和促进土地收益分配公平方面成效显著。

第一，农村土地利用效率进一步提高。允许农村集体经营性建设用地直接入市，一定程度上盘活了农村建设用地资源，缓解了新增建设用地指标不足和小微企业拿地用地难等问题。一方面，"农地入市"减轻了部分愿意扎根农村的企业的用地顾虑，为德清县农村产业建设提供了及时有效的用地空间，并带来了更大规模的投资。德清县农村地区有 1 881 宗（10 691 亩）集体经营性建设用地没有得到规范、有效的利用，其中有一部分私下已租给本地企业进行小规模生产，另有一部分处于闲置状态。开展入市制度改革后，截至 2019 年 10 月底，德清县累计完成入市 199 宗（1 494.77 亩），成交价款 3.14 亿元。据估计，德清县已入市的近 200 宗土地，投资金额已超过 10 亿元，农村经济发展的后劲明显增强。另一方面，在就地入市常态化的基础上，德清县借助异地调整入市模式规划集中入市区块，避免分散利用的集体经营性建设用地入市后仍然呈现"低小散"的发展状态，提高了土地利用的规模效率。

例如，东衡村钢琴产业众创园项目一期 A 区块占地共 68.56 亩，成功实现了本村 14 家钢琴制造及配套企业的集聚发展，年产钢琴达 2 万台，产值超过 2 亿元。[1] 此外，允许农村集体经营性建设用地直接入市省却了政府介入的征地环节，企业从申请用地到投入生产经营的周期明显缩短。传统征地模式下，企业从申请用地到成功拿到土地至少要花费大半年时间，入市制度改革后缩短在 60 日，供地效率得到明显提升。

第二，城乡间、政府和农民集体间、农村内部的土地收益分配更加公平。集体经营性建设用地入市后的收益更多地留在农村，城乡间的发展差距有望进一步缩小，同时也以征收一定比例的土地增值收益调节金的方式保障了政府财政收入。截至 2019 年 10 月底，德清县集体经营性建设用地入市成交总价款约 3.14 亿元，其中有 70% 以上的收益由村集体和村民获得，平均每亩地入市收益中至少有 15 万元留在了农村。而在征地制度下，征收前用途为建设用地的地块，失地村集体最高只可能获得每亩 5 万元的土地补偿（包含除房屋外的附着物补偿）[2]，大部分入市交易的收益都由地方政府获得。相比之下，在兼顾政府财政收益需求的条件下，入市制度改革激活了农村整体的经济发展潜力。

第三，农民个体的经济收益显著增加。德清县于 2013 年 5 月全面完成 160 个村经济合作社的股份合作制改革，经营性资产量化到人、发证到户，33 万村民成为股民。集体经营性建设用地入市收益的一半以上归村集体和村民所有，多数村集体在提留一定比例的发展基金后，剩余部分可以进行有计划的投资经营，或者直接按户、按股分下去，村民个体能够切实享受到改革红利。例如，东衡村 2013 年村民股权收益每股只有 684 元，改革后 2018 年每

---

[1] 新华社. 立身之本 领航前行｜乡村钢琴变奏曲——东衡村的蜕变故事 [EB/OL]. (2019-01-20) [2021-06-02]. https://baijiahao.baidu.com/s?id=1623145708175221314&wfr=spider&for=pc.

[2] 详见《德清县人民政府关于调整德清县征地补偿安置政策及加强征地管理的通知》（德政发〔2014〕29 号）。

股增值到 2 万元。[1] 再例如，与东衡村在同一个乡镇的砂村村，实施集体经营性建设用地入市制度之前，农民每股股权价值为 5 500 元，2015 年 9 月拍卖出让地块后，每股价值一下增加到 8 000 元，增长幅度达到 45%。[2]

此外，借助集体经营性建设用地入市制度改革，德清县政府积极促成经济薄弱村与经济发达村之间的合作，有效缩小了农村地区的经济发展差距。例如，洛舍镇东衡村众创园内的 C 区块是由东衡村与其他 7 个经济薄弱村联合建设的，2018 年年底开始，该项目已经按照每个村投入资金的 15% 进行了收益分红，7 个薄弱村中有 5 个分别获得 18.75 万元，另外 2 个分别获得 24 万元。[3]

三、福建晋江集体经营性建设用地入市制度改革：雷声大雨点小

作为第二批入市制度改革试点，晋江市在摸清全市 5 100 亩集体经营性建设用地存量的基础上，借鉴德清县等地的入市经验，制定出台了一整套入市指导文件，并多次前往其他试点地区参观学习。但是自 2017 年年初启动入市制度改革到 2018 年 10 月底，大约一年半的时间内，晋江市只成功入市 3 宗，面积总计不到 20 亩，可谓"雷声大雨点小"。到 2019 年 10 月底，晋江市又新增入市 25 宗（148.64 亩），相比前期阶段进展明显加快，但总体上入市制度改革的推进步伐仍然较慢。

---

[1] 国家发展和改革委员会农村经济司. 国家农村产业融合发展示范园经验做法（浙江篇）——德清县东衡村示范园（下）[EB/OL].(2019-05-30)[2021-07-16]. https://www.ndrc.gov.cn/fggz/nyncjj/njxx/201905/t20190530_1144098.html.

[2] "农地入市"改革红利正释放 [EB/OL].(2016-03-10)[2021-06-02]. http://dqnews.zjol.com.cn/dqnews/system/2016/03/10/020256074.shtml.

[3] 浙江德清："农地入市"盘活乡村经济 [EB/OL].(2019-10-24)[2021-07-16]. https://m.gmw.cn/baijia/2019-10/21/33248623.html.

表 4-3　德清县集体经营性建设用地已入市地块汇总

年份	数量（宗）	面积（亩）	分用途情况						交易方式					
			工业用地		商业服务类用地		公共服务类用地		挂牌		协议		拍卖	
			数量（宗）	面积（亩）	数量（宗）	面积（亩）	数量（宗）	面积（亩）	数量（宗）	面积（亩）	数量（宗）	面积（亩）	数量（宗）	面积（亩）
2015	41	372.03	33	284.08	8	87.95	0	0	37	338.58	3	13.51	1	19.94
2016	51	296.61	46	270.04	3	23.06	2	3.51	50	295.31	1	1.30	0	0
2017	57	354.06	50	345.26	5	6.08	2	2.72	52	347.98	5	6.08	0	0
2018	34	344.44	33	335.84	0	0.00	1	8.60	33	326.79	1	17.65	0	0
2019	16	127.63	15	125.27	1	2.35	0	0	16	127.63	0	0	0	0
合计	199	1 494.77	177	1 360.49	17	119.44	5	14.83	188	1 436.29	10	38.54	1	19.94

注：基于德清县集体经营性建设用地入市台账汇总完成，数据统计时间段为 2015 年 8 月至 2019 年 10 月。

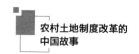

（一）改革的主要制度设计

2017年3月，晋江市于发布《关于印发晋江市农村集体经营性建设用地入市管理暂行规定的通知》（晋政文〔2017〕59号），正式拉开集体经营性建设用地入市制度改革的帷幕。之后，晋江市借鉴德清县和其他试点区的改革经验，又陆续制定了一系列制度设计，旨在明确入市范围、入市主体、入市流程和收益分配规则等事项，主要内容与浙江德清以及其他很多地方试点大体相似。

一是将入市对象限定在存量。为控制改革风险，晋江市将入市对象限定在土地利用总体规划和城乡规划确定的用途为工矿仓储和商业服务类的农村集体存量经营性建设用地。按照此标准，晋江市通过地籍和房屋调查，以及国土"一张图"系统，摸清了全市近5 100亩集体经营性建设用地存量。二是将村集体经济组织、村集体授权的股份经济合作社或专营公司作为入市主体，并要求进行土地入市的民主决策，对入市涉及的宗地情况、入市方式、起始地价、收益分配等重大事项要求村集体进行科学民主的管理。三是参照国有建设用地成熟的管理模式，从搭建平台、制定规则、地价评估、产权登记等方面来规范集体经营性建设用地入市程序。晋江市将全市的农村集体经营性建设用地与国有土地统一纳入市公共资源交易中心，实行一体化管理，并将集体经营性建设用地纳入不动产统一登记范围。此外晋江市着手制定集体经营性建设用地基准地价体系，暂时按照国有建设用地基准地价的90%确定。四是同样出台《晋江市农村集体经营性建设用地入市收益分配使用管理指导意见》，建立了土地增值收益调节金制度，但是没有德清县具体，只是按照用途简单地分为了两类：商业服务用地统一按成交价的30%缴纳，其他用地统一按成交价的15%缴纳。剩余部分将被纳入农村集体资产进行统一管理，使用和分配信息要求公开透明，接受政府审计和公众监督。

（二）改革的典型案例

1. 安海镇前湖村集体经营性建设用地就地入市

安海镇前湖村集体经营性建设用地入市地块面积约7.2亩，所有权属于安海镇前湖村股份经济合作社，在镇、市两级政府的引导安排下，成为晋江市集体经营性建设用地入市"第一拍"，土地出让用途为工矿仓储用地。具体过程如下：经村集体表决同意，前湖村村委会向镇政府提出就地入市申请，并由镇政府发函，原晋江市国土资源局建议支持该地块入市交易。经征询发改、规划、环保、水利部门意见，该地块符合产业政策、建设规划、环保准入和土地利用总体规划等要求，原晋江市国土资源局委托福建鸿远拍卖有限公司泉州分公司于2017年6月25日在原市国土资源局举行拍卖出让活动，出让年限为50年，起始总价为179万元，单价为371.76元/平方米（折24.78万元/亩），按照价高者得原则确定竞得人。最终，福建省晋南建设集团有限公司以起始价竞得，拟作为工业用地（金属制造业）。按照晋江入市文件要求，政府按成交价的15%向前湖村股份经济合作社收取土地增值收益调节金26.85万元。2017年12月13日，受让人凭借土地使用权证书成功获得晋江市农商银行120万元的贷款额度授信。

2. 金井镇围头村用途转换入市

晋江市探索形成的用途转换入市，是指对农村闲置宅基地，借助集体经营性建设用地入市渠道进行盘活使用。首先，闲置宅基地的使用权要收归村集体，后者对原宅基地使用权人给予补偿；其次，村集体经济组织按照集体经营性建设用地入市程序组织该地块的再开发使用和收益分配。

金井镇围头村属于国家3A级旅游景区，近年来村民兴办民宿、海鲜酒楼等，旅游市场需求十分旺盛。2016年，来围头村旅游的游客大约在120万，2017年高达150万。但缺乏吸引游客消费的设施，比如酒店、民宿、餐饮等，村集体经济潜力没有得到充分释放。晋江市开展入市制度改革后，于

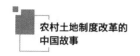

2018年2月引导该村将村东头临海岸的一处面积为5.24亩的建设用地出让，用作旅游设施的建设，成为福建省首宗商业服务用途的集体经营性建设用地入市地块。

该宗出让地块原本是三宗无人居住、闲置荒废多年的宅基地，占地面积约1.5亩。在民宿旅游发展的背景下，优越的地理位置以及产业发展环境使该地块经济价值凸显，具备了成熟的开发条件。恰逢入市制度改革，围头村村委会与原土地使用人达成一致后，另将周边属于围头村集体所有的3.74亩建设用地整合后（共计5.24亩）申请入市。最终晋江市恒禾海景酒店有限公司以260万元，单位地价743.92元/平方米（折49.62万元/亩）竞得该宗地块。根据入市政策的规定，晋江市政府按土地成交价的30%计提土地收益调节金，共计78万元，剩余的182万元留归围头村村集体所有，该笔收益将主要用于配建村养老院等公益项目以及村集体经济的扩大再生产。由于该地块产权关系清晰，操作过程相对简单，从筹备到完成出让不超过4个月。

围头村的集体经营性建设用地入市有效盘活了村里闲置低效的建设用地存量（包括宅基地），集体整体经济和农民个体收入也因此得到明显改善。据介绍，项目启动后，预计总投资约2亿元，预计带动就业人数约100人，预计年收益约200万元，年营业额约2 000万元，年纳税约250万元。

（三）改革的主要特征和绩效评价

1.晋江市入市制度改革的主要特征

首先，晋江市农村集体经营性建设用地入市数量总体较少，入市制度改革的步伐呈现先慢后快的特征。晋江市自2017年3月发布入市指导文件后，到2019年10月底共入市28宗（166.77亩），出让金额为5 271万元，地均成交金额为31.6万元/亩。其中，到2018年10月底，将近一年半的时间内，晋江市只成功入市3宗，面积总计18.13亩，出让收益为577万元。之后一年的时间里陆续入市25宗（148.64亩），入市制度改革推进的步伐明显加快。

其次，已入市的28宗地块全部采取就地入市模式，且其中有20宗都是工业用地。异地调整入市几乎没有进展，一定程度上表明地方政府暂时没有花费额外成本腾换建设空间的需求，进一步反映出晋江市新增建设用地供给暂不十分紧张。另外，晋江市集体经营性建设用地入市地块大多用于工业发展，地均成交金额约30万元/亩，对收益分配格局影响较小。

2. 晋江市入市制度改革的绩效评价

晋江市完成入市的面积规模较少，入市绩效相对并不明显，但是入市制度改革的措施确实在以下三个方面有了效果：

第一，入市制度改革扩宽了土地供应渠道，一定程度上缓解了中小型民营企业发展的用地需求。晋江市作为一个工业城市，97%以上的企业是民营企业，其中有很大一部分中小微企业存在用地需求，但是当前福建省对于用地面积10亩以下的一般工业项目原则上不予供地。通过集体经营性建设用地入市与国有土地市场形成互补，缓解了部分民营企业和中小微企业项目用地难、审批慢、融资难等问题。已完成入市的28宗集体经营性建设用地中，80%以上都是用于民营企业发展。另外还有40宗入市地块正处于审核环节，面积约200亩。

第二，入市制度改革有效解决了历史遗留问题，盘活了中小微企业土地资产。晋江市早期有不少工业企业、民营企业用地手续不完善，很多以兴办乡镇企业名义取得集体划拨土地进行建设，但受法律制约，无法进行转让、融资，导致大量资产闲置，一定程度上限制了企业的经营发展。通过集体经营性建设用地入市方式完善这批企业的用地手续，妥善化解了历史遗留问题，激活了农村土地资源，使原本闲置的农村建设用地得到了有效利用。截至2019年10月底，晋江市共办理近10宗历史遗留工业用地，面积超过50亩，初步估算，帮助企业盘活资产超过6000万元。

第三，入市制度改革明显改善了农村集体经济发展环境，增加农民收入，群众的改革获得感显著增强。晋江市建立了集体入市土地增值收益调节金制

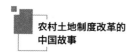

度，规定商业服务用途的入市地块按照成交价款的 30% 缴纳土地增值收益调节金，工业用途按照 15% 缴纳，因此集体产权地块入市至少有 70% 的收益由村集体和村民获得。

四、广西北流集体经营性建设用地入市制度改革：闷声发大财

北流市的城市化进程不如很多东部沿海地区，但是在整个西部地区却位于前列。2017 年，全市地区生产总值 324 亿元，位列广西各县（市）第二名，财政收入 24.86 亿元，位列广西各县（市）第一名。作为首批入市制度改革试点，北流市以商住用地为抓手，全面推进农村集体经营性建设用地入市工作，政府的预算外收入大幅增加。截至 2018 年 11 月，北流市集体经营性建设用地入市 102 宗，面积为 5 754.04 亩，成交价款达 13.4 亿元。

（一）改革的主要制度设计

北流市废弃工矿用地较多，集体经营性建设用地存量较大。据原北流市国土资源局摸底调查数据显示，全市集体经营性建设用地存量为 7 866.67 公顷（11.80 万亩），其中，符合就地入市条件的有 73.11 公顷（1 096.65 亩），可通过异地调整入市的有 1 206.67 公顷（1.81 万亩）。基于摸底情况，自 2015 年开展入市制度改革试点以来，北流市确立了真正意义上国有与集体所有建设用地"同权同价同责"的改革目标，明确了"可入市、尽入市"的改革定位，并建立了"一方案、两意见、两办法、三规定"的规章制度体系（见表 4-4）。在这些制度体系的设计中，北流市进行了多项不同于其他地区的制度创新。

表 4-4 北流市"一方案、两意见、两办法、三规定"入市政策体系

一方案	两意见	两办法	三规定
《北流市农村集体经营性建设用地入市试点实施方案》	《北流市农村集体经营性建设用地入市收益管理指导意见（试行）》 《北流市鼓励金融机构开展农村集体经营性建设用地使用权抵押贷款的指导意见》	《北流市农村集体经营性建设用地房屋抵押登记暂行办法》 《北流市农村集体经营性建设用地入市管理办法（修订）》	《北流市农村集体经营性建设用地使用权出让规定(试行)》 《北流市农村集体经营性建设用地使用权入市土地增值收益调剂金征收和使用规定（试行）》 《北流市农村集体经营性建设用地出让地价管理规定（试行）》

第一，对入市范围不做限定，且为新增集体经营性建设用地入市留有探索空间。与浙江德清和福建晋江不同，北流市在制定入市指导政策时为新增集体经营性建设用地直接入市留下了探索空间。新增集体经营性建设用地是指由土地利用总体规划和城乡总体规划确定为工矿仓储、商业服务、旅游等经营性用途的、现状为集体农用地的部分。根据《北流市农村集体经营性建设用地入市管理办法（修订）》规定，农村集体经营性建设用地是指土地利用总体规划和城乡规划确定为工矿仓储、商业服务、旅游等经营性用途的农村集体土地。可见北流市并没有将入市范围仅限定在存量部分。新增入市需缴纳新增经营性建设用地土地有偿使用费，由市财政统一先行垫付，随后在入市收入中先行扣除；对于涉及补充耕地的，从入市收入中扣减相应补充耕地费用，耕地补充责任由市人民政府承担。

另外，不同于其他试点地区暂时禁止将拟入市地块用于住宅用途，北流

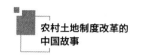

市允许集体经营性建设用地进行商住用途开发，并将国有商住项目的服务和监管制度运用到入市项目中，实行同等管理、同等监督。此外，实施经营性项目捆绑基建公建配建后入市。对于入市用途为商业服务、住宅等经营性项目，若其落址在区位较差、市政公共基础设施暂未涵盖到的乡镇区域，北流市在入市交易中约定由用地主体或企业配套建设相应的道路、供水、绿地等公共基础设施，这样既能引导用地企业向建成区集中发展，也能缓解地方政府的基础设施建设压力。

第二，建立统筹国有和集体所有两类土地供应的安排机制。北流市将集体产权的经营性建设用地与国有产权的建设用地供应作为一个整体，实行城乡建设用地年度供应计划统一管理。具体来说，北流市将集体产权的经营性建设用地纳入入市计划储备库管理，而且将新增入市渠道的入市地块纳入土地利用年度计划管理，并在每年年初将入市计划和土地征收计划统一纳入土地利用年度实施工作方案，再由市国土资源行政主管部门会同住建行政主管部门依据土地利用总体规划和城乡规划，结合土地市场状况，统筹集体经营性建设用地与国有建设用地入市交易的区位、规模、用途和时序等计划安排。

第三，规范集体经营性建设用地入市的地价管理。北流市对集体经营性建设用地的价格管理有三个方面的规定：一是科学评估集体经营性建设用地价格。城镇基准地价评估范围已覆盖的集体经营性建设用地地价标准可参照城镇基准地价执行；城镇基准地价评估范围未覆盖的集体经营性建设用地地价标准可参照城镇基准地价末级基准地价执行；二是确定交易底价。集体经营性建设用地使用权出让、出租底价由代表其所有权的农民集体组织，在土地价格评估的基础上，按照民主决议（议事）程序确定，并报市国土资源行政主管部门备案；三是设置交易价格底限。集体经营性建设用地使用权出让、出租底价不得低于所在区域城镇基准地价，城镇基准地价评估范围未覆盖的区域，不得低于其所在乡镇末级城镇基准地价。

第四，建立"分入市途径、分入市用途"的土地增值收益调节金机制。

北流市以所取得的出让价款、租金、抵押收入和股权收益等入市收入为基数,按入市途径和用途分类计提土地增值收益调节金(见表4-5)。零星分散集体经营性建设用地入市还需征收整治复垦费(占入市收入的5%—20%),其中以商业服务、住宅用地调整入市且需要政府安排留用地(回建地)的,需征收土地增值收益平衡再分配金(仅对城市规划区商住用地征收4%—12%)。

表4-5 北流市集体经营性建设用地入市土地增值收益调节金规则

(单位:%)

入市途径	工业、公益性	仓储、物流、旅游	商业服务、住宅
就地入市	5	15	40
零星分散集体经营性建设用地整治后入市	5	15	48
城中村集体经营性建设用地整治后入市	15	15	15
新增集体经营性建设用地入市	5	15	50

(二)改革的典型案例

1. 广西北流铜石岭项目——多元供地的典型

广西铜石岭国际旅游度假区位于北流市中心城区东面民安镇镇区,被列入广西壮族自治区国民经济和社会发展"十三五"规划,是原国家旅游局优秀旅游项目。项目一期规划8平方公里,规划建设用地1 710亩,计划投资20亿元,已完成投资2.2亿元,基本完成基础配套设施建设,并取得3A景区资质。该项目的特点是采取了农村土地征收、集体建设用地租赁和集体经营性建设用地入市等三种方式解决项目用地问题。

具体操作如下:第一,以政府征转入市方式解决北门景区建设用地。实际上,景区北门片区商务酒店及城镇住宅用地,在改革试点启动前已经实施土地征收为国有建设用地，总面积630亩。第二，以土地租赁方式保障景区景观生态用地、现代生态农业用地和生态停车场用地等项目。景区租赁当地村集体所有的山体景观用地9 000亩，以及农业观光用地12 000亩，不改变土地用途现状。第三，以集体产权土地就地入市和零星分散整治调整入市相结合的方式解决景区部分旅游项目所需的建设用地。其中，景区南门片区商务旅游服务设施建设用地160亩，由北流市原国土资源局通过集体经营性建设用地就地入市方式完成供给，成交价款2 546万元。第四，景区周边旧村改造涉及的建设用地采取城中村集体经营性建设用地改造入市方式保障，总面积450亩，规划330亩为住宅用地，120亩为景区配套道路建设用地。

2.民安镇汽车客运站项目——公益性入市项目的典型

北流市民安客运站项目位于324国道与民安镇公路交汇处，占地面积2.87亩，是民安镇陶瓷工业园区和铜石岭国际旅游度假区的重要配套设施，服务范围涉及民安镇、民乐镇、山围镇、新荣镇等多个乡镇，属于政府公益性建设项目。但是土地征收过程受到生产组集体社员的抵制，造成项目拖延，无法落地建设，2015—2016年，民安镇暂时通过在路边搭建临时棚的方式解决客运站中转问题。

北流市开展农村集体经营性建设用地入市试点工作后，北流市民安客运站有限公司多次与民安镇民安兴上村树新组的村集体沟通协商，最后经村集体组织成员同意，于2016年6月3日以协议出让方式，将2.85亩集体建设用地（BJ[2016]8号宗地）使用权出让给北流市民安客运站有限公司，用于兴建民安客运站。协议出让价格为23.08万元，平均每亩土地出让价格约8万元，扣除政府提取的10%土地增值收益调节金后，农村集体获得约7.2万元，比征地制度改革前最高每亩4.36万元的补偿[1]有明显提高。2019年，该项目已经建成并已投入使用。

---

[1] 《广西2018年"三块地"改革试点土地政策实施评估报告》。

3. 六靖镇居委会沙地坡旧村改造项目——商住入市项目的典型

六靖镇居委会沙地坡旧村改造项目位于六靖镇居委会沙地坡组，是典型的城镇周边的旧村庄。村内大部分房屋是泥砖瓦木结构建筑，无统一规划，布局混乱，基础设施缺失，环境卫生、消防安全、治安等问题突出。此外，由于没有新增建设用地指标，六靖镇镇区已经连续多年没有建设扩展。而六靖镇全镇总人口8万人，其中集镇人口超3万人，人口增长导致建设用地供需矛盾越来越突出，村民违法建房问题日益严重。

为缓解人地矛盾，改善当前住房条件，2016年北流市启动集体经营性建设用地入市制度改革，六靖镇居委会组织沙地坡组村民集体讨论，拟通过农村集体经营性建设用地入市，开展旧村改造，规划改造总面积252.1亩，其中现状村庄建设用地165.40亩。第一期BJ[2016]7号集体经营性建设用地面积101.53亩，于2016年12月23日拍卖土地使用权，由北流市六胜房地产开发有限公司竞得，成交价款为2 371万元，土地用途为商住用地；第二期BJ[2016]5号集体经营性建设用地面积45.81亩，于2016年12月23日拍卖土地使用权，由北流市六胜房地产开发有限公司竞得，成交价款为1 041万元，土地用途为商住用地。

政府从两块集体经营性建设用地入市地块成交收入中总共收取土地增值收益调节金1 364.80万元（BJ[2016]7号地块948.40万元、BJ[2016]5号地块416.40万元），占总收入的40%。此外，合计扣除权属调查和地籍测绘费、地价评估费、交易服务费等成本费用48.30万元，占总收入的1%。农村集体和农民获得总收入1 998.90万元（BJ[2016]7号地块1 393.86万元、BJ[2016]5号地块605.04万元），约占总收入的59%。

通过集体经营性建设用地入市用于商住项目开发，六靖镇拆迁户得到充分保障安置，而且大型房地产开发项目的落地可带动周边相关产业的发展，增加当地的税收，改善招商引资的环境。

（三）改革的主要特征和绩效评价

1. 北流市入市制度改革的主要特征

作为首批试点入市制度改革的地区，北流市农村集体经营性建设用地入市数量多、面积大。自2015年6月北流市启动农村集体经营性建设用地入市改革至2018年11月，已实施集体经营性建设用地入市102宗，面积为5 754.04亩，成交价款达13.4亿元。具体呈现出以下几个特征：

一是以住宅用地为入市主体。不同于其他改革试点，北流市积极探索以住宅用地为（含商住）主体的集体经营性建设用地供应机制。入市的102宗（5 754.04亩）集体经营性建设用地中，有69宗（3 950.96亩）是用于商住，其宗地数量和面积分别占全部入市宗地的68%和69%，超出同期国有商住用地出让的数量。

二是以拍卖出让为主。针对创建和完善土地竞争性市场机制的改革要求，北流市积极探索以拍卖为主的农村集体经营性建设用地入市机制。如表4-6所示，现有94宗（4 901.47亩）集体经营性建设用地是通过拍卖出让方式入市的，其宗地数量和面积分别占全部入市地块的92%和85%。

三是整治调整入市模式（含城中村改造入市）占主导。北流市针对当地集体经营性建设用地布局相对分散、入市空间与布局现状错位的实际情况，积极探索以整治调整入市为主导模式，推进入市制度改革。在已入市的102宗地块中，通过整治调整入市的有84宗（5 003.05亩），宗地数量和面积分别占全部入市地块的82%和87%。

四是率先探索新增集体经营性建设用地入市的可行性。北流市在全国率先突破性尝试了新增集体经营性建设用地入市，并获得批准1宗新增用地，面积为105.57亩[1]，在及时解决项目落地问题的同时，也创新了缩小征地范围后如何保障建设用地需求的新途径。

---

[1] 《广西2018年"三块地"改革试点土地政策实施评估报告》。

表 4-6 北流市农村集体经营性建设用地入市情况

分类依据	具体类别		数量（宗）	宗数占入市总量比例（%）	面积（亩）	面积占入市总面积比例（%）
规划用途	商业服务用地		12	12	1 111.41	19
	工矿仓储用地		15	14	623.02	11
	商住用地（商业兼住宅）		69	68	3 950.96	69
	公益用地		6	6	68.65	1
入市途径	就地入市		17	17	645.42	11
	零星分散集体经营性建设用地整治调整入市		61	59	3 458.71	60
	城中村集体经营性建设用地整治后入市		23	23	1 544.34	27
	新增集体经营性建设用地入市		1	1	105.57	2
入市方式	出让	拍卖	94	92	4 901.47	85.2
		挂牌	1	1	10.19	0.2
		协议	3	3	46.38	0.8
	租赁（协议）		4	4	796.00	13.8
总计			102	100	5 754.04	100.0

2. 北流市入市制度改革的绩效评价

相比其他多个试点地区，广西北流集体经营性建设用地入市制度改革推进得更为彻底。北流市允许集体经营性建设用地用于住宅用地开发，且率先探索了新增集体经营性建设用地入市的可行性，并且将集体经营性建设用地入市与国有建设用地供给纳入统一年度供应计划管理，这从根本上实现了集体建设用地与国有建设用地的"同权同责"。自 2015 年 3 月启动入市制度改革至 2018 年 11 月，北流市实施集体经营性建设用地入市 5 754.04 亩，同期国有经营性建设用地供应 6 131.85 亩[1]，国有经营性建设用地供应与集体经营性建设用地供应基本相当。

以此制度设计为基础，北流市灵活保障项目用地，在节约用地指标的同时，切实提高了供地效率。在大型旅游项目用地问题上，北流市在用地方式上打破供地方式的界限，让出让、租赁等多种供地方式与集体、国有土地产权性质用地并存，保障了全域重点项目的实施与推进。如广西北流铜石岭项目，先后采取了农村土地征收、集体经营性建设用地租赁和集体经营性建设用地入市等三种方式解决项目用地问题，其中以土地征收方式解决北门景区建设用地；采取就地入市和零星分散整治调整入市相结合的方式解决部分旅游项目建设用地问题；对主要景区景观生态用地、现代观光农业用地和生态停车场用地等采取土地租赁的方式，从而较好地保护了生态环境，有效节约了用地指标。

以"同权同责"为基础，北流市也基本实现了集体建设用地和国有建设用地的"同价"。以工业、商住用地价格为例，北流市已入市的工业用地的成交单价为 8.26 万—8.37 万元，同区位国有工业用地出让价格为每亩 9.6 万—10 万元，低 15% 左右；而已入市分布在乡镇的商住用途用地拍卖成交价约每亩 32 万元，同区位的国有商住用地出让价格在每亩 40 万元左右，约低 20%，但是前者若再加上基建公建配套建设的相关费用，与同地段国有商住用地的出让价格基本相当。[2]

开展农村集体经营性建设用地直接入市使得农民的土地收益显著增加。北流市在兼顾地方政府分享土地增值收益的同时，尽可能保障集体土地所有者能够得到更多的土地收益。实践中北流市将土地增值收益调节金比例总体

---

[1] 国有建设用地供应数据来源于土地市场动态监测与监管系统"国有建设用地供应表（基础表）"，2015 年 3 月至 2018 年 11 月时段统计数据。

[2] 黄贤金，戴垠澍. 对广西北流市农村集体经营性建设用地入市改革的思考 [J]. 南方国土资源，2018, 3: 19—23.

设定在 50% 以下，工矿仓储和公益性用途的入市地块则以不高于 15% 的比例收取土地增值收益调节金，鉴于北流市入市地块多用于商住用途开发，因此可以预计截至 2018 年 11 月完成的 102 宗入市地块所实现的 13.4 亿元的土地交易收益中，有一半以上的部分直接归农民所有。

但是北流市农村集体经济组织的市场经营能力却十分薄弱，地方政府除了进行一系列的入市制度供给和交易平台建设，在政策的具体实施中仍然起到主导推进的作用。北流市改革前大部分农村集体没有成立经济组织，改革后通过民主投票选举代表来代理工作，集体经济组织整体的组织协调和市场经营能力非常薄弱，目前还不具备推动农村转型升级和长远发展的合力。此外，北流市集体经营性建设用地抵押融资进展缓慢。入市交易成功的 102 宗土地中，实现抵押贷款的仅有 6 宗，占入市总量的 5.9%。贷款额也只有 0.53 亿元，与 13.4 亿元的入市成交价款相比很少。

五、集体经营性建设用地入市制度改革下地方选择与解释

（一）地方试点开展入市制度改革差异性表现

1. 开展入市制度改革的空间异化特征

浙江德清入市成交地块的数量和规模位居全国前列，表现出较高的改革积极性，相反，福建晋江入市制度改革的推进步伐较慢。德清县自 2015 年 8 月完成入市第一宗到 2016 年年底，将近一年半的时间内，共完成入市 91 宗，面积达 668.64 亩。而福建晋江自 2017 年 3 月发布入市指导性文件后到 2018 年 10 月底，同样一年半的时间内只有 3 宗入市案例，面积总计 18.13 亩。同样是民营经济发展活跃的地区，晋江市和德清县的入市制度改革积极性有明显的不同。

与东南沿海的经济发达地区相比,广西北流的入市制度改革成绩毫不逊色,相反入市制度改革更为深入,改革的步伐更快。在中央并未就集体经营性建设用地可否用于房地产开发做出明确指示时,大部分试点地区采取了限制集体经营性建设用地进行房地产开发,将入市对象限制在集体经营性建设用地存量上,将入市范围限定在城市建设规划红线范围外等做法,例如浙江德清和福建晋江。但是广西北流不仅探索集体经营性建设用地入市用作房地产开发,而且将入市对象拓展到农村新增集体经营性建设用地,入市范围也不受城市规划区内外的限制。从 2015 年 6 月正式开展入市工作到 2017 年年底,一年半的时间内,广西北流成功入市 53 宗(2 997 亩),其中用于商住用途的有 36 宗(1 784 亩)。

此外,农村集体经营性建设用地入市的具体模式也存在空间分布差异。相比福建晋江,德清县和北流市愿意花费额外的协调成本试验异地调整入市和整治入市,推进入市制度改革的积极性更高。晋江市已入市的 28 宗地块全部为就地入市模式,这些地块区位优势显著,产权关系清楚;类似地,德清县近 200 宗地块中有 180 宗也都采取了就地入市模式,但是为进一步提高辖区内集体经营性建设用地存量的精准供地水平,德清县在入市常态化基础上又确定了 7 个集中入市区,通过异地调整入市实现了近 20 宗地块的开发使用;相比之下,广西北流则是积极探索以整治调整入市(含城中村改造入市)为主导的入市途径推进入市制度改革。北流市已入市的 102 宗地块中,通过整治调整入市的有 84 宗(5 003.05 亩),宗地数量和面积分别占全部入市地块的 82.35% 和 86.95%。

2. 开展入市制度改革的时间演化特征

地方试点在开展农村集体经营性建设用地入市过程中呈现出明显的时间演化特征。浙江德清入市数量始终位于全国前列,但是改革进展呈现出前期快、后期慢的特征。德清县作为第一批入市制度改革试点,在 2015 年 6 月启动入市制度改革工作后的半年时间里成功入市 41 宗(372.03 亩),进展非常快。之后的两年内（2016年、2017年），新增入市数量分别为51宗和57宗，面积分别为296.61亩和354.06亩，相较改革起步时节奏明显慢了下来。再到2018年新增入市34宗，面积为344.44亩；2019年10月底，新增入市16宗，面积为127.63亩，节奏放缓的特征更加明显。

相反，福建晋江入市制度改革进展起步慢、后续逐渐加快。晋江市作为第二批入市制度改革试点地区，2017年3月正式发布了入市指导文件，到2018年10月底，将近一年半的时间内，晋江市只成功入市3宗，面积总计为18.13亩。之后一年的时间里（到2019年10月底）陆续入市25宗（148.64亩），入市制度改革推进的步伐明显加快。

（二）现有激励机制和制度环境下地方政府的行为目标

如何解释不同地区对同一政策要求的不同反应？由于地方政府在中国地方治理中起着重要的作用，因此回答该问题之前，我们首先需要考察在现有的激励机制和土地制度环境下，地方政府的行为目标是什么。

根据本书在第三章所构建的分析框架可知，地方政府所处的激励机制受央地关系特征的影响。中国自经济转型发展以来，在经济经营主体、价格机制、税制、产品市场、要素市场等方面都进行了一系列改革[1]，央地关系逐渐形成了一种以政治集权和经济分权为特征的体制。在政治上，中央政府对地方政府进行集权式的管理（比如人事任免）；而在经济上，中央政府则赋予地方政府相对充分的自治权，然后中央政府巧妙地将经济发展作为一项重要的政治考核标准，有效激励了地方政府在发展经济上的能动性和主动性，形成了所谓的"政治锦标赛"[2]。因此，地方政府宏观上的行为目标是促进地方经济发展、增加地方财政收益、追求政治晋升。

---

[1] Coase R H, Wang N. How China became capitalist[M]. Basingstoke: Palgrave Macmillan, 2012.

[2] 周黎安. 中国地方官员的晋升锦标赛模式研究[J]. 经济研究，2007, 7: 36—50.

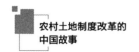

在央地关系的宏观框架下，制度环境是指特定政策领域的全国性制度安排，在本章乃至本书中指的是城乡土地要素流动的基本规则，既彰显着高层级政策制定者的基本价值取向和利益偏好，又影响着地方政府政策工具的选择空间。本轮农村土地制度改革前，地方政府所处的制度环境是农民集体所有的土地使用权不得出让、转让或者出租用于非农业建设，需依法征为国有土地后，才可以进行有偿出让，这体现出政府的主要价值取向是限制农村的土地发展权利，通过垄断土地供应权实现城乡利益的再分配，以支持工业化和城镇化的快速发展。

农村土地市场化改革开启后，地方政府所处的制度环境发生变化，地方政府的征地权力受到严格限制，符合规划条件的农村集体经营性建设用地能够直接入市，市场价格机制在城乡土地流动中逐渐起到决定性作用。很明显，中央政府的价值取向开始转为尊重农村农民土地发展权利，促进城乡统筹和同权发展。地方政府宏观的行为激励没有发生显著变化，但是面对土地制度环境的变化要求，地方政府将结合地方资源禀赋、经济发展需求、改革风险和村集体自治能力等条件综合决定是否开展以及如何开展具体的制度改革。

（三）为什么会出现空间上的策略分异？

央地间基本的结构关系没有发生明显的变化，地方政府的行为激励总体上来说也是稳定的，即促进地方经济发展、增加地方财政收益、追求政治晋升。既然地方政府整体的行为激励不存在明显的异质性，相同的一项制度改革为什么会在一些地方产生积极的支持者，而在其他地方产生消极的支持者？本书认为在整体的行为激励背后，经济条件和资源禀赋，地方领导干部对入市制度改革风险的感知，农民集体自治能力等方面的差异引致了地方政府面对入市制度改革要求时的策略选择多样性。

1. 经济条件和资源禀赋存在差异

尽管地方政府普遍存在追求地方财政收益最大化的行为激励，但是地方间不同的财政收入结构仍有可能导致其在面对同一项制度改革或政策创新要求时做出差异化的回应。例如，如果某项制度改革或政策创新要求直接影响的是地方政府可获得的土地出让收益规模和利用土地融资的能力，那么土地出让收益占地方财政收入比重较高的地方政府普遍可能会抗拒。相反，如果某项制度改革或政策创新有利于扩大和优化地方的产业税基，那么一般性税收收入占地方财政收入比重较高的地方普遍会成为入市制度改革的积极支持者。

广西北流经济发展仍处于积极招商引资而不是选资的阶段，城市建设资金依赖高层级政府财政转移支付和土地出让收益。通过积极开展集体经营性建设用地入市制度改革，并尝试用于商住用途，地方领导干部一方面有机会借助显著的改革绩效为地方建设争取更多的财政支持，另一方面在其任职期间也有利于增加预算外收入，进一步赢取高层级政府对其治理能力的认可。首先，更加依赖上级政府财政转移的地方政府倾向于支持高层级政府的改革要求。根据统计数据计算，2007—2011年，广西玉林一般公共预算支出占预算收入的比例为250%—350%[1]；2007—2011年，浙江湖州一般公共预算支出占预算收入的比例在110%—140%浮动[2]；2007—2011年，福建晋江一般公共预算支出占预算收入的比例均略高于100%[3]。相比之下，广西玉林的地方财政更加依赖于上级政府的转移支付，更有可能倾向于通过承担国家的重点改革任务来争取上级政府的财政转移，因此可以理解其积极响应中央政府要求，大胆试点集体经营性建设用地入市。

其次，除了争取上级政府财政转移支付资金，北流市的城市建设还更多依赖于土地的经营收益。根据统计数据计算，2007—2011年，广西玉林的国

---

[1] 根据2008—2012年《广西统计年鉴》，广西玉林2007—2011年一般公共预算支出占预算收入的比例为257%、280%、314%、351%、326%。

[2] 根据2008—2012年《浙江统计年鉴》，浙江湖州2007—2011年一般公共预算支出占预算收入的比例为112%、119%、136%、131%、124%。

[3] 根据2008—2012年《福建统计年鉴》，福建晋江2007—2011年一般公共预算支出占预算收入的比例为107%、107%、110%、107%、110%。

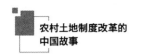

有建设用地出让收入与地方财政税收收入大致相当，个别年份甚至明显高于地方财政收入，表明北流市的城市建设还更多依赖于土地的经营收益。[1]而且近年来，北流市实施"东融"战略，主动融入粤港澳大湾区发展，营商环境得到进一步优化。实际上，由于北流市在地理位置上毗邻民营经济更为活跃的广东省，很多企业很早就到北流市投资建厂了。例如，早在2002年，广东东莞南达时装公司在北流市南部白马镇投资办厂，并逐渐发展成为年产600万件的成熟型企业，而且随着北流市"东融"战略的实施，该公司欲将东莞总部整体搬迁至北流市农民工创业园。[2]随着投资环境的改善，北流市城镇住宅用地需求也在增加。面对承接东部产业转移背景下逐渐增加的产业用地需求和住房用地需求，北流市将集体经营性建设用地多用于利益丰厚的商住用地开发，并通过设置适当的收益调节金比例，增加地方的财政收益。

与广西北流不同的是，福建晋江更多地是凭借区位优势，通过经营土地获得城市建设的资金。允许农村集体经营性建设用地直接入市，打破了地方政府在国有土地一级市场上的垄断地位，进而影响地方政府经营土地的利益格局，所以晋江市深入开展入市制度改革的积极性较低。2010—2014年，整个泉州市国有土地一级市场上的出让收入与地方财政收入的比值大概保持在50%以上，个别年份甚至达到80%[3]，可见征收及出让过程中土地本身的收益是泉州市（包括晋江市）城市建设所需资金的一个重要来源。此外，我们经过实地调研了解到，晋江市不缺乏新增建设用地指标，而与之相配套的占补平衡指标也能通过向其他县市购买而获得，因此总体上缺乏盘活农村存量

---

[1] 根据2008—2012年的《广西统计年鉴》和2008—2012年的《中国国土资源年鉴》，广西玉林2007—2011年国有建设用地出让收入与地方财政税收收入的比值分别为107%、92%、87%、146%、111%。

[2] 北流：主动"东融"，着力打造东部产业转移理想"洼地"[EB/OL].(2019-02-27)[2021-06-02]. https://www.sohu.com/a/298326550_704467.

[3] 根据2011—2015年的《福建统计年鉴》和2011—2015年的《中国国土资源年鉴》，福建泉州2010—2014年国有建设用地出让收入与地方财政税收收入的比值分别为70%、81%、60%、56%、55%。

建设用地的动力，不愿放弃经营辖区土地的主动权、不愿多花制度成本推进入市制度改革。

虽然同处于东部沿海经济发达区域，浙江省整体却面临着十分严重的土地资源瓶颈约束。允许集体经营性建设用地直接入市，有助于盘活农村建设用地存量，增加地方可用的建设空间，进而激发地方的市场活力，因此德清县表现出较高的改革积极性。众所周知，量多面广的中小型民营企业是浙江经济的"基本盘"，但是各县市每年的新增建设用地计划指标非常紧缺，可用的土地指标还不到企业需求量的1/10。土地资源的严重短缺导致浙江地价大幅上涨，很多郊县甚至镇上的地价都高达每亩近百万元，远远超过了上海郊区及苏南的地价，以致企业投资成本大幅增加，严重制约了浙江经济发展。[1]德清县响应中央政府改革要求，允许集体经营性建设用地直接入市，解决了很多小微企业的用地需求。据统计，德清县已入市的近200宗集体经营性建设用地，有177宗用于工矿仓储用途，约占入市地块总面积的91%，投资金额已超过10亿元，受让主体基本都是中小企业，特别是本地的一些小微企业。

2.地方领导干部对入市制度改革风险和收益的感知存在差异

除了要在市场展开竞争，地方领导干部还要在行政体制内展开竞争，地方政府普遍存在追求职业晋升或其他物质奖励的现实希望。且相比经济领域的竞争，政治体制内的竞争更是复杂。相关研究指出，追求显著绩效和避免"一票否决"类事项都是地方干部向上级政府展示地方治理成效时的重要策略。[2]假设地方领导干部有这样的行事逻辑，在本轮土地制度改革中，地方试点开展入市制度改革的积极性也应与其对改革潜藏的政治风险、入市制度改革绩效与职务晋升之间关系的认识和判断有较大的关系。

---

[1] 浙江省统计局.浙江经济发展方式转变研究[R/OL].(2014-08-27)[2021-06-02]. http://tjj.zj.gov.cn/art/2014/8/27/art_1530860_20981031.html.

[2] 高翔.最优绩效、满意绩效与显著绩效：地方干部应对干部人事制度的行为策略[J].经济社会体制比较，2017, 3: 161—171.

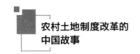

德清县因为有湖州集体经营性建设用地流转试点经验可以借鉴（详见专栏 4-1），入市制度改革的不确定性相对小一些。因此在被确定为入市制度改革试点不久，德清县就确定了比较规范的集体经营性建设用地入市程序，入市工作也比较快地进入常态化，表现出较强的改革积极性。而且为防范入市制度改革潜在的风险，德清县并没有在湖州经验的基础上进一步突破城镇规划建设范围内外的限制，而是将入市范围仍然限定在"圈外"，这样的安排既不会过多干扰圈内的土地市场，还能有效解决小微企业的用地需求，进而稳定和扩大地方税基，同时也起到了向高层级政府彰显地方治理能力的效果。

专栏 4-1

浙江省集体建设用地流转的先行试点："湖州模式"

浙江省湖州市是全国最早一批开展集体建设用地流转试点的地区，自 20 世纪末开始先后在南浔区的善琏、双林、旧馆、和孚等镇以及吴兴区织里镇开展集体经营性建设用地使用权流转试点工作，在流转范畴、流转方式、流转用途、收益分配及使用等方面积累了一些经验，形成了"湖州模式"。

"湖州模式"的初衷是为了解决乡镇企业土地资产处置问题。1997 年下半年，湖州市土地管理局为配合乡镇企业改制，在轧村镇开展了改制企业以租赁方式取得集体经营性建设用地使用权的试点。1998 年年初，湖州出台了《乡镇改制企业土地资产处置若干意见》，全市逐步推行集体经营性建设用地以租赁方式流转。在处置转制企业土地资产的基础上，湖州市继续探索村集体存量建设用地的流转途径。1999 年年初，湖州市国土资源局选择该镇进行试点，流转方式除租赁之外，还试行一次转让 30—40 年和作价入股等方式。[1] 这一时期，湖州市从处置改制乡镇企业集体土地资产出发，通过明晰产权、

---

[1] 张鹏.农村集体建设用地流转机制与绩效研究——以浙江省湖州市为例[D].杭州：浙江大学，2007.

规范流转，将集体经营性建设用地引导到有偿、有限期、可流动的土地市场公开运作，逐步形成了租赁、转让、入股联营等多种集体经营性建设用地流转方式，有效解决了中小规模民营企业发展的用地需求，同时增加了村集体和农民的财产收入，也为本轮农村集体经营性建设用地入市制度改革提供了经验及基础。

同样是民营经济发展比较活跃的地区，福建晋江相对缺乏农村集体经营性建设用地流转的制度基础，对于地方政府来说，改革过程存在较大的不确定性。我们经调研了解，为避免入市制度改革对地方财政收益格局带来较大的影响，同时降低贸然改革潜藏的政治风险，晋江市已入市的28宗地块全部都是由市长、市委书记亲自看过和批准同意的，严格意义上来说并不是在符合规划条件的基础上，按照入市的规范流程，由市场机制发挥主导作用的。

3. 入市主体经营管理能力和农村基层组织自治能力存在差异

农村集体经营性建设用地入市的地方差异，还可能与农村基层组织的自治能力有关。集体经济实力较差的农村，往往缺乏具有现代企业理论知识和实践经验的人力资源，农村集体的组织管理决策能力不足，对集体经营性建设用地入市制度改革缺乏积极性和主动性，并进一步导致相应地区或者缺乏改革的推动力，或者地方政府在入市制度改革中起主导作用。例如，广西北流大部分农村集体没有成立相应的经济组织，集体土地管理中的议事决策、经营管理、民主监督、财产收支、纠纷调节等机制不健全，一度阻碍了入市工作的开展。后来试点区内每个村由集体成员民主投票推选三名代表，来代理集体经营性建设用地的入市工作。但是集体组织的经营能力还是较弱，整个过程仍过多依赖地方政府的组织协调。

相反，集体经济实力较强的农村，集体经济组织、村民委员会、村务监督委员会等行政、经济组织架构相应更为完善，集体资产管理更加规范，农村集体更能认识到入市制度改革对促进村集体经济发展的重要性，因此能够积极主动地配合入市制度改革工作。例如，浙江省农村整体经济实力十分雄厚，集体资产比较殷实。2010年，全省农村集体总资产已经达到2 398.4亿元，村均777.9万元；同期实现村级集体经济总收入230.9亿元，村均74.9万元。[1] 自2001年起，德清县实行"村账镇管"，同年武康镇丰桥村大胆尝试农村集体资产股份制改革，将集体公益性、经营性资产折股量化到个人，社员变股民，按股获得分配收益，并通过选举产生了股东代表大会、董事会和监事会，切实做到产权明晰、利益共享、风险共担。到2013年，全县完成了所有经营性资产的量化入股工作，106个村（社区）全部成立了股份经济合作社，33万农民成为股民。集体经营性建设用地由村股份经济合作社实施入市，村集体的经济实力得到进一步提升。

（四）现有体制机制是阻碍还是推进了改革？

农村集体经营性建设用地入市制度改革是一项在权利和利益分配格局方面破旧立新的复杂工程，"单兵突进"很难取得显著效果，形成"可复制、可推广"的改革经验还有赖于财税体制、干部考核机制、农村集体经济组织产权制度、农村金融体制、农村社会管理体制等各方面的支持。

第一，财税体制影响地方政府的经济激励，并进一步影响入市制度改革进程。1993年分税制改革后，地方财权上移，而事权不变，越到基层，财权和事权不对称的问题越是突出。[2] [3] 迫于财政支出压力，县市级地方政府基于国有土地有偿使用制度和征地制度，在一般预算财政之外逐渐发展出了资金规模可观、完全由地方政府支配、以土地出让金收入为主体的财政收支体系。[4]

---

[1] 汪志芳. 浙江农村"三资"管理的调查与思考[J]. 政策瞭望，2011, 6: L27—29.

[2] 周飞舟. 分税制十年：制度及其影响[J]. 中国社会科学，2006, 6: 100—115+205.

[3] 汤火箭，谭博文. 财政制度改革对中央与地方权力结构的影响[J]. 宏观经济研究，2012, 9: 11—18.

[4] 周飞舟，谭明智. 当代中国的中央地方关系[M]. 北京：中国社会科学出版社，2014.

允许集体经营性建设用地直接入市，总体上削弱了地方政府凭借征地公权力汲取土地财政的能力，导致部分地方试点缺乏开展入市制度改革工作的积极性。因此，不相应开展财税体制的改革，土地财政问题就很难得到有效解决，以土地成交价款为主要财政收入来源的试点地区，入市制度改革进程自然就比较迟缓。

第二，干部考核机制影响地方领导干部的政治激励，并进一步影响地方开展入市制度改革的积极性和可持续性。国家重点改革工作的实施绩效往往是考察地方治理能力的重要指标，一般来讲，在晋升激励下地方政府开展改革工作的积极性会有显著提高。通过观察浙江德清、福建晋江、广西北流等地的入市制度改革实践，我们发现即使像福建晋江这样缺乏改革动力的地方也迫于干部考核压力，积极制定了一整套入市制度改革指导政策，并树立了若干个典型案例。但是，相比经济增长绩效这一主要的、长期性的考核指标，入市制度改革中地方试点"放权让利"的表现结果仅是试点期间内的重点考核指标，对多数没有改革动力的地方的积极推动作用可能只是暂时的，试点结束后容易很快恢复旧有的行为模式，不利于保持入市制度改革的可持续性。

第三，农村集体产权制度改革有助于推进农村集体经营性建设用地入市。从试点总体情况看，农村集体资产股份制改革使产权关系得到进一步明晰，在集体经济的管理、运行、发展与社员的利益之间建立了密切的联系，提高了农民参与和监督集体经济发展的积极性。一些村在产权制度改革的基础上成立了股份经济合作社，借鉴现代企业的法人治理结构，建立了股东（代表）大会、董事会、监管会，有利于提高管理水平。

第四，农村金融机制影响企业投资集体产权土地的意愿，并进一步影响入市制度改革的进展。本轮农村土地制度改革的成效有赖于农村金融机制所发挥的作用，同时有助于缓解长期困扰"三农"发展的抵押物不足的金融困境。2016年，银监会、国土资源部联合印发了《农村集体经营性建设用地使用权抵押贷款管理暂行办法》（银监发〔2016〕26号），指导开展集体经营性建设

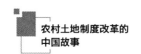

用地使用权抵押贷款业务，增加了其从金融机构获取贷款的可得性，助推入市制度改革进程。但是试点实践中，只有少数银行愿意接受集体经营性建设用地使用权抵押，导致即使农村土地开发有旺盛的融资需求，但真正实现抵押融资的数量并不多，究其原因在于支持集体产权土地抵押贷款的农村金融机制目前还比较薄弱，大型银行对农村建设的支持力度弱、信贷流程繁复、融资方案单一、农村信用体系建设不完善等问题依然突出。

第五，农村社会管理体制影响基层组织的自治能力，进一步影响入市制度改革中村集体的整体意愿和集体行动能力。例如，在经济发达的浙江农村，村民委员会、村级股份经济合作社、乡贤组织等基层行政、经济、社会组织相对健全，促使村集体经济组织更积极地推进和配合入市制度改革。但是大多数中西部地区村民委员会组织不规范，农村集体经济组织长期处于虚位状态，缺乏集体建设用地运营经验，阻碍了入市制度改革的步伐。为提高农村集体经济组织的市场主体地位，2016 年，中央政府印发《关于稳步推进农村集体产权制度改革的意见》（中发〔2016〕37 号），对集体经济组织登记赋码提出了明确要求，2017 年开始施行的《中华人民共和国民法总则》赋予了集体经济组织特别法人资格。从 2018 年开始，农业农村部落实中央决策部署，对全国各级农村集体经济组织着手进行规范登记，并赋全国统一社会信用代码。这一村庄治理体制的改进无疑提高了农村集体经济组织的市场主体地位，有利于农村集体经济组织开展经营管理活动。

六、集体经营性建设用地入市制度改革的经验与启示

本章比较分析了浙江德清、福建晋江和广西北流农村集体经营性建设用地入市制度改革的政策设计、典型案例和实施效果，并在宏观的激励机制没有发生明显变化的条件下，从资源禀赋、经济发展条件、农村集体自治能力

等方面探究了几类试点改革积极性存在差异的原因,解释了地方选择的空间和时间演化差异背后的逻辑。主要的研究结论与政策启示如下:

(一) 研究结论

第一,开展入市制度改革总体上提高了农村集体经营性建设用地的利用效率。允许集体经营性建设用地直接入市,为盘活农村集体存量建设用地提供了除政府征地以外的其他可行路径,东西部的农村集体经营性建设用地的配置效率均得到进一步提高。广西北流截至2018年年底,完成入市102宗左右,面积超过5 700亩,成交价款达13.4亿元,入市的总体规模和实现的入市收益居全国前列;浙江德清截至2019年10月累计完成入市199宗(1 494.77亩),成交价款3.14亿元,入市的总体规模和实现的入市收益也位居全国上游;福建晋江截至2019年10月完成入市28宗(166.77亩),出让收益5 271万元,入市总体规模虽然相对较小,但是入市制度改革的实施也确实盘活了这部分集体存量建设用地,显化了土地价值。而且从全国层面上看,有相当数量和规模的集体经营性建设用地进入正规的土地市场,为城乡经济社会建设提供了宝贵的空间,并带来了可观的收益。根据自然资源部的统计数据,截至2018年年底,全国33个地方试点共完成1万多宗集体经营性建设用地入市,面积规模达到9万多亩,总计实现257亿元的交易收益,其中实现抵押贷款的有228宗,贷款金额达38.6亿元。

第二,开展入市制度改革切实提高了农村和农民的土地收益水平。为指导农村集体经营性建设用地入市收益分配,2016年,财政部、国土资源部联合下发《农村集体经营性建设用地土地增值收益调节金征收使用管理暂行办法》(财税〔2016〕41号),确定调节金分别按入市或再转让农村集体经营性建设用地土地增值收益的20%—50%征收。各地方试点也基本都按这一要求制定了具体的土地增值收益调节金规则,浙江德清按照入市土地用途和区位,将调节金比例定在16%—48%;福建晋江商业服务用地统一按照30%缴

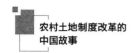

纳,其他用地统一按照15%缴纳;广西北流按照入市途径和入市用途将调节金定在5%—50%。由此看出,集体经营性建设用地入市收益的一半以上都留归村集体和村民所有。

第三,面对这项"还权赋能"性质的农村土地制度改革,浙江德清、福建晋江和广西北流的回应存在明显的空间和时间演化差异特征。总体来讲,浙江德清入市制度改革工作推进得较为积极,入市成交地块数量和规模居全国前列,同时呈现出早期快、后期慢的演化特征;同为民营经济发达的福建晋江入市制度改革表现得相对不积极,前一年半的时间里只促成3宗(不到20亩)集体经营性建设用地存量入市,随着改革的进一步延期,晋江市入市制度改革步伐逐渐加快,但入市总体规模仍然较小;广西北流工业化发展水平虽远低于前两个东部沿海城市,但却本着"能不征就不征""可入市尽入市"的原则,主动试点集体经营性建设用地(包括新增)作为商住用途入市,改革推进得更为深入。

第四,在激励机制没有发生变化的条件下,资源禀赋、地方经济发展需求、农村集体自治能力及地方试点对改革风险的感知等方面可以解释地方试点表现出的回应差异和演化特征。福建晋江因为其发达的县域经济,不缺新增建设用地指标,配套的耕地占补平衡指标也能很方便地从周边县市购买,因此没有动力切实开展集体经营性建设用地入市制度改革,但是迫于全国性试点的政治压力,又不得不逐步推进入市制度改革工作;浙江德清新增建设用地指标短缺,集中在村镇发展的小微企业多是私下租赁村里的建设用地从事生产,但是没有产权保障导致长远的投资意愿受限,而通过推进圈外的集体经营性建设用地直接入市,德清县能够以较低的改革风险稳定地扩大地方税基,同时向上级政府交出一份绩效显著的答卷;与晋江和德清不同,广西北流经济发展仍处于积极招商引资而不是选资的阶段,城市建设资金更加依赖高层级政府财政转移支付和土地出让收益,将拟入市地块用于商住用途,一方面是为了取得较为显著的改革绩效以向上级争取财政转移支付,另一方面也是为了借助试点契机获得更为可观的土地出让收益。

(二)政策启示

我们不仅需要明确农村(土地)资源市场化配置的基本方向,更需要增加支撑这一资源利用方式转型的制度供给,积极探索完善农村集体经营性建设用地入市的可能路径。

第一,深化土地经营管理领域的"放管服"改革,切实提高政府效能。为巩固入市制度改革成果,切实形成可复制、可推广的入市制度改革经验,还需深入推进政府"放管服"改革,即政府在做好监督管理和规范市场有序运行的基础上,将更多关于土地市场经营的权利交给包括农民集体经济组织在内的市场主体。一方面,政府应当着眼于农村集体经营性建设用地入市制度改革中的公共性事务,当进则进。入市制度改革初期,制度供给、平台建设以及多方主体的协调,是服务改革顺利进行的基础,需要地方政府的积极参与,予以规范和引导。另一方面,随着入市交易规模逐渐增加,政府应当急流勇退,避免大包大揽。例如,目前大部分试点地区尽管在集体经营性建设用地入市交易中取得了明显的短期绩效,但是或多或少都有政府兜底助推的原因,其背后的长期隐患不容忽视:这样不仅会加重地方政府财政负担,而且也会形成过度依赖政府的局面,尤其考虑到改革窗口期即将结束,地方政府改革的热情可能会逐步下降,改革向纵深发展的可行性受到挑战,更难以言及"可持续、可推广"的改革模式或经验。

第二,除自上而下的行政压力外,减弱地方政府对土地财政的依赖还需优化调整央地间的财权和事权的划分,优化地方政府经济激励机制。要求地方政府职能转变的同时,我们也看到地方经济发展对土地财政的依赖程度影响地方领导干部的改革选择。因此,为推进农村放权让利的土地制度改革,需要保障地方政府能有其他可持续的土地财产税收来源,以弱化地方政府对土地财政的依赖程度。对此,建议抓紧研究我国现有的土地相关税费在集体

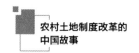

土地权利取得、保有和流转环节适用的具体方案。例如，在集体土地的取得和流转环节，可将现有的耕地占用税、土地增值税、契税、企业所得税和个人所得税等税种加以改造，保障政府在土地增值过程中享有合理的收益分享权。可以预见，如果相关税收制度可以得到完善，那么因为土地制度改革所带来的财政缺口就可以得到一定程度的缓解，地方政府也能更加积极地推进入市制度改革工作。

第三，健全农村社会管理体制，提高农村基层自治组织市场经营能力和村务治理能力。具体包括，完善第一书记派驻长效工作机制，向"软弱涣散村"和"集体经济空壳村"派出第一书记，发挥村委书记在农村土地制度改革中的组织领导作用；成立农村集体土地运营公司，强化集体经济组织服务功能，发挥在管理集体资产、合理开发集体资源、服务集体成员等方面的作用；建立健全农村民主管理体系，形成土地管理议事决策机制，积极发挥集体经济组织在统一集体行动中的"领头羊"作用；加强民主监督机制与纠纷调处机制，强化对农村集体财产性收入的统筹管理，实现对农村土地收益在集体内部的公平、公正分配。

第四，完善农村金融体系，更好地发挥金融工具在推进农村土地市场化改革中的作用。鼓励大型银行加强农村网点建设，继续深化农村信用社改革，推进村镇银行、小额贷款公司健康发展，必要时可新设土地银行等专业银行，形成多元化、多层次的适应土地制度改革的农村金融体系。[1]为扩大农村土地市场交易的规模，充分显化农村土地的市场价值，应加强银行金融机构在各项农村土地制度改革中的参与度，鼓励其对土地交易双方的抵押融资给予支持，必要时由地方政府进行政策背书，降低金融机构的政治顾虑。[2]

---

[1] 充分发挥金融在推进农村土地制度改革中的作用[EB/OL].(2014-03-10)[2021-06-02]. https://www.financialnews.com.cn/zt/2014lh/zth/201403/t20140310_51253.html.

[2] 沈国明，关涛，谭荣，等.农村土地制度改革：浙江故事[M].北京：科学出版社，2018.

第五章
宅基地制度改革：市场条件决定创新空间

农村宅基地制度改革旨在保障和实现农户的宅基地用益物权，提高农村土地资源的配置效率，增加农民的财产性收入，进而统筹城乡发展，助推乡村振兴。本章以浙江省义乌市（以下简称"浙江义乌"）、江西省余江县（以下简称"江西余江"）和贵州省湄潭县（以下简称"贵州湄潭"）为例，考察东、中、西部地区宅基地制度改革试点的主要政策及其绩效。基于"激励机制—制度环境—政策工具"的分析框架，本章探讨了义乌市"渐进式"改革、余江县"减法式"改革和湄潭县"标准化"改革的政策选择的空间和时间演化差异背后的逻辑。最后，本章从优化激励机制和深化制度环境变革两个方面提出巩固及推广改革试点成果的政策建议。

一、农村宅基地制度改革：向准市场化配置看齐

农村宅基地制度是中国城乡二元化的土地利用与管理体制的重要组成部分，包括四项基本内容：一是宅基地所有权归集体所有，村民一户只能拥有一处宅基地，即"一户一宅"；二是农户拥有的宅基地面积不得超过省、自治区、直辖市规定的标准，即"面积法定"；三是经地方政府审核批准后，农户可以无偿取得和无偿使用宅基地，即"无偿分配与使用"；四是农户不得交易

宅基地使用权，除非搬进城市等原因，但出卖、出租住房后，再申请宅基地的，不予批准，即"严格限制流转交易"。长期以来，"一户一宅、面积法定、无偿分配与使用、严格限制流转交易"的宅基地制度在保障农民的基本生存权、居住权和维护农村社会稳定等方面发挥了积极作用。[1]

然而，随着工业化和城镇化的加速推进，现行的宅基地制度面临着诸多困境，已经难以适应经济、社会和生态条件的变化。一方面，由于缺乏行之有效的村庄规划和农村用地审批，宅基地的"无偿分配与使用"引致部分农户"未批先建、少批多建"的土地违法行为等历史遗留问题，"一户多宅"和"面积超标"的现象屡见不鲜。[2]特别是在农业转移人口市民化的大背景下，农村居民点的数量不减反增，大量宅基地处于闲置和低效利用状态，甚至出现"空心村"和废弃村。[3]另一方面，随着"双保"（保护耕地和保障经济增长的土地供给）压力日益增大，新增宅基地的供应也愈发紧张，导致确有分户和刚性居住需求的农户"用地难、建房难"，无法切实享有"一户一宅"的基本权利。[4]此外，由于严格限制流转交易，宅基地成为"沉睡"的资产。农户无法通过市场化交易等方式优化资源配置，显化宅基地的价值进而增加财产性收入。[5]这些问题与挑战都引起了中央的高度重视。

党的十八届三中全会提出，要"保障农户宅基地用益物权，改革完善农村宅基地制度"。围绕中央全面深化农村土地制度，特别是宅基地制度改革

---

[1] 朱新华.农村宅基地制度创新与理论解释——江苏省江都市的实证研究[J].中国人口资源与环境，2012, 22(3): 19—25.

[2] 诸培新，曲福田，孙卫东.农村宅基地使用权流转的公平与效率分析[J].中国土地科学，2009, 23(5): 26—29.

[3] 张秀智，丁锐.经济欠发达与偏远农村地区宅基地退出机制分析：案例研究[J].中国农村观察，2009, 6: 23—30, 94—95.

[4] 严金明，王晨.基于城乡统筹发展的土地管理制度改革创新模式评析与政策选择——以成都统筹城乡综合配套改革试验区为例[J].中国软科学，2011, 7: 1—8.

[5] 刘守英，熊雪锋.经济结构变革、村庄转型与宅基地制度变迁——四川省泸县宅基地制度改革案例研究[J].中国农村经济，2018, 6: 2—20.

第五章
宅基地制度改革：市场条件决定创新空间

的一系列重大决策部署——展开，2015年开始的改革试点的主要任务包括如下内容：在保障农户依法取得的宅基地用益物权基础上，改革完善农村宅基地管理制度，探索农民住房保障新机制；探索宅基地有偿使用制度和自愿有偿退出机制；探索宅基地"三权分置"和农民住房财产权抵押、担保、转让的有效途径。

直观地看，宅基地制度改革的重点是保障农民住房权益，实现"户有所居"和农民住房财产权。但从本质上看，这些改革举措是对宅基地资源计划配置管理模式的重大变革，旨在建立准市场化的宅基地资源配置机制。所谓的"准市场化"是指宅基地资源的配置必须要守住国家确定的"户有所居"的底线，落实好宅基地的社会保障功能；在此基础上，可以让市场在宅基地资源配置中起决定性作用。如此一来，村集体和农民可以根据价格信号、成本与收益的权衡作出符合当时当地条件的宅基地利用决策，不断提高宅基地利用的效率和效益。换言之，准市场化配置不仅能够盘活闲置的宅基地资源，化解"空心村"和城乡建设用地"双增加"等矛盾；还能显化宅基地资源的潜在价值，产生显著的分配效应，为城乡统筹发展和乡村振兴积累资金和资本。在推进宅基地资源的准市场化配置过程中，地方政府需要"自我革命"，加快职能转变，鼓励、引导与支持村集体和农民进行自主治理，让市场机制能够切实发挥作用。

宅基地制度改革是一个系统过程，从实践来看也没有固定的路径。改革试点工作开展以来，各地从实际出发选择和调整宅基地制度改革的具体政策安排和推进模式，呈现出鲜明的地方特色和阶段性特征。各地的多样化策略选择也导致宅基地制度改革在提升土地资源配置效率、促进农民增收、统筹城乡发展和推动乡村振兴等方面的绩效差异。本章旨在以浙江义乌、江西余江和贵州湄潭三个典型的农村土地制度改革试点地区为例，梳理三地改革宅基地制度的实践探索脉络，总结地方改革策略选择的时空特征和切实效果，并从激励机制、制度环境和政策工具三个维度揭示地方选择的空间和时间演

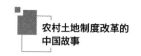

化差异背后的逻辑。

本章后续的安排如下：第二部分阐述浙江义乌"渐进式"宅基地制度改革的政策设计、典型案例和实际效果；第三部分阐述江西余江"减法式"宅基地制度改革的政策设计、典型案例和实际效果；第四部分阐述贵州湄潭"标准化"宅基地制度改革的政策设计、典型案例和实际效果；第五部分总结与阐释三地改革策略的空间和时间演化规律；第六部分是本章研究的结论与启示。

二、浙江义乌农村宅基地制度改革："渐进式"

浙江义乌的农村宅基地制度改革由来已久。从 2001 年开始，义乌市相继推出"宅基地安置＋垂直房""高层建筑＋垂直房""高层发展、异地腾转"和"集地券"交易四项政策，循序渐进地推动宅基地制度改革。

（一）主要政策

义乌市的宅基地制度改革围绕旧村更新改造和宅基地盘活利用展开，陆续出台了《义乌市旧村改造暂行办法》《义乌市城乡新社区建设实施办法》《义乌市城乡新社区集聚建设实施办法》和《义乌市"集地券"管理暂行办法》四项关键政策文件，主要涉及宅基地的有偿使用和退出以及宅基地用益物权的保障和实现。

第一，"宅基地安置＋垂直房"。2001 年，义乌市出台的《义乌市旧村改造暂行办法》规定，城中村的规划建筑密度为 23%—27%（非城中村为 25%—29%），房屋建设应控制在 4 层以内，檐口高度应控制在 13 米以内，屋顶一律采用坡屋顶。而农户为获取最大建筑面积，只有加建顶层阁楼。因此，义乌市基本确定了"宅基地安置＋垂直房"的村庄改造模式，一直延续到 2009 年前后，这种模式俗称"四层半"。"四层半"的垂直房是一种带阁楼的竖向功能混杂的居住形态，实质是一种以租赁营业为主体的低成本商住空间。底层通常出租为商铺、工厂或物流仓库，2—3层出租为办公或居住，4层以上为农户自住。

第二，"高层建筑＋垂直房"。2009年，义乌市出台的《义乌市城乡新社区建设实施办法》提出，建设"高低结合"的城乡新社区，农户可以自愿、自主选择用宅基地置换低层（即"四层半"的垂直房）或高层住宅。同时，参加城乡新社区建设的农户按规定换取的房屋可以办理国有土地使用权证和房屋所有权证，具有完全产权。在保证留有至少一套自住房的前提下，农户通过宅基地置换所得的房屋可以直接入市交易，即房屋不仅可以在本村集体成员内部流转，也可以在村集体以外甚至城市居民间流转。

第三，"高层发展、异地腾转"。2013年，义乌市出台的《义乌市城乡新社区集聚建设实施办法（试行）》提出，在充分尊重农民意愿的前提下，允许农民以合法宅基地建筑占地面积置换具有完全产权的高层公寓、标准厂房、物流仓库等。在规划选址上，把地理位置好、交通便利的地块优先用于农民住房建设；在财政补助上，实行购房补助，宅基地退出和拆除旧房奖励，农户过渡补助，物业费补助等；在权益保障上，参加集聚建设的农户可享受城镇居民养老、医疗、教育等同等权利，并继续享有原村级集体经济组织除宅基地分配和使用以外的其他权益。

第四，"集地券"交易。2016年，义乌市出台的《义乌市"集地券"管理暂行办法》提出，在符合土地利用总体规划和土地用途管制的条件下，鼓励村集体、农户将闲置、废弃和低效的宅基地等集体建设用地先实施复垦，验收合格后形成相应的建设用地指标（"集地券"），再按照一定的价格标准与义乌市域范围内经济发达地区的用地者交易。在实际使用中，"集地券"不仅可上市交易，还确定了政府回购指导价，以确保农户有保底收益，也允许进行银行质押以拓展其融资功能。

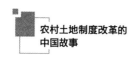

(二)典型案例

1. "宅基地安置+垂直房":游览亭村

游览亭村毗邻义乌国际商贸城,紧靠义乌新火车站,南接柳青工业区,西靠机场路,交通便利,区位优势明显。2005年,由于机场路修建需要占用村里部分土地,村集体以此为契机开展旧村改造,并于2006年8月实现整体搬迁入户。按照当时的有关规定,旧村改造采取了"一户一宅"的"四层半"垂直房进行安置。房屋地上部分建四层半,地下建一层,业主自己住顶层,其他四层连同地下室均可出租或自营商业、服务业。

在旧村改造过程中,游览亭村采取政府供资为主、农户自筹为辅的方式解决初始资金的供给问题。其中,政府财政先后投入一千多万元用于宅基地整理和规划、市政配套、污水分流和综合管线、自来水、照明、休闲广场建设等基础设施工程,农户自筹部分主要用于垂直房的建设。此外,村集体选择临街的区块建设商铺进行拍卖,拍卖款作为村集体经济收入,用于新社区内的公共服务设施建设和绿化。

"宅基地安置+垂直房"的改革政策改变了传统农村居民点散乱布局的习惯,宅基地占地面积有所减少,一定程度上提高了农村土地资源的节约集约利用程度。在20世纪90年代以来义乌市民营经济和小商品市场蓬勃发展的背景下,农户将"四层半"垂直房的部分空间出租,作为外来人口居住、商业、生产、仓储和办公等场所。许多农户的租金收入一年就超过10万元,农户的财产性收入显著增加。

2. "高层建筑+垂直房":楼西塘村

楼西塘村位于义乌市稠城街道,地理位置优越,离国际商贸城二期仅500米左右,省道贴村而过。楼西塘村采取低层住宅和高层住宅相结合的宅基地置换模式,推动农村新社区集聚建设,实现农民向市民转变。

宅基地重新分配的面积标准由地方政府统一制定。其中,1—3人的小户不超过 108 平方米，4—5 人的中户不超过 126 平方米，6 人以上的大户不超过 140 平方米。村集体可以自主制定房屋分配规则以及竞价选位规则。项目实施之前，农户可自主选择低层或高层住宅（其置换比例为 1∶2，即一套低层住宅抵两套高层住宅）。最终，有 57% 的农户选择低层住宅，43% 的农户选择高层住宅。楼西塘村旧村改造区块的供地方式为国有划拨，参与项目的农户不需要缴纳土地出让金，只需要缴纳基本的建安费用（"四层半"垂直房为 1 200 元/平方米，高层住宅为 1 730 元/平方米）。此外，由于低层住宅的区位存在差异，农户可自由竞价选位。

楼西塘村新社区的居民住房占地面积 108 亩，其中高层住宅占地 38 亩，"四层半"垂直房占地 70 亩。据悉，若全部采用低层（"四层半"垂直房）住宅的形式，楼西塘新社区需宅基地用地约 150 亩；相比之下，实行"高层建筑＋垂直房"安置后结余宅基地指标 40 余亩，明显提高了土地利用效率。高层住宅根据规划合理配置了社区管理、商业服务、教育卫生、文体活动等公共配套设施。高层住宅的商铺租金每年可带来约 1.7 万元/套的收入，收入在扣除物业管理及公共管理服务费后按房屋套数进行分红。不论是低层住宅还是高层住宅，其房屋的租金收入均非常可观。其中，低层住宅的租金收入每套约 6 万元/年，高层住宅每套约 3.5 万元/年。此外，楼西塘村新社区的土地产权性质为国有。按规定，农户在保证留有至少一套自住房的前提下，其房屋可以直接入市交易。

3. "高层发展、异地腾转"：下沿塘村

下沿塘村隶属义乌市稠江街道，位于城镇规划用地范围内，区位条件也比较优越。2013 年，为响应政府主推的城乡新社区集聚建设，在充分尊重农民意愿的基础上，全村共有 90% 以上的农户参与"宅基地权益置换"。

根据相关规定，下沿塘村的农户可以按 1∶5 的比例核算宅基地置换权益面积。其中，3/5 的面积可置换高层公寓，2/5 的面积可置换产业用房。此外，当地政府还制定了一系列经济优惠措施，包括：（1）以政府指导价 2 730 元/

平方米购置房屋，低于3 400元/平方米的建筑安装成本；(2)在购房时，政府再给予190元/平方米的购房补贴减免；(3)参与农户可以纳入城市社保，在自身缴纳社保费用后，可获得9 600元/人的补助；(4)为鼓励农房拆迁工作，给予及时完成拆迁的农户最高8 000元奖励。

在与村集体和农民对等协商的基础上，地方政府预先确定退出的宅基地面积和参与项目的农户数量，并在邻近街道建设范围内划定56.3亩国有土地用于新社区建设。在土地供给的过程中，政府让渡国有土地出让金；而早前为吸引农民退出宅基地的相关经济优惠条件，包括鼓励完成宅基地拆迁的奖励、农户社保费用、购房补贴等，也由政府财政兜底。退出宅基地的农民则按低于建筑安装成本的政府指导价缴纳相应的购房费用。此外，为确保农民及时缴纳购房费用和保障资金来源，义乌市农商银行积极参与，允许农民以宅基地置换权益进行贷款。新社区共建成4幢22层和5幢18层的高层公寓以及配套商业服务用房，合计共818套住房，全部分配给参与项目的农户。

据测算，下沿塘村共腾退130亩宅基地，新社区建设实际占用56.3亩，共结余了73.7亩的建设用地指标，促进了土地节约集约利用。通过宅基地退出和权益置换，农户获得了产权完整、可自由流转的住房和产业用房，既实现了"户有所居"，还显化了农民的住房财产权，扩宽了农民的增收渠道。对于地方政府来说，农民退出的宅基地被复垦为耕地或其他农用地，结余的建设用地指标可由政府在市域范围内统筹利用。

4. "集地券"交易

2016年以来，义乌市创新宅基地退出政策，先实施拆旧地块复垦，验收合格后折算为建设用地指标，形成"集地券"。"集地券"由市场机制进行配置，遵循价高者得的基本规则。根据规定，单位和个人均可以通过义乌市产权交易所公开交易"集地券"。交易包括初次交易和再次流转。其中，"集地券"初次交易起始价格不得低于政府设立的（回购）指导价，即40万元/亩，交易采取挂牌或者拍卖方式进行。据悉,"集地券"的初次交易市价可以达到50万—60万元/亩。另外,"集地券"初次交易获得的土地增值收益作为对土地发展权的补偿,除特殊情况外,100%归初始权属方所有。

"集地券"具有规划指标、占补指标、新增建设用地指标的功能。获得"集地券"的单位或个人在使用"集地券"办理农转用手续时无需缴纳新增建设用地有偿使用费和耕地开垦费,并且可以在义乌市市域范围内符合土地利用总体规划的允许建设区内的任意地块进行落地。持有者还可以行使"集地券"的融资功能,用于抵押、质押。但是,"集地券"的使用期限为2年,超过使用期限,地方政府有权以指导价回购,统筹安排使用。为加强对"集地券"使用的监管,政府对"集地券"实行台账登记,复垦项目验收后产生的"集地券"在账册中予以增计,"集地券"落地使用后则在账册中予以核减。

从本质上看,"集地券"交易是土地发展权市场化交易的一种表现形式。偏远地区的农户腾退宅基地并让渡土地发展权,城市用地者则获得土地发展权,进而满足地方经济发展带来的用地需求,实现城乡土地资源的优化配置。"集地券"交易产生的土地增值收益,或用于支撑农村新社区建设,或直接用于补偿退出宅基地的农户,都实现了土地收益分配向农村倾斜,让农民和农村充分共享经济社会的发展成果。

(三)小结

义乌市的农村宅基地制度改革起步早,经历了从"宅基地安置+垂直房"到"高层建筑+垂直房",再到"高层发展、异地腾转",最后到"集地券"交易,是"渐进式"改革的典型。随着宅基地制度改革的不断深化,义乌市宅基地的节约集约利用程度也逐步提升。与传统的"四层半"模式相比,高低结合的建房模式可以进一步节约土地资源。以楼西塘村改造项目为例,若全部采用传统"四层半"模式,预计需要用地145亩,而采用的高低结合模

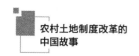

式实际只占地115亩，节约土地约30亩，节地率高于20%。全高层住宅的新社区集聚建设模式则比传统"四层半"垂直房的改造模式节约51%的用地面积，比高低结合的改造模式节约36%的用地面积。"集地券"的出现更加快了义乌市宅基地退出的进程，成为提高城乡土地资源配置效率的新工具。"集地券"交易本质上是土地发展权的转移。农民和农村作为转出方获得了大部分的土地增值收益，政府、企业等用地者作为转入方则获得了权能完善、落地方便的用地指标，最终可以在县域层面上实现城乡土地利用结构的空间优化和效益提升。

在推行改革的过程中，义乌市采取了"政府引导、市场参与"的模式。地方政府制定鼓励宅基地退出的优惠政策，特别是农户可以根据退出宅基地的面积按比例置换具有完全产权的住房和物业（即"高层发展、异地腾转"）或者获得可交易的土地发展权（即"集地券"交易），进而显化宅基地的市场价值。农户则在市场价格机制的作用下，自行权衡成本与收益，决定是否退出宅基地以及退出的规模。很明显，市场作用的有效发挥也落实了宅基地的用益物权，能够增加农户的财产性收入，进而加快农村的财富积累和后续发展，有助于实现义乌市的城乡统筹和可持续发展。

总体而言，义乌市的宅基地制度改革政策逐步加大盘活利用宅基地资源的力度，推动城乡土地资源配置格局的持续优化。同时，义乌市还逐步探索农民居住权益保障的新形式，持续丰富宅基地用益物权的实现渠道，不断促进农民财产性收入的增加，进而调动了农民和农村节约集约利用宅基地的积极性。可以说，义乌市"渐进式"的农村宅基地制度改革既适应当地的经济发展和用地需求，又回应农民和农村的利益关切，通过政策的适时调整带来了"皆大欢喜"的结果。

三、江西余江农村宅基地制度改革:"减法式"

自 2015 年被国家确定为农村土地制度改革试点地区以来,江西余江始终坚持治理"一户多宅"和保障农民住房权益并举,着力提高宅基地节约集约利用的程度,并且积极转变政府职能,推动宅基地民主管理,进而探索出一条"闲置宅基地面积下降"和"政府简政放权"相结合的"减法式"农村宅基地制度改革路径。

(一)主要政策

2015 年年初,宅基地制度改革试点启动后,余江县陆续出台了《余江县农村宅基地制度改革工作实施方案》《余江县农村宅基地有偿使用、流转和退出暂行办法》《关于全面深入推进农村宅基地制度改革试点工作实施细则》等文件,形成了探索宅基地有偿使用、鼓励宅基地自愿退出、推进宅基地民主管理的一整套政策体系。

第一,累进计费的宅基地有偿使用机制。余江县创造性地提出以累进制计费方法收取宅基地使用费,通过提高宅基地占用成本规范农户建房行为,以经济手段引导宅基地高效利用。具体来说,"一户一宅"的宅基地根据其超出起征面积实行阶梯式计费,从而收取有偿使用费;"一户多宅"的情况下,其中一宅超起征面积的,超过部分与多宅部分累计按照阶梯式计费,一宅未超起征面积的,多宅部分按照阶梯式计费,但不扣除一宅不足面积部分。另外,余江县还规定了非集体经济组织成员通过继承方式或原属于本集体经济组织成员取得宅基地的收费标准。

第二,无偿与有偿相结合的宅基地自愿退出机制。余江县充分考虑历史原因和农民的实际需求,确定自愿无条件退出宅基地的范围,包括倒塌的住房、闲置废弃的畜禽舍以及影响公共设施建设的院落等;自愿有条件退出的范围包括"一户多宅"的多宅部分和非集体经济组织成员在农村占有的宅基地。对于有条件退出的部分，余江县提出了有偿和无偿相结合的补偿方式。有偿退出的补偿方式包括现金补偿和城镇购房补贴两种；无偿退出宅基地的农户在同等条件下优先获得新增宅基地申请许可的资格，或者在异地无偿获得同等面积的宅基地。

第三，村民事务理事会参与宅基地管理。余江县创新性地提出了以村民事务理事会为载体的改革"柔性"推进方式，在基层党组织的领导下，以群众民主推荐、民主协商为原则，建立了950支"愿干事、能干事、会干事"的村民事务理事会队伍。为了让村民事务理事会能够更好地发挥作用，余江县主动向基层赋权，赋予了理事会12项权力和15项职责，包括组织召开村民会议或村民代表会议、配合编制并执行村庄规划、协调处理矛盾纠纷、配合对村民建房及退出宅基地的复垦验收等，让其充分发挥宅基地制度改革的组织者和监督者作用，也让各村能够根据自身情况灵活地推进改革。

第四，简化宅基地审批权限下放和审批程序。余江县规定，乡（镇）人民政府是农户建房管理的责任主体，负责本辖区内农户建房的审批、新增宅基地的审核。农户建房的一般程序包括申请、审查、受理、勘查、审核、放线、竣工验收和登记发证。其中，村民事务理事会发挥着关键作用。符合建房条件的农户，需要向村民事务理事会申请。村民事务理事会将申请建房村民的相关信息在本集体经济组织公示7天后，由村委会对村民事务理事会上报的农户建房情况在10个工作日内进行审查，签署意见并报乡（镇）人民政府审批。在农户建房申请审批通过后，由县国土资源主管部门发放农户建房公示牌，便于村民事务理事会的监管和农户之间的相互监督。公示牌主要注明房屋审批情况、四至位置、开竣工时限、监管机构、责任人、举报电话等信息。

(二) 典型案例

1. 宅基地节约集约利用：印畈村

印畈村位于余江县西部的低丘陵河谷地区，距县城17公里，宅基地粗放低效利用问题比较突出。宅基地制度改革开始前，全村宅基地总面积为20万平方米，户均宅基地面积为392.7平方米。其中，"一户多宅"88户，共超占约5.5万平方米。

根据地方政府的部署安排，印畈村统筹推进宅基地有偿使用和自愿退出。印畈村以实施宅基地的有偿使用为突破口，本着兼顾历史与现实的原则，确定宅基地有偿使用费起征面积为240平方米/户。对"一户一宅"超过起征面积的部分实行阶梯式计费，超出起征面积1—50平方米的部分按每年10元/平方米计费，每增加50平方米，收费标准提高5元/平方米。针对"一户多宅"的情形，其中一宅超过起征面积的，超过部分与多宅部分累计按照阶梯式收费；一宅未超起征面积的，多宅部分按照阶梯式计费，但不扣除一宅不足面积部分。非本集体经济组织成员通过继承在印畈村占有和使用宅基地或原属于本集体经济组织成员时取得宅基地的情形，按照每年5元/平方米计费；以其他方式在印畈村占有和使用宅基地的按每年20元/平方米计费，超过150平方米的，每增加50平方米，收费标准提高5元/平方米。

宅基地的有偿使用调动了农户退出闲置、多余宅基地的积极性。印畈村也顺势开展宅基地的自愿退出。宅基地无偿退出主要针对闲置废弃的生产生活附属设施、倒塌的住房等，其余的宅基地均可实行有偿退出。特别地，对于"一户一宅"及"一户多宅"全部退出的，补偿标准上浮20%，但需提供有房居住的证明；非本集体经济组织成员占有和使用的宅基地，如涉及"多户一宅"的，在其他户都有退出意愿的情况下，原则上可以退出并按标准补偿。宅基地退出的补偿标准根据农户退出房屋的结构类型划定，土木结构的按 80 元/平方米标准补偿,砖混结构按 120 元/平方米标准补偿。为解决有偿退出的资金补偿的来源问题,镇政府和村集体积极争取,使印畈村获得城乡建设用地增减挂钩项目资金近 100 万元。在改革实施过程中,印畈村注重示范带动。全村党员干部、知名人士率先退出超占部分,率先缴纳有偿使用费,再动员亲戚朋友,带动群众参与到改革中来。

改革实施以来,印畈村宅基地退出的面积近 4 万平方米,户均宅基地面积下降至 316 平方米,下降了 19.4%,全村的土地利用效率得到提升。而且,退出闲置宅基地的农户还获得了相应的货币补偿,其资金主要来自已收取的宅基地有偿使用费(超过 37 万元)和城乡建设用地增减挂钩项目资金。这有利于农户实现宅基地用益物权,并增加财产性收入。

2. 宅基地民主管理:蓝田村

蓝田村距离余江县城 4 公里,是典型的城郊村。宅基地制度改革开始前,全村"一户一宅"158 户,"一户多宅"18 户,"多户一宅"房屋 23 栋,废旧禽畜舍 4 处 207 间,面积逾 5 000 平方米。蓝田村村委会主任宋某放弃在河北的餐饮生意,回到村内,与其余 6 名村内能人组建了村民事务理事会,专职承担改革重任。村民事务理事会按照余江县宅基地制度改革的政策文件,酝酿制定了本村的实施办法,并开展宅基地调查摸底和公示。

村民事务理事会成员"蹲点在组、吃住在户",开展政策宣传,推进改革,通过动员乡贤捐赠获得累计 300 万元的改革资金,对影响村庄美观和布局的 207 个废弃的猪牛栏进行无偿退出,对 18 户"一户多宅"的房屋按 60 元/平方米进行有偿退出。退出宅基地面积超过 8 700 平方米,能够保障未来 15 年农民建房的需求,破解了村内无地建房的困境。村民事务理事会还编制了村庄建设规划。全村建新房者必须先申请,然后由村民事务理事会统一申报,严格按照规划进行建房审批,获批后开工建设,彻底杜绝"未批先建、少批多建"的现象。根据上述规定,村民事务理事会新安排了 6 户农户新建住房。此外,村民事务理事会还组织建造了休闲娱乐为一体的感恩广场、丰碑广场及文化活动中心等基础设施，改善了村容村貌。

在改革过程中，许多农户反映，自家的猪牛栏、禽畜舍、储藏间无偿退出后，很多农器具、杂物无处存放，只能随意堆积在房屋旁边，导致居住环境脏、乱、差。于是，村民事务理事会在本村中心地区，利用腾退的宅基地搭建了两排集体储藏间，并实行有偿使用，用于存放农户的杂物。有偿使用的标准如下：面积为12平方米的储物空间为1 600元/年，面积为20平方米的储物空间为2 000元/年，"五保户""贫困户"可免费使用，如果闲置2年则无偿回收，收取的有偿使用费统一由乡"三资办"管理。

总体来看，蓝田村的村民事务理事会充分发挥组织、协调和监管作用，并抓住当地政府下放宅基地审批权限和简化审批程序的契机，有力推动宅基地的民主管理，实现了全村宅基地利用重回"面积法定、一户一宅"。得益于宅基地制度改革，特别是宅基地民主管理的实践，蓝田村面貌焕然一新，公共设施进一步完善，群众获得感和幸福感得到明显提升，也为村庄的振兴发展打下了坚实的基础。

（三）小结

余江县农村宅基地制度改革的最大特色是"做减法"。一方面，余江县通过累进计费的宅基地有偿使用和无偿与有偿相结合的宅基地自愿退出方式，减少闲置的和粗放低效利用的宅基地数量。截至2018年年底，余江县共退出宅基地34 226宗（4 573亩），其中有偿退出7 687宗（1 073亩），无偿退出26 539宗（3 500亩），退出的宅基地可满足未来15年左右的农民建房需求。另一方面，余江县积极培育和发展村民事务理事会，发挥村民自治组织在宅基地管理中的主导作用，同时加快转变政府职能并优化宅基地审批程序。村民事务理事会不仅可以受理村民建房申请、制定村内宅基地分配方案，还有权确定本村宅基地有偿使用费的起征面积标准、制定宅基地退出办法、收取有偿使用费等，进而减少地方政府对宅基地资源配置的过度干预。

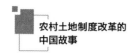

在推行改革的过程中，余江县采取了"政府引导、村民自治"的模式。地方政府制定宅基地有偿使用和自愿退出的相关政策并交由村集体执行。村集体则动员社会力量，即村内的宗族关系，落实地方政府的改革政策。在获得地方政府的认可和支持后，社会力量通过村民事务理事会的组织形式参与到宅基地利用与管理的各个环节，成为推动余江县宅基地制度改革的重要主体。

总体而言，余江县通过宅基地有偿使用和自愿退出，处理了"一户多宅"问题，并减少闲置、低效利用的宅基地数量，从而满足农户合理的建房需求，显著提高了农村土地特别是宅基地的资源配置效率。另外，村集体通过收取宅基地有偿使用费增强了集体的经济实力，为改善农村公共的生产生活条件提供资金支持；农户则通过退出闲置宅基地获得货币补偿，增加了财产性收入。随着改革向纵深推进，地方政府开始转变职能、简政放权，形成以村民事务理事会为主体、以优化宅基地的行政审批程序为抓手的宅基地民主管理机制。这为因地制宜落实农民的基本居住权益，实现住房财产权提供了可靠的制度保障。

四、贵州湄潭农村宅基地制度改革："标准化"

贵州湄潭的农村宅基地制度改革围绕国家确定的各项改革任务，扎实推进宅基地权益保障和取得方式多元化、宅基地有偿使用、宅基地自愿有偿退出、宅基地管理优化和宅基地"三权分置"，完成了本轮改革试点的各项"标准动作"。

（一）主要政策

2015年以来，湄潭县按照国家对宅基地制度改革试点的具体要求，陆续出台了《湄潭县农村宅基地制度改革试点实施方案》《湄潭县农村宅基地使用权确权登记颁证实施细则》《农村宅基地管理暂行办法》《湄潭县宅基地腾退及节余建设用地使用办法》《湄潭县农村宅基地有偿使用管理暂行办法》《农村宅基地"三权分置"改革试点试验方案》等政策文件，涵盖了宅基地制度改革的各个方面。

第一，宅基地权益保障和取得方式多元化。在符合规划和用途管制的前提下，湄潭县合理确定一般村、规划发展村（重点村、特色村）和农村居民点的选址、规模、布局及建设时序，保障符合申请条件农户的宅基地。按照新型城镇化、城乡一体化和新农村建设等要求，湄潭县实行区域差别化、形式多样化的"户有所居"住房保障方式。城镇规划区内主要采取政府统建安置房与货币补贴相结合的保障方式；规划区外采取分配宅基地与农户自建的保障方式，有条件的村在充分征求农民意愿的前提下，可以采取集中统建、多户联建的保障方式。

第二，宅基地有偿使用机制。湄潭县规定，宅基地有偿使用的范围包括"一户多宅"的多宅部分，"一户一宅"面积超过标准面积部分，新建房申请占用部分以及各村规定的其他可以有偿使用的部分。对由历史原因形成"一户多宅"的多宅部分、"一户一宅"超占部分，原则上逐年征收有偿使用费，也可以一次性收取，一次性收取年限不得超过70年，征收标准由村集体经济组织自行确定。对新建房涉及有偿使用的，本集体经济组织成员缴纳的有偿使用费原则上不得低于基准地价的30%，其他成员不得低于评估价的70%。有偿使用费的收取按照"主体公示、书面通知、签订协议、审核备案"四个步骤进行。

第三，宅基地自愿有偿退出机制。湄潭县规定，对违法占地、另行选址建新房以及已签订退宅还耕协议仍未拆旧复耕的原宅基地等情况强制退出；其余宅基地实行自愿有偿退出，但需要提供有房居住的证明。拟退出的宅基地可以通过转让、出租等方式在集体经济组织内部流转，受让人、承租人应为集体经济组织或符合宅基地申请条件的成员。拟退出的宅基地还可以按照

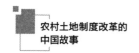

整理复垦、村庄公共事业建设等多种渠道统筹利用,而宅基地的原使用权所有者能够获得相应的补偿或者土地收益。

第四,宅基地管理优化机制。湄潭县加强对宅基地的总体规模控制,按照多规融合的要求,在镇土地利用总体规划各项约束性指标的控制下,因地制宜编制村土地利用规划,科学划定村庄用地边界,为各村宅基地的审批和分配提供依据。此外,农户宅基地有偿使用或退出后,村集体取得的土地收益部分,应当由集体成员共享并由集体管理和使用。

第五,宅基地"三权分置"。湄潭县参照农用地所有权、承包权、经营权"三权分置"的方式,并依托当地优越的旅游资源,促进宅基地使用权流转交易,大力发展乡村民宿、农家乐、休闲农业等新产业、新业态。特别地,湄潭县在保障农户基本居住权益的前提下,对宅基地中实际用于商业服务、工矿仓储等经营性行业,进行分割登记,赋予其出让、出租、入股、抵押、担保等多项权能。

(二)典型案例

1.宅基地取得、使用、退出管理:新石居村

新石居村距离湄潭县县城约4公里,地理位置优越,旅游资源丰富,毗邻桃花江,有"湄潭后花园"之称。为了加强本村宅基地管理,根据湄潭县关于农村宅基地管理的相关政策文件,在县国土资源主管部门的协助下,新石居村正式制定了宅基地管理的村规民约,对宅基地取得、使用、退出及其管理作出了详细规定,率先试行宅基地有偿使用和有偿退出制度。新石居村主要的改革探索如下:

第一,宅基地取得。新石居村规定,宅基地申请应以"户"为单位,对户的认定以户籍登记为准,并对个别情况进行了特殊说明:如在户籍登记中没有单独立户的,分户以成家与否为依据;尊重既成事实的分户现象等。宅基地分配按照"一户一宅"原则,对已占用的宅基地,每户只保留一处

宅基地无偿使用资格,面积标准按政府规定设为200平方米(含附属设施用地);凡是新建房屋占地的,每户建筑占地面积不超过120平方米,总面积不得超过200平方米。新建房屋建筑风格应当遵循黔北民居"七大要素",总层数不得超过三层。

第二,宅基地有偿使用。新石居村规定,有偿使用的范围包括已经占用宅基地超出规定标准部分、"一户多宅"的多宅部分和"一户一宅"以外的新增宅基地。对于因历史原因形成的"一户一宅"超标准面积,有偿使用费可按0.5元/平方米逐年缴纳,也可按10元/平方米一次性缴纳;"一户多宅"的多宅部分,可按2元/平方米逐年缴纳,也可按10元/平方米一次性缴纳。有偿使用的一次性使用年限不超过70年,中途拆建则使用权终止。对于"一户一宅"以外的新增宅基地,按照本集体经济组织成员不得低于评估价的30%,其他成员不得低于评估价的70%的标准收取有偿使用费。此外,对于村外人员申请落户本村的,收取1万元的落户费,但要求其退出原来的宅基地和农用地。宅基地有偿使用费由村股份经济合作社收取、管理和使用。

第三,宅基地有偿退出。自愿有偿退出主要针对在城镇有稳定居住场所且宅基地闲置的农户。其中,宅基地复垦为水田的补偿标准为120元/平方米,复垦为旱地的补偿标准为100元/平方米,复垦为其他农用地的补偿标准为50元/平方米。如果交由村集体统一复垦,补偿标准为40元/平方米。"一户一宅"超标准部分退出及"一户多宅"的多宅部分退出的补偿标准如下:复垦为水田的补偿55元/平方米,复垦为旱地的补偿40元/平方米。复垦后的土地仍由原土地使用权人使用。

新石居村在确保"一户一宅"和节约集约利用的前提下,落实农户的居住权益;宅基地有偿使用费主要用于宅基地回购,建设用地储备,公共设施和公益事业建设,村民养老保险和集体经济发展等,夯实了村庄后续发展的物质基础;宅基地的自愿有偿退出不仅优化了村庄的土地资源配置,还有利于农民增收。

2. 宅基地"三权分置"：偏岩塘村

偏岩塘村位于湄潭县城北部，距离县城约10公里，交通便利，风景优美，是"全国美丽宜居示范村庄"。村庄依托山水自然风光，打造乡村旅游，现已成为国内避暑、休闲、垂钓的知名目的地。偏岩塘村充分利用宅基地"三权分置"的改革"红利"，通过宅基地分割登记，落实宅基地集体所有权和保障宅基地农户资格权；通过出租、合作的形式开发乡村民宿，积极盘活村内闲置宅基地，适度放活宅基地和农房使用权，给农户带来可持续的财产性收益。

作为典型的黔北农村，偏岩塘村的民居也以两层楼为主，多数农户自己居住二楼，把一楼闲置的房屋出租或自营农家乐；还有的农户则直接将剩余部分私下出售用于经营活动。宅基地"三权分置"改革试点实施后，通过本人申请，经村集体经济组织同意，镇人民政府审查、规划，国土资源行政主管部门审核并报县人民政府审批后，农户可以对实际用于经营性的原宅基地进行分割登记，缴纳土地收益金。而分割登记为经营性用途的宅基地可以通过出租、合作、入股等方式直接用于乡村旅游产业和其他产业发展。

同时，偏岩塘村还形成了较为完善的宅基地使用权交易程序。外来投资者租赁农房投资开发的，需要先与村集体经济组织对接、协商。由村集体经济组织根据本村发展定位，对投资者的经济实力、投资发展方向等条件进行审核，剔除经营能力较差、不符合村庄发展定位的投资者。经过村集体认可的投资者获准在该村进行投资。随后，村集体、企业和农户经过自愿、平等协商，最终达成一致，签订宅基地使用权的租赁合约。

以户晓民居为例，村民邹某龙、邓某英、邹某红、邹某山四户将分割登记为经营性用途的宅基地使用权及其建筑物出租给个人张某，租赁期限15年，出租金额5年共计21万元，用于建设集休闲住宿、农家乐餐饮为一体的乡村旅游度假村。户晓民居总投资额超过300万元，主营高端民宿。目前，客房价格在500元至1300元不等。得益于当地得天独厚的旅游资源和民宿本身的高品质，尽管户晓民居运营尚不满一年，但预计年营业收入超过60万元，5年时间即可收回成本。

（三）小结

湄潭县紧紧围绕国家提出的宅基地制度改革的目标要求和工作任务，制定和实施改革方案，完成了改革的各项"标准动作"。在宅基地权益保障和取得方式方面，湄潭县制定了农村分户标准、"一户一宅"的用地标准以及农村新居的建设标准等，引导农民通过独立选址、集中统建和保障安置等多种方式实现"户有所居"。在宅基地有偿使用方面，湄潭县规定了有偿使用费的收取范围、标准、程序等。在宅基地自愿有偿退出方面，湄潭县明确了宅基地退出的前提条件和补偿标准等，并试行集体经济组织内部流转、集体经济组织回购和整理复垦等多种形式。在宅基地管理优化方面，湄潭县加强对宅基地的总体规模控制，因村施策，制定村级层面的宅基地审批和分配规则，鼓励村集体依规管理和合理使用宅基地有偿使用费等土地收益。在宅基地"三权分置"方面，湄潭县试点宅基地分割登记，探索"落实集体所有权、保障农户资格权、放活宅基地使用权"的实现路径，促进宅基地统筹利用和农村新产业、新业态的发展。

在推行改革的过程中，湄潭县采取了"政府主导"的模式。地方政府按照中央提出的改革任务，制定具体政策，并指派相关政府职能部门的人员在选定的街道、乡镇细化和实施上述改革政策。例如，鱼泉街道新石居村、天城镇德荣村对已占用的宅基地开展有偿使用的实践，制定了相关村规民约；新南镇、马山镇、西河镇开展闲置宅基地腾退的实践，共腾退零星、闲置宅基地7.1万亩，涉及9.6万户；偏岩塘村开展了宅基地分割登记和流转，以满足乡村旅游产业的用地需求。

总体而言，湄潭县逐项回应了国家提出的宅基地权益保障和取得方式多元化、宅基地有偿使用和自愿有偿退出、宅基地管理优化和宅基地"三权分置"等一系列重大关切,上交了一份"标准化"的农村宅基地制度改革答卷。这些都有利于提高农村土地资源特别是宅基地的利用效率,也让农民和农村获得宅基地盘活利用的增值收益,从而加快乡村振兴的步伐。

五、宅基地制度改革的地方选择及其逻辑

(一)地方选择的空间异化逻辑

同样是为了推行农村宅基地制度改革,浙江义乌、江西余江和贵州湄潭采取了差别化的政策,呈现出鲜明的空间分异特征(见表5-1)。多元化的地方目标、资源禀赋、经济条件和社会环境导致了三地宅基地制度改革的总体特征、主要做法和推进模式的多样性。

表5-1 农村宅基地制度改革中地方选择的空间分异

	浙江义乌	江西余江	贵州湄潭
总体特征	"渐进式"改革	"减法式"改革	"标准化"改革
主要做法	"宅基地安置+垂直房""高层建筑+垂直房""高层发展、异地腾转""集地券"交易	宅基地面积"做减法"累进计费的宅基地有偿使用机制无偿与有偿相结合的宅基地自愿退出机制地方政府干预"做减法"村民事务理事会参与宅基地管理宅基地审批权限下放和审批程序简化	宅基地权益保障和取得方式多元化宅基地有偿使用机制宅基地自愿有偿退出机制宅基地管理机制宅基地"三权分置"
推进模式	政府引导、市场参与	政府引导、村民自治	政府主导

1. 地方目标的差异

地方目标的差别导致了三地宅基地制度改革总体特征的差异。义乌市的宅基地制度改革直接反映了地方政府"效率优先"的目标导向。当地政府以宅基地制度改革为契机,"渐进式"地推行"宅基地安置+垂直房""高层建筑+垂直房""高层发展、异地腾转"和"集地券"交易政策,试图逐步提高宅基地资源的节约集约利用程度,优化城乡土地资源的配置格局。

余江县"减法式"的宅基地制度改革同样是地方目标的具体体现。当地政府的首要目标是控制或者缩减宅基地面积,满足新增的宅基地和建房需求,实现好、保障好农户的基本居住权益。例如,余江县出台的《余江县农村宅基地制度改革工作实施方案》明确提出,要坚持保障权益的基本原则,建立健全"依法公平取得、节约集约使用、自愿有偿退出"的农村宅基地管理制度。

湄潭县的主要目标是全面落实国家有关农村宅基地制度改革的各项任务要求。因此,湄潭县在改革政策的内容安排上做到了"全覆盖",旨在完成"标准动作",包括推进宅基地权益保障和取得方式多元化、宅基地有偿使用和自愿有偿退出、宅基地管理优化以及宅基地"三权分置"。在实践中,湄潭县仅选择个别乡镇(兴隆镇、鱼泉街道、天城镇、新南镇、马山镇、西河镇),在有限的范围内开展宅基地制度改革。实际上,这正是地方政府在给定目标下的理性选择,即以高效便捷地完成上级布置的各项改革任务为基本导向,并不关注改革的切实效果和辐射效应。

2. 资源禀赋与经济条件的差异

资源禀赋和经济条件的差别导致了三地宅基地制度改革主要做法的差异。义乌市地方经济的快速度、高水平发展与建设用地的供需矛盾深刻影响着当地宅基地制度改革的主要做法。2015年全国改革试点伊始,义乌市的GDP为1 046亿元,分别是余江县的10倍左右和湄潭县的13倍左右;截至2018年,义乌市的GDP达到1 248.1亿元,是余江县和湄潭县的11倍左右。再者,义乌市境内以丘陵为主,东南北三面环山,城市建设和发展空间有限。持续快速增长的地方经济进一步加剧了义乌市的建设用地供需矛盾。《义乌市土地利用总体规划(2006—2020年)》(2014调整完善版)提出,到2020年义乌市的城乡建设用地规模控制在1.77万公顷以内;但到2015年当地城乡建设用地的规模就已经超过了1.78万公顷。显然,通过提高宅基地的节约集约利用程度来促进土地资源的高效利用,是缓解义乌市建设用地供需压力、支撑地方经济社会发展的重要抓手。

余江县"农房违规建设、聚落空心化"与"农民建房难"共存的宅基地利用矛盾决定了地方政府对宅基地面积"做减法"的政策选择。在余江县,受传统观念的影响,农户建房追求面积越大越好,超标准占地行为盛行。加之早期宅基地利用与管理不规范,"未批先建、少批多建"的现象比较普遍。随着城镇化进程加速和农村人口转移,一些村庄常住人口逐渐减少,而非农收入又逐渐提高。返乡改建、新建农房的现象日益增多,"建新不拆旧"尤为平常。据统计,2015年农村宅基地制度改革开始前,余江共有农户7.33万户,宅基地92 350宗,面积4 949.14公顷,占全部建设用地面积的比例为40.93%。其中,"一户多宅"有2.9万户,在城镇拥有住房1.2万户,闲置房屋达2.3万栋。然而,在城乡建设用地需求"双增加"的大背景下,确有新增宅基地需求的农户又面临着"建房缺指标"的难题。对此,余江县试图通过推行宅基地有偿使用来显化占用、持有宅基地的成本,用经济手段约束"一户多宅"、违规建房的行为,并增强农户退出超占的、闲置的宅基地的意愿;同时,依托有偿和无偿相结合的宅基地自愿退出机制,实现闲置宅基地面积减少的目标,并满足农民建房刚需,进而优化宅基地资源配置。

湄潭县得天独厚的自然环境、宅基地利用和地方经济发展的现实条件促使地方政府以落实宅基地"三权分置"为契机,推动宅基地统筹利用,发展乡村旅游等新产业、新业态。一方面,湄潭县地处云贵高原至湖南丘陵的过渡地带,境内峰丛沟谷交错,坝地丘陵相镶,自然景观独特。湄潭县还是典型的农业县，米业、茶叶、油菜等是当地的优势产业，"农旅"资源和"茶旅"资源比较丰富；另一方面，湄潭县当地住房以黔北民居风格的二层小楼为主，对于许多沿街农房，其门面往往已经具有商业经营、仓储物流等经营性功能。因此，湄潭县大胆探索实现宅基地"三权分置"的新路径，专门制定"综合类集体建设用地分割登记入市"的改革政策，放活宅基地使用权。该政策允许宅基地中实际用于经营性用途的部分通过出让、出租、入股、抵押、担保等方式入市流转，进而充分发挥湄潭县的旅游、生态资源优势，为乡村民宿、餐饮和休闲农业的发展提供用地保障。

3. 社会环境的差异

三地相异的社会环境催生了宅基地制度改革的不同推进模式。义乌市的市场经济起步早、发展好，商品经济和民营经济尤为活跃。尊重市场规律、发挥市场机制的作用已经成为当地政府推行各项改革的基本路径。[1] [2] 故而，义乌市的宅基地制度改革同样采用了"政府引导、市场参与"的推进模式。借助市场价格机制产生的较强的经济激励，当地政府促使农户积极主动参与宅基地节约集约利用和腾退闲置宅基地。具体来看，在游览亭村，参加"宅基地安置＋垂直房"建设的农户通过出租"四层半"垂直房的部分空间用于外来人口居住、商业、生产、仓储和办公等，每年可获得超过10万元的租金收入；在楼西塘村，参加"高层建筑＋垂直房"的城乡新社区建设的农户按规定换取的住宅可以办理国有土地使用权证和房屋所有权证，并通过出售置换的住宅获益；在下沿塘村，参加"高层发展、异地腾转"的农户可按1∶5的比例核算宅基地置换权益面积；置换所得的住房和产业用房均具有完全产权，能够直接入市流转，为农户带来丰厚的租金和不动产销售收入。此

---

[1] 陈国权，李院林. 地方政府创新与强县发展：基于"浙江现象"的研究 [J]. 浙江大学学报，2009, 39(6): 25—33.

[2] 刘成斌. 活力释放与秩序规制——浙江义乌市场治理经验研究 [J]. 社会学研究，2014, 6: 197—220+245.

外，农户通过宅基地退出和整理复垦获得的"集地券"的市场交易价格一般可以达到50万—60万元/亩。

余江县的广大乡村地区是典型的宗族社会。当地诸多"三农"政策的实施都有赖于村庄宗族势力的协同配合。因此，余江县的宅基地制度改革表现出"政府引导、村民自治"的模式特征。在一些村庄（如印畈村），由村干部、知名人士率先退出宅基地的超占部分，率先缴纳宅基地有偿使用费，再动员亲戚朋友参与改革。另一些村庄（如蓝田村）成立由具有一定威望和动员能力的村庄能人、乡贤组成的村民事务理事会，筹集改革所需资金，并通过农村社区内部集体决策和执行，显著缩减闲置和低效利用的宅基地规模。

同中国西部的一些民营经济和商品经济并不活跃、市场化水平有限的地方相似，湄潭县在城乡土地利用等经济社会领域仍然对政府计划和干预有着较强的路径依赖。[1][2][3]因此，地方政府在湄潭县的宅基地制度改革过程中也发挥着主导作用。例如，县国土资源主管部门直接指导新石居村制定宅基地管理的村规民约，详细规定宅基地取得、使用、退出及其管理的各项标准和程序，带动该村率先试行宅基地有偿使用和有偿退出。

（二）地方选择的时间演化逻辑

浙江义乌、江西余江和贵州湄潭的农村宅基地制度改革的政策选择具有鲜明的阶段性特征（见图5-1）。随着改革试点向纵深推进，三地的宅基地利用与管理的具体规则或侧重点也逐渐发生变化。地方目标与经济条件、社会环境共同决定着三地改革政策的演化方向。

---

[1] 严汉平, 白永秀. 中国区域差异成因的文献综述 [J]. 西北大学学报, 2007, 37(5): 52—57.

[2] 李尚蒲, 罗必良. 中国城乡土地市场化：估算与比较 [J]. 南方经济, 2016, 4: 24—36.

[3] 卢现祥, 朱迪. 中国制度性交易成本测算及其区域差异比较 [J]. 江汉论坛, 2019, 10: 31—40.

图 5-1 农村宅基地制度改革中三地选择的时间演化

1. 经济条件、社会环境与义乌市政策选择的演化

地方经济的长期快速发展导致的建设用地需求持续增加是义乌市宅基地制度改革政策演化的主要原因。自 20 世纪 90 年代起，义乌市民营经济和商品经济的快速发展带动了城市规模的急剧扩张，导致用地需求日渐增加。因此，义乌市于 2001 年开始推行"四层半"垂直房（即宅基地安置＋垂直房）的宅基地利用政策，旨在改变传统农村居民点散乱布局的现象，提高农村土地资源的利用效率。2009 年，义乌市的 GDP 已达 519.5 亿元，是 2001 年的近 4 倍；而城市建设用地的面积也已从 2001 年的约 3 200 公顷（48 000 亩）增加至近 7 800 公顷（117 000 亩）。因此，义乌市开始尝试建设高层住宅与垂直房相结合的农村新社区（"高层建筑＋垂直房"），试图逐步转变"四层半"的宅基地利用模式，再度提高宅基地节约集约利用的程度，从而满足进一步扩大的城市建设用地需求。2013 年，义乌市开始建设全高层住宅的城乡集聚新社区，进一步"向空间要地"（"高层发展、异地腾转"）。同年，义乌市的 GDP 也逼近 900 亿元关口，达到 882.9 亿元。从 2013 年到 2015 年，义乌市每年的 GDP 增速均在 9% 以上，显著高于同期的全国水平；城市建设用地面积也于 2015 年突破 1 万公顷。在此背景下，2016 年义乌市又推行"集地券"交易，加快宅基地

整理复垦，腾退更多的宅基地资源，为城市建设和地方经济发展提供更为充裕的用地指标和空间。

此外，随着义乌市市场经济的发展，当地农户的权利意识不断增强，促使地方政府更加注重保障与实现个人和集体的土地权益。[1][2] 义乌市的宅基地制度改革也随之从单纯地减少宅基地占地面积和推动农民"上楼"转变为通过宅基地置换权益、土地发展权的市场化交易来促进宅基地的节约集约利用和城乡土地资源配置格局的优化。特别地，在"高层发展、异地腾转"这一阶段，农户可以置换集中统建的高层公寓、标准厂房或仓储物流等楼宇物业，实现农民生活、生产双保障。在"集地券"交易这一阶段，宅基地整理复垦后形成的"集地券"是可交易的土地发展权。农民和农村通过向城市用地者转让"集地券"可以充分共享工业化、城镇化带来的土地增值收益。这些政策创新都与农民集体日益强化的权利意识与财产意识相适应。

2. 地方目标、社会环境与余江县政策选择的演化

余江县的"减法式"宅基地制度改革可以分为两个阶段，其政策演化是地方目标与宗族式的社会环境共同作用的结果。改革初期，地方政府旨在对宅基地面积"做减法"，出台宅基地使用的累进计费政策和无偿与有偿相结合的宅基地退出政策，致力于解决"一户多宅"和宅基地面积超标的难题。然而，受到宅基地"私有""祖宅"等传统观念和乡土情结的影响，许多农户对宅基地有偿使用和退出都有较强的抵触心理。

为了避免强制性改革的高成本以及潜在的社会冲突，当地政府选择由村集体依靠村庄内部的关系网络来推动各项措施"落地"。例如，在蓝田村，村民事务理事会成员"蹲点在组、吃住在户"，推广宅基地有偿使用和自愿退出

---

[1] 瞿理铜，朱道林. 基于功能变迁视角的宅基地管理制度研究 [J]. 国家行政学院学报，2015，4：99—103.

[2] 丰雷，郑文博，张明辉. 中国农地制度变迁 70 年：中央—地方—个体的互动与共演 [J]. 管理世界，2019，35(9): 36—54.

政策，并发挥组织、协调和监管的职能。村民事务理事会成员还筹集 300 万元改革资金用于闲置宅基地的退出补偿，积极回应村民关于改善村容村貌、优化乡村公共空间等诉求。随着改革向纵深推进，村民事务理事会逐渐参与到宅基地利用与管理的各个方面。村民事务理事会编制村庄建设规划，引导和规范农户的宅基地利用和建房行为，并且统筹管理和使用村集体收取的宅基地有偿使用费等。这迫使地方政府减少对宅基地资源配置的过度干预。可以说，村民事务理事会的产生和发展是当地政府下放宅基地审批权限、简化审批程序以及支持和鼓励宅基地民主管理的重要原因。

3. 地方目标与湄潭县政策选择的演化

湄潭县宅基地制度改革的政策演化来源于上级政策变迁带来的地方目标的局部变化。2018 年中央一号文件提出，探索宅基地所有权、资格权、使用权"三权分置"，落实宅基地集体所有权，保障宅基地农户资格权和农民房屋财产权，适度放活宅基地和农民房屋使用权。宅基地"三权分置"也随之成为本轮改革试点的一项新任务。

湄潭县主动对接国家政策需求，把改革的重点转移到探索如何"落实集体所有权、保障农户资格权、放活宅基地使用权"上面。实践中，当地政府在偏岩塘村试行宅基地分割登记。农户将登记为经营性用途的宅基地使用权对外出租，用于民宿、农家乐等乡村旅游产业发展。该政策能够放活宅基地和农房使用权，满足乡村产业用地需求，是落实国家提出的宅基地制度改革新要求的具体表现。

（三）激励机制与制度环境的基础性影响

我国特殊的中央与地方关系体制下的激励机制以及城乡土地利用与管理的制度环境从根本上影响着浙江义乌、江西余江和贵州湄潭的农村宅基地制度改革的行为选择。

1. 激励机制的影响

财政激励决定了义乌市宅基地制度改革的地方目标和政策选择。义乌市连续多年的地方财政自给率[1]均超过70%，地方财政的自给能力明显高于余江县和湄潭县（见图5-2）。可见，义乌市有很强的加快地方经济发展以促进自身财政利益最大化的动机。而保障土地供给正是促进地方经济发展和增加地方财政收入的关键。受到财政激励的驱动作用，义乌市早在国家统一部署宅基地制度改革试点之前，就开始了促进宅基地节约集约利用的地方性探索，致力于控制宅基地的规模，提高农村住房的容积率，鼓励农户"向空间要地"。腾退宅基地结余的土地资源和用地指标则被用于城市建设和商业开发，为地方经济的高速发展提供用地保障。当然，地方财政收入的增加也会夯实地方政府执行上级和中央政府政策的物质基础。因此，对于义乌市来说，在财政激励下推行宅基地制度改革不仅满足了地方经济发展的用地需求，也使得地方官员的职务晋升成为一个"水到渠成"的结果。

图5-2　2014—2018年浙江义乌、江西余江、贵州湄潭的地方财政自给率[2]

---

[1] 刘勇政，贾俊雪，丁思莹. 地方财政治理：授人以鱼还是授人以渔——基于省直管县财政体制改革的研究[J]. 中国社会科学，2019，7: 43—63+205.

[2] 地方财政自给率＝自有财政收入（地方公共财政预算收入）/财政支出（财政预算支出）×100%。

余江县和湄潭县宅基地制度改革的政策选择受到晋升激励的深刻影响。两地均是在被中央确定为试点地区之后，才系统地开展宅基地制度改革，其改革政策按照国家的目标与任务要求进行设计和实施。具体来看，余江县抓住当地乃至全国宅基地利用中最直接、最突出的问题，即宅基地面积超标和"一户多宅"现象，致力于控制和缩减宅基地规模。可以说，余江县"减法式"改革带来的宅基地面积下降是一种直观的、易被人察觉的政绩表现形式。另外，余江县充分发挥村民事务理事会在宅基地管理中的主导作用并优化宅基地审批程序，对地方政府自身"做减法"。此类改革政策有利于达到中央设定的目标要求，即促进宅基地的民主管理和加快政府职能的转变，体现了晋升激励的作用。类似地，在晋升激励的作用下，湄潭县致力于完成中央要求的宅基地制度改革的各项"标准动作"，实现宅基地权益保障和取得方式多元化、宅基地有偿使用和自愿有偿退出、宅基地管理优化以及宅基地"三权分置"的"全覆盖"。

此外，湄潭县的地方选择还受到财政激励的影响。但与义乌市不同的是，湄潭县的地方财政自给能力较弱。2014—2018年，湄潭县的地方财政自给率为三地最低，仅在20%上下（见图5-2）。上级政府的财政转移支付（并非地方经济发展带来的财税收入）成为财政激励机制的主要部分，而成为上级政府甚至中央政府确定的改革试点地区是取得财政转移支付的重要途径。因此，湄潭县不仅是农村土地制度改革的试点区，还是农村产权制度改革、新型城镇化、美丽乡村等多项改革的试点区。对于集多个试点于一身的湄潭县而言，按照上级政府与中央政府的要求来设计和实施改革政策，完成每项改革的"标准动作"是通过考核验收并持续获得财政转移支付的"捷径"。并且，在实践中，有别于义乌市和余江县在市域或县域内全面推行改革，湄潭县仅选择了有限的区域实施改革政策。这恰恰是地方政府在上级转移支付的财政激励下节约改革试点成本的理性选择。

2.制度环境的影响

如果说激励机制决定着三地宅基地制度改革背后的动机，制度环境则限

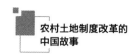

定了地方选择的范围。义乌市早期的改革探索并未触及宅基地分配、使用、退出和流转的主要制度安排。从本质上看，最初的"宅基地安置+垂直房"这一形式仅仅改变了宅基地的利用形态，即建设容积率更高的"四层半"垂直房。2009年和2013年实施的"高层建筑+垂直房"和"高层发展、异地腾转"均依托城乡建设用地增减挂钩政策进行，尚未建立专门的宅基地退出机制；农户缴纳的购房款其实是新社区的建筑安装成本，并非宅基地有偿使用费用；可交易的宅基地置换权益和住宅均以国有土地产权为基础，更不是真正意义上的宅基地流转。上述改革政策设计都体现了当时"一户一宅、面积法定、无偿分配与使用、严格限制流转"的宅基地制度的正式安排的限制和约束。在国家提出改革宅基地利用与管理的正式制度后，义乌市于2016年才开始推行"集地券"交易，通过"集地券"交易建立起直面宅基地退出、流转和用益物权实现的系统机制。

尽管余江县长期面临着宅基地利用粗放、"一户多宅"、新增宅基地的合理需求难以保障等矛盾，地方政府亦是在国家正式开展宅基地制度改革之后，才通过收取宅基地使用费和鼓励宅基地退出，实现对宅基地面积"做减法"以满足未来的宅基地用地需求。余江县减少政府过度干预宅基地资源配置的一系列举措也源于国家在正式制度层面简化宅基地审批程序和提倡宅基地管理的村民自治。从湄潭县的实践来看，允许登记为经营性用途的宅基地使用权与集体经营性建设用地一样直接入市交易并用于第二、三产业发展，是对"严格限制流转"的、传统的宅基地制度安排的重大突破。不过，该项政策的制定与实施恰恰得益于宅基地"三权分置"的正式制度变革。

六、农村宅基地制度改革的经验与启示

本章比较分析了浙江义乌、江西余江和贵州湄潭农村宅基地制度改革

第五章
宅基地制度改革：市场条件决定创新空间

的政策设计、典型案例和切实效果。从激励机制、制度环境、政策工具的角度，探讨了义乌市的"渐进式"改革、余江县的"减法式"改革和湄潭县的"标准化"改革产生的原因，解释了地方选择的空间分异和时间演化背后的逻辑。主要的研究结论与政策启示如下：

第一，三地的宅基地制度改革都促进了农村土地资源的节约集约利用，但不同地区土地资源配置效率的提升程度存在差别。义乌市的宅基地利用形式经历了从"四层半"垂直房到全高层的城乡集聚新社区的变迁，不断"向空间要地"，推动"一户一宅"转变为"户有所居"；而"集地券"交易政策更使得农户可以通过让渡土地发展权而直接获益，形成了加快腾退宅基地和优化城乡土地资源配置的强有力的经济激励。余江县和湄潭县仅仅通过宅基地有偿使用的负向激励和宅基地有偿退出的正向激励处理"一户多宅"和宅基地面积超标的问题，实现符合用地面积标准的"一户一宅"。很明显，两地推进宅基地节约集约利用的政策力度以及提升农村土地配置效率的程度均低于义乌市。

第二，三地的宅基地制度改革让农民和农村分享了更多的土地收益，但不同地区的农民增收程度存在差别。义乌市推出的可转让的宅基地置换权益和"集地券"交易都拓宽了宅基地用益物权的实现渠道，显化了宅基地资源的市场价值，可以显著增加农户的财产性收入。在余江县，农户可以通过退出闲置的宅基地而获得土地收益。但是，由于宅基地的退出补偿资金来源于村庄收取的有偿使用费和政府拨付的改革试点的固定资金，因此农民增收的程度相对有限。在湄潭县，地方政府鼓励对退出宅基地进行统筹利用，发展乡村旅游和其他新产业、新业态，以期能让农户获得闲置宅基地盘活利用带来的长期收益。然而，上述改革政策仅在个别街道、乡镇试行，并且乡村产业的发展多处于起步阶段，其政策绩效还有待进一步考察。

第三，三地的宅基地制度改革在助力国家战略实施方面的效果也存在差异。义乌市的城乡集聚新社区建设改善了农村的生产生活条件，缩小了城乡

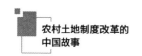

之间的生活品质差距;"集地券"交易让农民和农村更为充分地分享了工业化与城镇化带来的土地增值收益,缩小了城乡之间的收入差距。可见,义乌市的宅基地制度改革有利于实现城乡统筹发展。余江县依托宅基地制度改革,改善了村庄人居环境。不过,多数村庄仅仅把退出的宅基地资源用于保障农户未来新增的建房需求,尚未用于乡村产业发展和村庄经营。湄潭县虽然已经制定了宅基地"三权分置"和统筹利用的相关政策,试图强化乡村振兴的用地和产业基础,但仍处于政策实施的初期,预期的政策效应还未显现。

第四,三地宅基地制度改革的绩效差异来源于地方政府在给定激励机制和制度环境下结合具体地方情境进行的差别化政策选择。宅基地制度改革中地方选择的空间和时间演化差异都是各地着眼于改革的地方目标、资源禀赋、经济条件、社会环境的理性决策;而地方的具体政策选择更受到现行的财政与晋升激励、宅基地利用与管理的正式制度安排的深刻影响。因此,从根本上看,优化宅基地制度改革在提高农村土地资源配置效率、增加农民收入和统筹城乡发展与促进乡村振兴方面的绩效离不开激励机制和制度环境的调整和改进。

在激励机制方面,中央可以进一步优化财政激励。特别是通过国家产业政策的倾斜而非直接的财政转移支付,更好地调动中西部地区的积极性,推动这些地区以乡村振兴为导向、依托宅基地制度改革来统筹利用闲置宅基地并促进农村新产业、新业态发展。同时,在宅基地制度改革的绩效考核方面,应该更加注重农民增收和乡村产业发展等长期效果。

在制度环境方面,三地的试点经验已经表明,推动"一户一宅、面积法定、无偿分配与使用、严格限制流转交易"的宅基地制度安排向"准市场化配置"转变,不仅能够保障农民的基本居住权益,提高农村土地资源的配置效率,还能实现宅基地用益物权,增加农民的财产性收入,从而为城乡统筹发展和乡村振兴奠定坚实的基础。因此,应当继续坚持"准市场化配置"的宅基地制度改革方向,着力将地方改革探索的有益做法制度化。《中华人民共和国土地管理法（2019年修正版）》对"户有所居"、宅基地分配和审批程序、宅基地自愿退出和盘活利用作出了明确规定，集中体现了本轮改革试点的多项成果。下一步可以致力于明晰宅基地有偿使用、宅基地及其权益的市场化流转、宅基地民主管理和宅基地"三权分置"的正式制度安排，从而巩固和推广试点成果。上述制度环境的正式变革不仅能够促使试点地区的地方政府持续推进宅基地制度改革，也能辐射带动其他地方政府落实各项改革举措，还能为利用与管理宅基地的市场机制和村民自治组织的形成与发展创造有利条件。

第六章
征地制度改革：农民真实产权的进与退

本轮农村土地制度改革开展以来，城乡土地关系发生了深刻变化，农村集体经营性建设用地市场开始逐步发育。征地制度面临着城乡统一建设用地市场改革的诉求。本章对征地制度改革的分析聚焦于一项具有代表性的政策——留用地政策，从地方政府的实践经验和治理逻辑角度出发，比较了浙江省杭州市（以下简称"浙江杭州"）、广东省佛山市南海区（以下简称"广东南海"）与内蒙古自治区和林格尔县（以下简称"内蒙古和林格尔"）三个典型地区的差异化做法，分析了地方改革选择的差异及其演化规律，为全国性的征地制度改革提供决策参考。

一、征地制度改革：不断向市场化的征地补偿靠近

（一）征地制度改革的背景

土地征收是指国家因公共利益的需要，或实施国家经济政策，或为国防安全，按照法定的程序，对被征地人给予一定的补偿，并以强制的手段获得土地所有权的行为。

长期以来，土地征收是农村土地进入城市建设用地市场的唯一合法途

径。《中华人民共和国土地管理法（2014年修正版）》规定，任何单位或个人进行建设，需要使用土地的，必须依法申请使用国有土地；农民集体所有的土地的使用权不得出让、转让或者出租用于非农业建设。换言之，农村土地参与工业化和城镇化，必须由政府征收转变为国有城市建设用地，再由政府通过划拨或出让的方式提供给用地者。这一过程中，政府垄断了城市土地一级市场，并在土地出让过程中获得了显著的增值收益。1995年，全国土地出让总收入仅为420亿元[1]；而到了2019年，全国土地出让总收入已经达到了7.6万亿元，占地方财政总收入的41.8%[2]。

然而，征地制度对农民的补偿一直处于相对较低的水平。1998年修订的《中华人民共和国土地管理法》第四十七条规定："征用土地的，按照被征用土地的原用途给予补偿……土地补偿费和安置补助费的总和不得超过土地被征用前三年平均年产值的三十倍。"这成为政府在农村土地征收中衡量、制定征地补偿标准的主要依据。地方政府一方面按照土地原用途为标准，以低价征收农村土地；另一方面按照开发后的土地用途为标准，以国有建设用地一级市场价格出让土地，这成为地方快速积累发展资金的"法宝"，也是改革开放以来经济快速发展的重要原因之一。这为地方政府持续供应城镇土地要素提供了支持。然而，"以地谋发展"的经济增长模式近年来逐渐遇到了诸多瓶颈。

第一，工业化和城镇化模式发生变化，土地供应量增速放缓。改革开放以来，我国城镇化进程取得瞩目成就，2018年年底常住人口城镇化率达到59.58%。[3]在城市建成区面积快速扩张的同时，城市"摊大饼"等土地低效

---

[1] 《中国土地年鉴》编辑部.中国土地年鉴.1996[M].北京：中国大地出版社，1996.

[2] 财政部.2019年财政收支情况[EB/OL].(2020-02-10)[2021-07-23]. http://www.gov.cn/shuju/2020-02/10/content_5476906.htm.

[3] 国家统计局.城镇化水平不断提升 城市发展阔步前进——新中国成立70周年经济社会发展成就系列报告之十七[EB/OL]. (2019-08-15)[2021-07-23]. http://www.stats.gov.cn/ztjc/zthd/sjtjr/d10j/70cj/201909/t20190906_1696326.html.

利用问题开始显现，农村土地和生态用地空间受到挤压，更导致了耕地的大规模减少。2012年党的十八大提出"新型城镇化"战略，将城镇化中心从数量增长调整为规模与质量并重。在这一背景下，城市土地供应增速开始放缓。2014年，全国国有建设用地实际供应面积较前一年下降16.5%，为近年来首次回落，且后续多年都出现下降或增速放缓现象。同时，随着产业转型升级，工业用地需求放缓，工业用地出让占比也逐年下降。因此，面对城市发展和产业经营模式的转变，征地制度也面临针对性调整的需求。

第二，征地引致的社会矛盾频频发生，征地风险日益增加。以土地原用途为标准的征地补偿过低、征地程序透明度低等制度问题，导致农民对征地项目缺乏认同感。2011年，中国社会科学院公布了《社会蓝皮书：2011年中国社会形势分析与预测》，数据显示，73%的农民上访和纠纷都和土地有关，其中40%的上访涉及征地纠纷问题，而征地纠纷问题中的87%则涉及征地补偿和安置。[1] 21世纪前十年，我国每年因征地引发的纠纷达到400万件。[2] 征地中农民拒绝合作甚至暴力抗争的行为时有发生，不仅大大延长了公共项目的开发建设周期，增加了项目运作成本，同时也恶化了政民关系，影响社会稳定。与此同时，地方政府为了征地补偿和后续开发进行土地抵押的融资方式也带来了经济风险，地方债务风险日益增加。这些问题都对改革现有征地制度提出了要求。

第三，城乡差距不断扩大，农村发展迫在眉睫。改革开放以来，城市区域得到快速发展的同时，城乡差距却在不断增大。2019年，城镇居民人均可支配收入为42 359元，而农村居民人均可支配收入仅有16 021元。农村经济发展的相对滞后进一步影响了农村集体的公共基础设施水平和公共服务供给能力，造成许多农村地区的农民社会福利匮乏、自我造血能力薄弱，高度依

---

[1]　汝信，陆学艺，李培林. 社会蓝皮书：2011年中国社会形势分析与预测[M].北京：社会科学文献出版社，2010.

[2]　刘守英. 以地谋发展模式的风险与改革[J]. 国际经济评论，2012, 12: 92—109.

赖各级政府的财政支持。同时，农民集体的经营能力和经验不足，缺乏对土地补偿进行投资和再生产的能力，造成生活水平乃至基本生计的可持续性受到影响。因此，如何保障农民集体在土地征收后的长久生计与持续发展，是征地制度设计中需要关注的问题。

事实上，在审批权和相关体制未有变化的情况下，地方政府自发开展征地制度改革的意愿并不强烈。因此，2015年经全国人民代表大会授权，国土资源部在全国范围内选择了33个试点开展农村土地三项制度改革，其中河北定州、山东禹城、内蒙和林格尔3个地区开展征地制度改革试点。2016年9月，中央进一步决定在33个试点地区开展征地制度改革探索，并于2018年和2019年分别由国务院授权延长一年。在改革试点期间，各地区围绕缩小征地范围、规范征地程序、提高征地补偿标准、完善和规范多元化社会保障机制等多方面作出了探索，积累了丰富的改革经验。

在本轮征地制度改革的基础上，2019年全国人民代表大会审议通过了《中华人民共和国土地管理法（修正案）》，在改革征地制度方面作出多项重大突破：完善征地程序，将原来的征地批准以后公告，改为征地批准前公告，保障农民集体的知情权与参与权；界定征地范围，明确土地征收项目实施必须在公共利益范围之内，只有公共利益项目才可以动用征地权；明确征地补偿机制，明确了征地综合区片价的补偿办法，并要求保障被征地农民的生活水平不下降以及长远生计。

总体而言，一方面，征地制度改革打破了政府对城市土地一级市场的垄断格局，通过缩小征地范围、明确政府职能边界，将政府"看得见的手"从私人领域中逐步撤出，既要继续保障土地征收在实现公益用地供给中的关键作用，又要由市场机制这一"看不见的手"在城乡土地资源配置中起到决定性作用。另一方面，征地制度也要"让利于民"，通过完善城乡建设用地市场，通过市场机制合理衡量土地价格与补偿标准，从而建立起政府、集体与个人均衡的土地增值收益分配机制，将土地非农化过程中产生的土地收益分

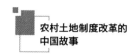

享给农民集体,为失地农民建立长期可持续的社会保障机制。

与集体经营性建设用地入市以及宅基地制度改革相比,征地制度改革在农村土地制度改革中尤为特殊。首先,征地制度同时涉及城市土地与农村土地,是衔接城乡统一建设用地市场的重要桥梁。如何规范和完善征地制度,不但关系到城市有序发展,更是协调推进农村集体经营性建设用地入市与宅基地制度改革的关键。其次,征地制度改革涉及农用地、未利用地与非农用地的转换,这就与耕地保护和生态文明建设的总体要求相衔接,政府需要在存量和增量中权衡取舍。最后,地方政府在征地中不仅是制定规则的"裁判员",更是直接执行的"运动员"。征地制度作为土地财政的重要政策工具,其改革影响到了地方政府的"钱袋子"。这些都要求改革不仅需要提高城乡土地资源的利用效率,更要考虑地方政府的激励机制,促进地方政府角色的转变,改变地方政府对土地的依赖。

(二)留用地政策:契合改革逻辑的政策选择

2009年修正的《中华人民共和国土地管理法》对征地制度改革作出了指引。以公共利益为征地公权力的边界,以公众参与作为完善征地程序的要求,以区片综合价作为征地补偿的标准。

地方政府会怎样应对此次由上向下的征地制度改革?留用地政策作为一项由地方政府自发设计的征地制度,在不同地区、不同时间的演变过程,为分析这个问题提供了一个绝佳的视角。

留用地是指地方政府在征收集体土地时,以村级集体经济组织为单位,在城乡规划和土地利用规划确定的建设用地范围内,按照一定比例核定用地指标,专项用于发展村级集体经济的土地。在许多经济发展程度较高的地区,地方政府逐渐开始尝试给予农民自主参与土地开发过程、直接分享土地增值收益的权利,用建设用地指标而非单纯的货币形式补偿被征地农民。早在20世纪80年代初期,广州市就已经在个别项目中计留一部分土地用于征地安置。目前，广东、浙江、福建、上海等经济发达省市已经开展了留用地安置政策的探索实践，国土资源部也在2017年的《中华人民共和国土地管理法（修正案）》中倡导了留地、留物业的征地安置办法。留用地政策可以视为地方政府为了缓解征地中出现的各种类型的矛盾而自发使用的一种政策工具。

政府提供留用地有两方面考虑：一方面，留用地政策可以将征地补偿大幅提高。在征地补偿总体偏低、农民征地满意度不高的背景下，留用地允许村集体直接参与到城镇建设用地开发和交易中，将市场定价机制引入征地补偿标准，起到了"近市场化"补偿的目标。另一方面，留用地政策还是对社会保障机制的补充。集体通过留用地开发经营可以获得长期收益并提供新的就业岗位，农民也可以从中获得持续性的财产性收入。留用地政策给予被征地农民长期稳定的土地经营收益，维护农民切身利益，确保农村社会稳定。

从20世纪90年代末到2019年《中华人民共和国土地管理法》修改，尽管已探索了近30年，留用地政策却始终未能在全国范围内普及。尽管本轮征地制度改革试点中有不少地区探索了留用地政策，但是实际的改革成果却不甚理想，甚至有关留地、留物业的条款在全国人民代表大会向社会征求意见的《中华人民共和国土地管理法（修正案）》中被删去。部分实行留用地政策的地区，又出现了"回撤"甚至取消留地政策的现象，或者对农民集体的开发权加以限制。这一现象既说明各地征地实践中所面临的问题和需求是不同的，短期内无法在全国建立统一的管理制度，也说明在新的经济发展阶段下，土地征收矛盾是在不断变化的。

留用地政策上出现的时空演化，为我们回答地方政府如何应对征地制度改革提供了分析的切入点。本章的后续安排如下：第二至四部分分别介绍浙江省、广东省和内蒙古自治区相应试点地区的留用地政策设计、演变规律、典型案例和主要特征；第五部分针对案例进行比较分析，梳理和归纳留用地政策的时空演变规律，并解释地方政府在政策选择上的逻辑；第六部分为未来征地制度改革提出相应的政策建议。

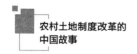
农村土地制度改革的
中国故事

二、浙江杭州留用地政策实践：从"自主开发"转向"统筹开发"

浙江省是较早开展留用地探索的省份之一，温州、杭州等城市在20世纪90年代就在征地过程中采取留用地的方式安置失地农民了。这些地区普遍按照10%—15%的比例标准配置留用地指标，允许被征地村集体在规划允许范围内自行开发留用地。

（一）留用地政策的主要制度设计与演变

杭州市留用地政策始于1995年对绕城公路征地和萧山机场建设征地的安置方案。1999年3月，杭州市土地管理局发布《杭州市撤村建居集体所有土地处置补充规定》，要求在"撤村建居"项目中采用留用地安置的形式赋予被征地农民国有土地使用权。该文件首次明确规定：在杭州市土地利用总体规划确定的建设留用地范围内留出部分土地作为村留用地，村留用地面积控制在可转为建设用地的农用地的10%以内，并按行政划拨方式供地，且免收各项规费。这一规定为杭州市的留用地政策奠定了基础，明确了杭州市按照10%的比例向村集体留地的基本安置补偿框架。

截至2005年，杭州市陆续出台了五项专门文件指导土地征收中的留用地安置工作。这些文件对留用地的性质、权能、交易、开发利用、产权登记、配套制度等方面作出了明文规定。根据规定，杭州市的安置留用地均需先转为国有建设用地，但缴纳国有建设用地有偿使用费予以全额返还。所有开发性安置留用地、撤村建居发展留用地和拆复建留用地，均不得用于经营性房地产开发。此外，杭州市于2005年还特别规定，对于无法由政府安置的留用地指标，可以对原先村集体自行开展的第二、三产业非农建设项目进行抵扣。自此，杭州市留用地政策逐渐显现出对快速城镇化发展的支撑作用。2006—2010年，杭州市区共征收集体土地约16万亩，都未发生重大群体性事件，这与留用地安置政策在提高农民满意度、保障集体长期收益等方面的作用有着直接关系。

尽管留用地政策在全市范围内大量实施，但是城市建成区范围内有限的可安置空间已经制约了留用地政策的继续推进，村集体开发能力不足等问题也陆续暴露出来：一是政策落地难。以杭州市西湖区为例，截至2019年，全区已累计完成83个行政村的撤村建居工作，累计应核拨留用地指标9 050亩，但实际完成规划布点的仅有5 883亩。二是开发能力不足、土地投机的问题突出。部分村集体经济组织缺乏经验技术，盲目跟风投资，导致业态重复、招商困难甚至工程停滞，项目开发效益低下；或是违反留用地不得用于房地产开发的规定，建设单身公寓、酒店式公寓并采取长期租赁的方式进行变相销售，扰乱了城市房地产市场的正常秩序。这些问题不但违背了留用地政策"让利于民"的初衷，更是在城市土地一级市场上造成了新的乱象。

面对上述问题，2014年，杭州市出台《杭州市区村级留用地管理办法（试行）》，从指标管理、指标使用、项目监管、产权转让管理与出让收入管理等五个主要方面对留用地的取得、开发、管理进行了全方位的规范。值得一提的是，由于留用地政策落地困难的问题较为普遍，杭州市对留用地指标的开发方式进行了放宽，除了依然可用于原村级集体二三产企业项目进行折抵，也可采取自主开发、合作开发、统筹开发、项目置换物业方式开发或留用地货币化处置。同时，从2014年12月开始，杭州市政府开始编制10%留用地规划，旨在统筹协调村级留用地指标的落地、开发和监管。

在杭州市政府的留用地安置框架下，下辖的区级政府进一步"收紧"了留用地政策的空间，鼓励、引导甚至强制性地要求由政府或国有企业主导留用地项目的开发，将"留物业""留分红"作为留用地安置补偿的新的替代方案，政府主导的"统筹开发"成为留用地安置的主要实现形式。

1. 余杭区

2012年，余杭区出台了《关于进一步加强我区村级集体经济组织留用地管理的实施意见》，提出了一种新的留用地安置模式：土地折货币换房产。土

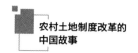
农村土地制度改革的
中国故事

地折货币换房产是指村集体申请取得留用地后,与镇(街)为单位的开发区管理委员会统一谈判,由管理委员会提供房产,集体直接享受开发后的增值收益。在这一模式中,余杭区政府设定土地换房产的指导价,并由镇(街)平台出面开展具体的土地出让工作,并按照招拍挂结果,返还相应面积的物业房产供村集体经济组织使用,返还面积原则上不低于总建筑面积的20%。村集体取得商铺等物业后,按照之前的谈判结果,由平台将商铺从集体手中直接返租回去,并将部分收益返还给村集体。

土地折货币换房产已经成为余杭区政府大力提倡的新开发模式。2017年起,余杭区政府对全区重点开发区域范围内村级留用地,统一实行土地折货币换房产的安置新模式。新的留用地模式将留用地额度直接转化成房产物业,整个操作过程均由政府牵头,国有开发公司组织开发,由各个平台运作。村集体基本不需出资,也不需要参与到土地开发建设的过程中来,而是由专业的房地产开发公司代为开发。政府既不提供土地,也不提供现金,通过平台返租的方式,就能够满足重点发展区域开展项目开发建设的新增建设用地需求。

2. 西湖区

2017年,西湖区制定了《关于进一步加强西湖区留用地管理的实施意见(试行)》《关于进一步加强西湖区留用地合作开发管理的实施细则(试行)》,首创了"统一规划、统一开发、统一管理"的村级留用地合作开发新模式。

一是统一规划。由原杭州市国土资源局西湖分局牵头,西湖规划资源分局、西湖投资集团(国有开发企业)配合,对区域内的全部留用地进行布点规划,并明确各留用地项目的用途、布局;村集体选址开发留用地的,在核定的留用地指标范围内,由镇(街)统一进行落地调剂。通过区域内的规划协调,促进村社留用地项目开发建设由"小而散"向"集中集约"发展,有效避免项目同质化、低端化、碎片化。

二是统一开发。由西湖投资集团牵头对留用地的开发建设实行统一管理、严格把控,采取商业物业、开发商业综合体的形式进行土地开发。村集体仅需提供土地和留用地指标,并承担土地"三通一平"的费用(平均约100万元/亩),而具体的做地工程、留地开发和运营全过程的实施与成本均由国有投资集团和相应的房地产开发企业按比例投入与操作,并可于开发完成后获得总建筑面积51%的物业。

三是统一管理。由西湖投资集团负责建立健全项目公司各项管理、财务、合同、资金监管等制度,报区留用地办公室进行备案。区相关职能部门和村集体经济组织所在镇(街)指导并做好留用地资金的监管和审计。同时,建立留用地开发建设绩效考核机制,项目建设开发运营纳入区政府对公司的年度工作考核,项目推进纳入区政府对各镇(街)年度工作考核,层层相扣,有效防范廉政风险。

表6–1 杭州市留用地政策演变

阶段	主要内容	政策文件
形成阶段 (1995—2006年)	形成留用地安置办法和配套政策措施	《杭州市撤村建居集体所有土地处置补充规定》 《杭州市人民政府关于贯彻国务院国发〔2001〕15号文件进一步加强国有土地资产管理的若干意见》 《杭州市人民政府办公厅关于完善撤村建居和城中村改造有关政策的意见(试行)》 《关于加强杭州市区留用地管理的暂行意见》 《杭州市人民政府办公厅关于完善杭州市区留用地管理的补充意见》
完善阶段 (2007—2014年)	完善并逐步开始监管留用地的落地与开发情况	《关于加强村级集体经济组织留用地管理的实施意见》 《关于进一步完善村级集体经济组织留用地出让管理的补充意见》 《杭州市区村级留用地管理办法(试行)》

(续表)

阶段		主要内容	政策文件
回撤阶段（2015年至今）	余杭区	国有企业主导的"土地折货币换房产"模式	《关于进一步加强我区村级集体经济组织留用地管理的实施意见》
	西湖区	区内统筹的"三统一"模式	《关于进一步加强西湖区留用地管理的实施意见（试行）》《关于进一步加强西湖区留用地合作开发管理的实施细则（试行）》

（二）留用地政策实施的典型案例

1. 杭州市三叉社区的自主市场化模式

三叉社区位于杭州市东部，地处钱江新城核心区块，地理位置十分优越，是历史上杭州的"菜篮子"村。2002年5月10日，三叉村进行撤村建居，改为三叉社区。根据杭州市政策，三叉社区在撤村建居后获得了被征农用地面积10%的留用地，共130亩。按照控制性详细规划，三叉社区在社区内部讨论的基础上，在辖区内优先选择了区位优越、拆迁难度较小、易于开发的地块，并在国土资源行政主管部门的协助下一次性完成拿地工作，将留用地指标落地。凭借杭州近年来提出的"旅游西进，城市东扩，沿江开发，跨江发展"的城市发展战略，三叉社区将留用地的潜在价值充分挖掘，大力发展特色物业（楼宇）经济，成功壮大了集体经济实力。

三叉社区采用滚动式开发的方式，分批次开发130亩留用地，通过不断积累开发资金和开发经验，降低一次性全部开发的风险。"三星金座"是三叉社区第一个留用地开发项目，采用自筹自建的方式，利用集体的自有资金，于2003年正式开工建设。在开发过程中，三叉社区要按手续上交开发地块的土地出让金,并与市场中的房地产开发企业一样,历经了商业地块开发的所有程序。唯一的区别是,上交的土地出让金在扣除少量税费外(不超过2%),将全额返还给三叉社区,用于项目的建设开发。同时,三叉社区成功引进乐购超市,为整个项目的招商工作奠定了扎实的基础。自2007年项目竣工以来,除了乐购超市,三叉社区还将数层写字楼出租给企业办公,获得了相当可观的租金收益。通过"项目开发、引进商企、促进发展"的模式,三叉社区在三星金座项目中初尝甜头,壮大了集体经济实力。

随后,三叉社区通过项目规划,又相继开发了庆春广场二期·银泰百货、三星银座·欧亚达家居广场、华东家电市场二期·东部数码城、广新大厦、新业大厦等五个留用地项目,引进银泰百货、欧亚达家居等知名品牌企业,项目经济效益凸显。其中,三星金座等四个项目为自筹自建,遵照社区自己设计、自己管理、自己建造、自己招商的原则进行开发;而广新大厦等两个项目为合作开发,由三叉社区自主寻找合作开发商,通过协商谈判签订合作开发合同,各自履约完成项目开发。

目前,三叉社区已经在这6个项目中落地130亩留用地指标,总计开发建筑面积达27万平方米,总投资6.25亿元,建成后年租金达到了1.2亿元。经过将近十年的留用地自主开发,三叉社区从以农业和仓储业为主的传统经济,转变为以各类特色楼宇出租为主的现代化物业经济,实现了社区集体经济的腾飞。这些不同业态的特色楼宇,不仅给三叉社区带来了巨大的经济效益,还具有强劲的经济辐射能力,带动了周边商圈的培育和发展。

2. 余杭区未来科技城的统筹市场化模式

杭州未来科技城是中共中央组织部、国务院国有资产监督管理委员会确定的四个全国未来科技城之一,是第三批国家级海外高层次人才创新创业基地。而仓前街道正位于未来科技城的核心地带,贯通104国道和02省道,交通十分便捷,是杭州市重要的物资集散地。

朱庙村是仓前街道的一个小村,全村人口1 074人,面积仅有1.05平方

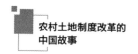

公里。撤村建居后，朱庙村有40亩集体经济留用地指标，但是村集体可用资金总计仅有1 500万元，远不足以自主开发建设留用地。巨大的资金缺口、高额的融资利息、不可预知的产业风险和较长的投资周期，都会给村级集体经济带来巨大的风险和包袱；而诸如规划、配套等一系列难题，对于朱庙村这个开发能力有限的小村庄而言也是一项巨大的挑战。

2013年11月，经过仓前街道与未来科技城管理委员会的多轮协商谈判，仓前街道代表葛巷村、朱庙村、宋家山村、灵源村、高桥村和永乐村六村，与未来科技城达成一致意见并签署协议。根据协议，六村分别拿出各自村级集体经济留用地指标总共175亩，置换杭州未来科技城管理委员会科创一期、二期商业办公地产，其中地上面积82 517.47平方米，地下面积28 802.00平方米，两项合计价值为57 445万元。地产出让后，再以租赁形式返租给杭州未来科技城管理委员会，由未来科技城根据产业定位，统筹招商安置科创孵化项目和企业。返租价格为地上面积每年360元/平方米，地下则按车位来算，每年1 200元/个，租赁价格每两年环比递增5%。参与指标置换的6个村每年可以收到租金约3 000万元，其中收到租金最多的村子大概是1 100万元，最少的也有200多万元。

以朱庙村为例，村集体不仅用40亩的留用地指标换来了14 000平方米的房产，经过村干部讨论、村民代表大会同意后，村集体决定再额外出资2 000万元用于增购5 000平方米物业，开发后的年租金可达700余万元。朱庙村选择与未来科技城合作，通过留用地指标置换房产，解决了村级留用地规模小，产业层次低、效益差，资金筹措难，投资收益不够偿还贷款利息等问题，为村里找到了风险最小和收益最大的平衡点。这种开发模式不但风险系数小、发展潜力大，同时投资回报也十分可观，持续性的财产性收入比起一次性的征地安置补偿，不仅保证了收入增加的可持续性，并高效、快捷地发展壮大了村级集体经济。

土地折货币换房产的留用地开发模式，使得参与开发的6个村共新增集体资产7亿元，每年新增经营性收入3 000万元，这不仅能弥补村集体经费的不足，还可以为村民提供高标准的社会化服务，更为集体内部分红和扩大再投资提供了资金基础。而村级集体经济通过指标置换方式取得科创中心物业的所有权，也开创了社会资本投资未来科技城的先河。未来科技城运用置换来的土地指标，可以灵活自由地安排符合产业导向的高新科技项目和企业，为城市建设用地供给提供了新的路径。余杭区大胆尝新，积极探索新形势下发展壮大村级集体经济的有效机制和实现形式，为因地制宜地发展村级集体经济走出了一条新路。

（三）留用地政策实施与演变的主要特征

1. 留用地政策的演变规律

杭州市留用地政策的变革，延续了一条十分明确的主线：从允许和鼓励村集体和市场主体"自主开发"集体留用地，到引导甚至要求村集体将留用地委托给政府或国有企业"统筹开发"。早期的留用地政策充分赋予了村集体土地经营自主权，同时规避了集体经营性建设用地用于城市建设的违法风险。而近年来杭州市市级政府和余杭区、西湖区等区级政府纷纷将镇级统一规划管理、国有投资公司开发建设、村民分享物业经营分红的模式作为主要形式来推行。

杭州市留用地政策的出现，是对征地冲突和征地矛盾的回应。作为经济发达地区和省会城市，杭州土地价格增长迅速，原有的征地补偿方式越来越难以满足农民的生活和发展需求。面对征地冲突，杭州市选择采用留用地的方式来分享土地增值的收益。在这一时期，杭州市一直坚持以村集体作为主导者进行村级留用地开发建设，规定村集体在合作开发留用地时的持股比例不得低于51%。这既有利于城镇化工作的开展，也让农民成为农地非农化的积极参与者和推动者。

而杭州市留用地政策后续的演变，则是为了应对留用地开发导致国有土地一级市场失序和留用地指标落地难等问题。过去的自主开发留用地实践中，村集体的开发能力、经验、人力都十分有限，土地价值无法充分显现。同时，合作开发的对象以小型民营企业为主，这些企业的资金实力不足，不但在开发过程中出现了烂尾楼等问题，也存在村企签订"阴阳合同"、农民集体的土地权益受损的现象。因此，如何有序高效地利用这些留用地是杭州市近几年城市发展中面临的重要问题。杭州市各区级政府自发进行了政策创新，很大程度上是借助政府的资源和政策优势，优化产业结构，完善城市空间布局，更好地保障农民分享土地开发的增值收益。

2. 留用地政策的实施特征与绩效

一是提高了土地征收的效率，解决了征地的历史遗留问题。以西湖区为例，2017年9月，首批28个与西湖区区属国有企业合作开发的留用地项目全部签约达成开发协议。截至2018年，由区属国有企业主导开展的留用地项目已经有4宗完成出让及开工建设，总占地面积91.6亩；4宗已与民营企业达成开发合同，正在进行报批程序。西湖区于2017年开展留用地政策创新后，全年完成土地收储304亩，土地出让266亩，开发竣工248亩，各项征地工作均取得了历年来的最好成绩。而在余杭区新一轮创新型企业发展过程中，政府也面临较大的发展用地需求，对村级留用地进行统筹开发有效地降低了用地的前期成本，提高了国有企业响应政策号召的积极性，也避免了留用地成为一项一次性的"运动式治理"的悲剧。这体现了留用地改革一直坚持保障农民集体的收益权、保障农民分享土地非农化后的增值收益，提高了农民对土地征收的支持度与满意度，减少了潜在的社会冲突。

二是保障和提高农民集体持续性的土地收益。杭州市的留用地政策之所以一推出就能得到农民的认可，最主要的原因在于它保障了农民集体分享土地增值收益的权利。以三叉社区为例，130亩留用地如果全部按照征地区片价的补偿方式征收的话，即便所有土地都属于一类区片，按照杭州市2010年的征地补偿标准，每亩征地区片价仅为28万元，征收补偿总金额也只有3 640

万元；而开发留用地后，集体每年的租金收益可以达到 1.2 亿元，已经远远超出一般的土地征收所能获得的土地增值收益。即便是在余杭区、西湖区等区政府主导的留用地开发模式下，村集体也能以最低 1.15 元 / 平方米的价格向国有企业返租物业，从而获得可观的分红收益。另外，重视土地、安土重迁是中国人民的传统观念，土地的价值大于货币补偿已经是农民的共识。因为土地有保值、增值的能力以及投资的价值，而货币往往只能通过投资政府债券的形式获取少量的报酬。留用地政策给了农民可持续发展的资本，让农民可以从土地征收中源源不断地获取可持续的财产性收益，这无疑比一次性的货币补偿更有制度优势。

三是降低了留用地开发风险，完善了区域规划布局。地块零散、利用低效等问题是不少村集体自主开发留用地后的结果，而市场主体的不规范操作更是加剧了村集体的开发风险，许多村集体分得物业比例仅不到 30%。而留用地政策改革后，与政府和国有企业的合作有效保障了农民集体能够分到 51% 的物业，土地收益得到了保障。同时，按照区域人气、产业业态、设施服务等条件，将留用地项目在优势区域打包集中合作布局，既可以更好地规划和培育适应区域总体功能定位的项目，形成规模较大、聚集能力较强、产业集中度较高、公共服务体系较完善的项目群，也可以进一步完善周边交通、文娱、医疗等公共服务设施。统筹管理和开发留用地，使其在空间上的布局更加集中，定位更加明确，有效提升了留用地的价值和招商竞争力，为周边地区的基础设施建设和产业优化升级打下了基础。

三、广东南海留用地政策实践："放"与"收"的权衡

广东南海是全国最早实现农民人均收入破万元的地区，也是全国最早开展留用地安置的地区之一，早在 20 世纪 80 年代中期就已经在征地中向村集

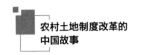

体预留经济发展用地。同时，南海区也是全国留用地比例最高的地区之一，2005年之后，当地的留地比例已超过30%。[1]目前，南海区累计安置留用地约11.3平方千米，占全区建设用地总面积的2.1%。长期以来，南海区的农村土地市场活跃，政府对留用地的管理也较为宽松，导致留用地实际的利用方式复杂多样。在本轮农村土地制度改革试点中，南海区也针对征地制度作出了政策创新，并对留用地政策进行了根本性的调整，将原先宽松的留用地规则"收紧"。

（一）留用地政策的主要制度设计与演变

1992年，原南海县政府（南海区前身）在凤鸣镇三山管理区征收中，首次提出对城市建设用地和开发区用地实施预征地，除土地征收补偿款外，额外按照15%的比例实行征地返地补偿；在后续补充协议中，政府额外向村集体增加了679.85亩留用地。这是南海区留用地政策的雏形。在留用地安置中，尽管政府掌握了征收土地的公权力，但是农民集体在留用地安置中仍然具有较强的议价权，并且可以将土地进行整合和开发后出租给企业使用。到2002年，南海区的工业用地中有近一半属于集体所有。

2007年，广东省出台《广东省征收农村集体土地留用地管理办法（试行）》，对全省范围内的留用地的划定、审批、登记、权能等方面进行了规范。由于佛山市一直没有出台相关的政策文件，因此广东省的管理办法事实上长期成为南海区留用地的指导文件。但是由于南海区农村土地市场活跃，私营企业用地需求旺盛，广东省所规定的10%—15%的留用地比例在实际落地时往往有所增加。因此，由于顶层设计的缺乏和地方政府的放任，南海区的留用地安置更多地是在农民集体和政府的征地谈判中交由市场机制来解决，不但没有统一的补偿标准，也没有形成体系化的留用地安置程序，既有

---

[1] 曹正汉. 中国上下分治的治理体系及其稳定机制 [J]. 社会学研究，2011, 1: 1—40+243.

国有划拨留用地，也有集体性质的留用地，土地使用权主体较为复杂。

2016年9月，南海区作为农村土地制度改革的试点地区之一启动了征地制度改革工作，陆续出台了《佛山市人民政府办公室关于改革留用地安置实施方式的通知》《佛山市南海区农村土地征收补偿安置试行办法》等文件。其中针对留用地政策，明确提出在2018年9月30日以后的被征地留用地安置，不再实施实地留地，而将应承诺的留用地指标转为货币补偿或物业安置，留用地指标面积按实际征收农村集体经济组织土地面积的10%—15%确定。

首先，对于选择物业安置的，由征地单位或属地区政府与被征地农村集体经济组织协商确定留用地物业置换方案，并签订留用地置换物业协议，约定置换物业面积、位置、用途、交付时间和交付标准等内容，并提供工业、仓储、办公、商业等可经营性物业。这意味着由村集体自主开发或招商合作开发的留用地安置模式不再延续，被货币补偿或物业安置的补偿形式替代。在实践中，货币补偿也成为南海区村集体较为普遍的选择。尽管如此，南海区的留用地政策还是留了一个口子：2018年《佛山市南海区农村土地征收管理试行办法》中采用了"留用地优先采取折算货币或置换物业方式落实"的表述，并允许留用地在规定许可的情况下，可按照不超过征地面积15%的限额下进行安排。

其次，南海区结合集体经营性建设用地入市制度改革和建设用地"地券"指标交易的形式，对集体性质的存量留用地和历史遗留问题进行处置。由于留用地历史遗留问题较多、安置比例较大，因此南海区有大量的集体留用地无法进行安置，其中最大的障碍在于新增建设用地指标的约束。2018年3月，南海区颁布实施《佛山市南海区地券管理暂行办法》，根据城乡建设用地增减挂钩，允许农民将农村建设用地复垦为农用地形成可流转交易"地券"，并规定新增集体经营性建设用地、征地留用地办理相关用地手续时需使用地券。结合城乡建设用地增减挂钩和"地券"政策，南海区鼓励村集体自行购买用地指标，从而为解决留用地的落地难问题提供了思路。

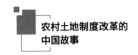

最后，南海区还鼓励村集体将留用地委托给政府统一管理。南海区针对集体经营性建设用地量大分散、利用低效以及配套设施不足的状况，依托"三旧改造"项目，不区分土地权利属性，对城镇建成区范围内的国有与集体土地，采用政府统租的方式统筹开发。2017 年，南海区出台《佛山市南海区农村集体经营性建设用地整备管理试行办法》，参照国有土地建立了集体土地储备制度。南海区在区、镇（街）两级成立集体土地整备中心，鼓励农民将留用地等零星分散、利用低效的集体建设用地托管给政府整备平台，在保障农村集体收益权的前提下，由政府"统一规划、统一建设、统一招商、统一管理"。整备后的农村集体经营性建设用地，原则上以公开交易的方式开展集体经营性建设用地入市，由区和镇（街）集体土地整备中心与土地使用者签订交易合同，并缴纳土地增值收益调节金和相关税费。

（二）留用地政策实施的典型案例

1. 里水镇经济社征地项目——留用地货币安置

2019 年 6 月，为了给城镇发展供地，南海区向里水镇里水村红旗股份经济合作经济社、白岗村白岗南股份经济合作社、白岗村洲表股份经济合作社、白岗村白岗北股份经济合作社等四个经济合作社征收集体土地，总面积达 233.950 亩。

按照征地补偿方案中的内容，四个股份经济合作社合计获得土地补偿费与安置补助费 6 268.764 万元。同时，该批次用地征地后有 187 人纳入被征地农民养老保障范围，被征地农民社会保障费用 336.600 万元已预存划入"收缴被征地农民社会养老保障资金过渡户"。

而在留用地安置方面，该征地项目的留地安置采用货币化补偿的方式，不进行实地安置。南海区按实际征收土地面积的 15% 比例安排留用地，并将全部留用地指标折算成货币补偿。按照比例，应安排留用地 33.45 亩，补偿标准为 16 万元/亩，因此折算为货币的留用地补偿总额 535.20 万元。

2. 狮山镇汀圃村——留用地入市

狮山镇汀圃村东、西村两个股份经济合作社有村民1 800余人，2011年由于工业区建设被征收农用地2 000余亩。按照留用地政策和协商谈判，南海区政府按照征收土地面积的30%返还给村集体，视同国有划拨出让。其中，主要的一宗地块由南海区政府于2014年统筹负责完善用地手续并办理土地使用证，占地面积为490.09亩，为工业用地。该地块地理位置优越，临近佛山一环，附近有一汽大众等大型工业园，周边工业环境成熟。

该宗地块的办证费用由村集体和政府分别承担一半，并由政府实现了土地的前期整理（五通一平）。2016年5月，经村股份经济合作社股东签名同意，联席会议审核，区公共资源交易中心初审，报区国土资源行政主管部门复审后，该留用地在区公共资源交易中心以租赁方式公开入市，出租年限为35年，成交单价为一年5万元/亩，成交总价款达11.32亿元。出让后，计划用于建设新型厂房，以工业为主，大部分自用，小部分出租给一汽大众等周边工业企业使用。留用地的收益采取股份制分红方式，在村集体内按照农民与集体7∶3的比例合理分配。地块出租后，当地村民人均年收入可达15 000元。

3. 全球创客小镇——集体整备与区域统筹

全球创客小镇位于广佛新干线以南、环锦路以北、荔枝南路以东、桂和路以西的水头片区，计划总投资500亿元。启动区范围用地781.16亩，包括村庄用地773.34亩、裸地7.82亩，以工业和商业用地为主。整个项目涉及11个集体经济组织和7个国有使用权主体，项目区内集体工业用地和集体商业用地比例很高，约占用地总面积的43.47%。

大沥镇凭借广佛同城前沿、中国有色金属名镇、中国铝材第一镇、中国内衣名镇和中国商贸名镇的经济、区位、产业和创新创业文化优势，成功竞得全球创客小镇项目。整个项目由大沥镇镇政府牵头，建设工作领导小组专门负责南海区全球创客小镇项目，统筹推进有关工作进程，落实项目定位、招商引资、宣传推广、政策制定等具体工作。整个项目整合了水头经济联合社及其他 10 个经济联合社的土地资源，在对集体建设用地进行置换后，引入社会资本，由村集体经济组织和市场主体联合开发。整治后使用方式以入市和城市更新为主，用途为工业和商业，最终目标是打造以全球智能制造生产性服务业聚集区为核心，集工作、居住、休闲、购物、娱乐、学习等产城人融合于一体的创客小镇，为南海区制造业升级转型提供专业服务和关键支撑。约 947 亩的创客小镇核心区一期产城一体项目已经启动。

（三）留用地政策实施与演变的主要特征

1. 留用地政策的演变规律

广东南海的留用地政策也出现了从"向市场放权"到"由政府收权"的特征。从 20 世纪末开始，广东南海就开始了留用地安置的探索实践，并迅速在广东全省推广开来。在这一时期，南海区政府采取的是放任自由的态度，允许农民集体与政府在征地协商中自由谈判，并积极地让渡部分的土地开发权给农民集体，允许集体经济组织在不开发城市房地产的前提下，自行自主开发、招商引资并享有土地开发的收益。而近年来，尤其是南海区承担了农村土地制度改革试点任务以来，南海区留用地政策出现了一定程度的"回撤"。政府开始增加留用地安置的约束条件，并减少实地安置的落实方式，鼓励采取换物业和换货币的方式作为留用地安置的替代。

留用地政策的"放"，离不开南海区当地活跃的民营经济和旺盛的农村产业用地需求。在这一背景下，南海区早期的留用地政策对于农民集体的让利幅度很大，区留用地管理中所规定的留用地比例一直是 15%，为广东省留用地指导标准中的上限；而实际征地中的留用地比例也一度维持在 20%—30%，在全国范围内属于最高的地区之一。此外，南海区的集体土地市场非常活跃，这导致南海区的留用地并没有完全采用国有留用地安置的方式，而是实行集体产权留用地安置的办法，这样既避免了农村土地征收为国有建设用地的审批程序和报批费用，农民集体也仍然可以在农村土地市场上实现收益。

而南海区留用地政策"收"的背后，是留用地安置带来的地方土地规划失序和土地利用需求与日俱增共同作用的结果。相较于杭州市和其他地区，南海区的集体经营性建设用地市场发育较为成熟，农村产业发展的基础较为坚实，城市供地压力也没有特别突出，因此留用地的开发利用绩效尚为不错。然而，如何将这些留用地落到实地，仍然是南海区土地管理所面对的难题。一方面，指标上的短缺阻碍了土地征收转用手续的办理；另一方面，空间上如何安置留用地这一问题仍然需要解决。因此，当地政府转而选择采用货币补偿或是物业安置的形式，避免留用地开发的空间利用难题。无独有偶，在土地利用情况与政策环境相似的广州、顺德等地区，也陆续出现了多种渠道的留用地安置模式，并鼓励农民和集体选择货币补偿或是物业置换的补偿方式。

然而，与杭州市的"统筹开发"所不同，南海区在留用地政策上的"收权"并不果断，市场主体和农民集体仍然保留有相当高的自主权能。由于南海区本身也是集体经营性建设用地入市的试点，因此当地针对集体产权的留用地改革主要是在入市管理的基础上进行，规定集体所有权的留用地可以采用出让、租赁、作价出资（入股）等方式入市，在缴纳土地增值收益调节金后享有入市收益。南海区农民的一个突出特征是，非常强烈地希望能保留使用权，希望"细水长流"地获得持续性收入，而不愿意一次性将留用地出让给用地企业。[1] 因此，对于集体存量的留用地来说，集体经营性建设用地入市政策为集体产权下的留用地使用权交易提供了合法性保证，相应的配套政策措施也保障了农民集体进行留用地入市交易的权益，鼓励集体将留用地供应给市场主体，而这一过程仍然是由村集体经济组织和用地者协商与交易实现的。

---

[1] 潘汝海，胡西武. 关于创设国有划拨留用地经营权的探讨——以广东省佛山市南海区为例[J]. 中国土地，2016，5:49—50.

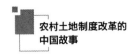

2. 留用地政策的实施绩效与特征

一是提高了农民集体的土地收益和社会福利。狮山镇汀圃村通过平台竞价入市，该留用地的租金价格从每年3.8万元/亩提升到了每年5万元/亩，增幅达到31%。而在里水镇四个股份经济合作社的征地项目中，农村集体选择了货币化留地补偿，获得了537.3万元的额外货币补偿，在原土地补偿金与安置补助费的基础上增加了8.7%。南海区的民营经济较为发达，对工商用途的集体留用地的需求也非常旺盛，"招商难"不是南海区村集体所面临的主要问题。而当地政府通过留用地政策，将部分土地的开发使用权赋予了农民集体，让乡村经济发展有地可凭。而留用地开发和出让后，可以借助区位优势，用于第二、三产业建设，实现产业经济集聚和连片开发，有助于带动周边经济的发展。同时，留用地开发需要对周边地块进行"五通一平"等前期工程，这也完善了村庄公共基础设施建设，改善了村容村貌和生活环境，更为农村地区创造了更多的就业机会。

二是政府统筹的留用地模式进展不理想，农民集体仍然青睐自主开发模式。一方面，尽管南海区在改革前的预调研中显示，有76%的农民集体和73%的企业都愿意参与区和镇政府的集体经营性建设用地统一管理，但是实际改革后的参与情况却不甚理想；另一方面，强制性取消实地安置的政策并没有获得当地农民集体的支持，尽管在征地中也有部分选择货币化补偿，但是南海区还是不得不重新放开实地安置的补偿方式。在2020年南海区新的征地项目中，选择实地安置的村集体依然很多。而集体土地整备政策也在当地遇冷，在政策制定的一年后，也就是2017年，全区仅有九江镇整备了2宗合计120亩农村集体土地。取消留用地实地安置的暂行办法仅有两年的有效期，这也说明留用地货币或物业补偿的政策并未实现预期的结果。

四、内蒙古和林格尔留用地政策实践：非典型地区的尴尬经验

内蒙古和林格尔（以下简称"和林县"）是 2015 年农村土地制度改革的 33 个试点县（市、区）之一，也是首批 3 个征地制度改革的试点之一。在改革中，和林县在理清征地目录、建立征地公共利益争议解决机制、健全补偿安置矛盾调处机制、规范征收程序、提高征地补偿等方面做出了大量政策创新，在探索经济欠发达、民族区域自治地区的征地模式上取得了显著的成效。同时，和林县也积极学习东部地区，制定了留用地政策，然而政策的实施却遇到了与发达地区不同的问题。

（一）留用地政策的主要制度设计

农村土地制度改革试点启动以来，和林县提出了以"指标留地、农民自主，国有企业托管、集中开发，市场运营、还利于民，强化监管、法治为先"为核心的"留地托管"模式。

一是指标留地、农民自主。和林县规定，全县人均耕地小于 5 亩的村庄，按被征地农民人均 1 亩核定留用地，不直接确定位置，只确定指标，保留集体土地所有权性质，用于发展壮大集体经济。村集体经济组织是留用地所有权的合法主体。采取村集体自主开发的，可成立村级集体资产运营公司负责管理运营，向被征地农民颁发股权证；采取不同村集体联合开发的，或者与企业合作开发的，可以土地指标或土地作价入股进行合作。

二是国有企业托管、集中开发。对于无自主经营意愿或无其他合作方的村集体，可以委托国有企业开发经营留用地。和林县成立了县农发集体土地运营有限公司，由该国有企业在全县范围内统筹使用留用地指标。在开发利用时，允许异地留用地项目中指标供给村与落地村双方签订协议，通过交易、置换等方式以指标化调整集体土地所有权，将分散的土地集中由国有公司统一开发管理。

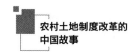

三是市场运营、还利于民。和林县针对村集体经济组织资金不足的社会背景，对留用地采取"只转不征"的方式，在保留集体土地所有权的基础上，结合集体经营性建设用地入市配套开展。由县政府制定"托底价"，留用地股权在未转为建设用地之前的3年内，按每年3 000元/股给予预期土地增值收益补贴；转为集体经营性建设用地后、入市前，按每年3 500元/股给予预期土地增值收益；入市或转让后，县政府从实际成交总价款中扣除先期垫付的资金并收取一定比例的土地增值收益调节金。

四是强化监管、法治为先。按照"谁审批、谁监管"原则，和林县强化监管和服务，由县国土资源行政主管部分参照国有土地批后监管程序开展留用地项目开发建设审批和监管，各相关部门在市场信息发布、基准地价体系建设、纠纷仲裁和法律援助等方面提供服务。

和林县的留用地政策是在吸取杭州市等地区的留用地经验成果上形成的。总的来看，和林县的留用地政策与其余地区的安置方式最大的区别在于土地所有权。由于不涉及土地征收，留用地在保留集体所有权的基础上通过入市的形式进入城市建设用地市场。除此之外，和林县的留用地政策基本仿照了发达地区的留用地模式，即允许和鼓励农民自主经营和合作开发留用地的同时，设计了国有企业主导开发的"托底"政策。从制度设计的角度，和林县的留用地政策保障了农民分享土地增值收益的权利，为建立被征地农民的多元保障机制起到了重要作用。

（二）留用地政策实施的典型案例

和林县开展留用地安置的实例主要集中在呼和浩特新机场项目。2014年，呼和浩特新机场项目选址获批，并于2016年年底开展征地工作。大新营村有农户648户，农业人口1 604人，是呼和浩特新机场项目征地中涉及的村庄之一。由于该村人均耕地面积不足5亩，采用现有的征地补偿方案很难保障失地农民的长远生计。因此，结合征地制度改革，和林县因地制宜地制定了留用地安置的补偿政策,并在大新营村开展留用地安置探索。和林县按照留地安置的要求,在大新营村按照人均保留1亩集体经营性建设用地的标准,在城镇规划区或工业功能区内为被征地农民合计保留1 604亩留用地指标。

然而,预留的1 604余亩留用地在很长一段时间内都被村集体闲置。一方面是村集体缺乏投资的经验与能力,迟迟未能成立集体资产的运营公司;另一方面则是由于和林县当地人少地多的社会背景,土地资源相对丰富,因此留用地招商引资十分困难,土地价值不高,没有得到村集体的重视。

在此背景下,县政府专门成立了县农发集体土地运营有限公司,允许县公司将指标用于城镇规划区或工业功能区范围内,由县公司统一经营来保障开发的集中化、规模化和基础设施配套的统一供给。村集体将全部的留用地指标统一委托由国有企业统筹利用和管理,用于房地产用途以外的第二、三产业经营性用地;并按照一亩一股的比例,在项目正式运营前以每股3 000元/年的标准分享县公司经营收益。村集体同时在大新营村开展股份制改革,在县人民政府的帮助下成立大新营村集体资产(股份)合作社,对参股人员进行资格认定和公示,符合入股资格1 550人,不符合入股资格141人。农村集体资产(股份)合作社按照制定的章程为本村被征地农民颁发股权证,并按股享有留用地委托的经营收益。

截至2018年12月,全县留用地政策涉及1 784位农民,按照每人1股共计1 784股,委托县国有公司统筹开发这1 784亩留用地。县政府同意将这些指标统一用于新机场的空港服务区,希望借助新机场带来的辐射效应实现经营效益。虽然服务区规划为国有土地,但这一部分留用地依然保持集体所有而不转为国有,作为被征地农民的长久收益。为了协助县公司的经营,和林县于2018年争取到了国家发展和改革委员会、经济和信息化委员会等部门支持,已经协商取得了48亿元的国有企业资本来投资新机场的空港服务区。而县公司的留用地将被打包在外来投资项目中,分享空港服务区的投资和开发效益,由此保障这部分留用地的市场收益。

（三）留用地政策实施的主要特征

内蒙古和林县的留用地政策建立在对发达地区的留用地政策的模仿和学习之上，同样经历了从无到有、从自主开发到统筹开发的政策过程。但是与广东和浙江的经验所不同，和林县的留用地政策并非在长时间的土地管理实践中自下而上地积累形成，而是从其他地方移植而来，因此在短期的试验中就暴露出了"水土不服"的问题。县政府本意是希望将留用地的使用权出让给农民集体，由农民集体自发组织开发建设和招商引资工作，但是却忽略了当地用地需求不旺盛的现实背景，因此不得不修改留用地的利用模式，转为由政府组织、国有开发公司实施的留用地运营项目，以此为本轮留用地改革中的农民集体托底。

和林县的留用地实践在激发农民集体的积极性、活跃土地市场上的尝试是低效的。在土地资源相对充足且建设用地供大于求、土地市场化程度较低的地区，政府出让的城市建设用地已经可以满足城市土地一级市场的用地需求，因此留用地并不能如发达地区一样发挥补充市场供给的辅助作用。而由于缺乏激励和可行性，农民集体既缺乏足够的资本和管理能力进行留用地的开发建设，也不愿意花费人力物力对预期收益较低的留用地进行投资。这就导致在没有政府干预的情况下，农民和市场主体不能对留用地进行利用，反而使地块在征收并转为建设用地用途后被闲置荒废。

和林县通过国有企业统筹托管的方式对留用地集中开发利用的模式一定程度上实现了留用地安置保障农民长久权益的初衷。由国有企业统一使用留用地，不仅有利于集中化、规模化，完善配套的基础设施，还有利于降低市场的信息成本和交易成本，使土地资源得到优化配置。而农民集体通过股份分红的形式直接获得长久收益，其土地财产权益实现了有效固化，失地后的长久生计有了保障。

当然，和林县的统筹安置是基于机场项目所进行的，本质上是地方政府将空港服务区的运营收益的一部分以分红的形式让利给农民集体。对于非营利性的公益用地出让，如何经营留用地不但对农民集体来说是个难题，也给政府的招商引资带来了新的挑战。而和林县作为财政收入相对有限的地区，是否有能力和意愿坚持在未来的留用地实践中长期分享土地开发收益，还尚不明朗。

五、征地制度改革中地方留用地政策的选择与解释

杭州市、南海区与和林县的留用地政策是地方政府在征地制度改革上的一个缩影。尽管三个地区均发生了相似的从"市场自主"到"政府主导"的留用地安置与开发模式的演变，但是从政策制定的目标、方式和逻辑来看，三地存在明显的政策绩效差异，也体现着不同的改革路径。为什么在相同的制度环境下，地方的留用地政策设计上却出现了空间异化和时间演化的现象？回答这一问题对理解征地制度改革有着重要意义。

（一）留用地政策选择的时间演化

杭州市和南海区有着相似的留用地政策演化规律。在城镇化的初期，以货币补偿和劳动力安置的征地补偿尚可令农民满意，但是随着计划经济时代的双轨制退出历史舞台，政府在征地中不但不能给予农民满意的征地补偿来弥补土地产权的损失，也无法通过提供就业岗位的方式为失地农民实现劳动力安置。为了减少征地纠纷与矛盾，提高土地征收的执行效率，就必须对农民进行额外补偿。

杭州市面临着在全市范围内大规模"撤村建居"，从而推进城镇化的需求。财政预算压力很大，短期内直接提高农民的补偿金额并不可行。南海区由于集体经济的发展和国有企业的相对弱势，政府无力为大量的失地农民提

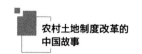

供足够的安置岗位。因此，这些地方都纷纷选择留用地的方式，在土地征收并按照法定标准发放土地与附着物补偿的同时，返还一定比例的建设用地给农民集体用于非农产业经营，通过这种方式提高征地速度，降低协商谈判成本。

各地的留用地政策实施后，逐渐暴露出诸如指标落地困难、利用低效、集体权益被侵害等问题，留用地自主开发模式面临现实的困境。城镇扩张速度放缓，产业结构在调整升级，城镇地价飞涨，发达地区地方政府面临着留用地政策带来的一些新影响。对这些地区而言，留用地政策一定程度上影响了产业和城镇规划的目标，也不利于协调乡村地区的均衡发展。此外，随着城市地价飞涨，留用地安置模式也意味着农民集体将在土地增值收益中分走一块大"蛋糕"。

因此，浙江、广东等多地政府逐渐在留用地政策上作出改变，鼓励甚至要求农民选择政府回购指标的方式来替代由村集体自行招商引资或合作开发的留用地模式。例如，宁波市海曙区允许政府回购或置换留用地指标；杭州市鼓励留用地指标无法落地的村集体与政府协商后由政府收购留用地指标；温州乐清市直接取消了留用地的实地安置，按照留地面积和用途直接核算并发放留用地安置补助费；广州市则鼓励被征地集体按照被征收土地所在镇（街）工业用地基准地价的两倍来发放货币化留用地补助，或用留用地置换政府提供的经营性物业。这些留用地政策的变化反映出地方政府对于集体自主开发留用地的担忧。

留用地政策是地方政府自下而上的创新。从省级层面的政策来看，无论是浙江还是广东，它们对于留用地政策的表述和规定都是高度相似的，均规定按照征地面积的10%—15%划拨农民集体安置留用地，并可用于第二、三产业开发。但比较各地实践情况发现，地方政府在留用地政策上的创新实践具有明显的地方主导权的特点，也体现着地方政府的行为激励。例如，余杭区区级层面留用地政策的出台先于杭州市市级层面的留用地政策改革。广州、佛山等地的市级留用地政策的改革也先于省政府层面的政策部署；和林县的留用地改革并不是在上级政府的要求下开展的，而是一种自发的行为。

(二) 留用地政策选择的空间演化

不同地方的留用地政策在内容上也存在明显的差异。南海区的留用地政策一直都呈现出较高的市场化水平，政府在留用地开发与管理中赋予了农民集体高度的自主权与参与权。无论是留用地安置比例标准居全国最高，还是允许农民集体的留用地使用权自由入市交易，都反映出农民集体在留用地政策执行过程中有较高的自主权。在杭州，政府在留用地管理中扮演了更为主导的角色。留用地统筹安置模式作为一种政府主导模式，得到了利益相关方的高度认可。而和林县留用地政策的自主开发模式则在当地遇到了困难，转而采取政府托底和托管的模式，但是这种模式的持续性和长效性无法得到保证。

在相同的政策起点上，不同地方的留用地政策选择出现了空间异化的现象。这说明留用地政策在实践中的绩效差异会不断推动地方政府决策的调整。表 6-2 揭示了留用地政策的空间异化与地区差异。

表 6-2 留用地政策的空间异化与地区差异

地区	留用地模式	资源禀赋	市场水平	经济水平	集体实力
广东南海	自主开发	较低	高	较高	高
浙江杭州	政府主导	低	较高	高	中
内蒙古和林格尔	政府主导	高	低	低	低

根据表 6-2 可知留用地政策绩效的影响因素具体如下：

一是土地资源禀赋差异。城镇土地资源供给稀缺程度会影响留用地政策绩效。和林县作为西部地区的代表，土地资源相对丰富，城市建设用地供

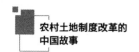

应充足;而南海区与杭州市则恰恰相反,快速的城市化过程带来了大量的产业用地和公共设施用地需求。因此,两类地区面临着截然不同的土地利用问题。和林县建设用地供过于求,面临招商难题,而南海区和杭州市有着较高的新增建设用地需求,却缺乏足够的用地指标。相较而言,杭州市作为省会城市,面临的用地压力更大,更迫切地需要通过政府主导将集体手中的留用地资源予以整合盘活,用于重要项目的开发;而南海区由于集体经营性建设用地入市的盛行,集体土地可以填补一部分城市用地需求,因此留用地的供地功能反而没有那么明显,相反政府在留用地改革中更多地希望通过物业安置的方式解决留用地指标落地难的问题。

二是土地市场化水平差异。活跃的建设用地市场是留用地政策取得成效的必备条件。和林县存在土地市场不活跃、集体土地市场化程度低的问题,这造成和林县的农民和村集体经济在开发留用地时面临市场困境,留用地的价值不高;杭州市高昂的土地价格和土地开发收益让集体对留用地开发的积极性很高;南海区是我国首个农民人均收入破万的地区,县域经济非常发达,导致农村的集体土地交易频繁,土地市场成熟且旺盛。在这种背景下,当地农民集体无须担忧留用地怎么开发、出让给谁的问题,相反非常重视集体土地的使用权,征地时更倾向于"要地"而不是"要钱"。这既是南海区开展留用地入市取得显著成效的原因,也是取消留用地安置采取货币和物业补偿政策频频碰壁的原因。

三是经济发展水平差异。在本轮征地制度改革试点中开展了留用地改革的地区,要么是地区经济发展水平较高,如上海松江、福建晋江;要么是政府主导支持留用地项目,如内蒙古和林格尔。换句话说,地方经济发达地区更遵循市场规律、反映市场供需,而经济水平相对落后地区则更离不开政府的支持。此外,杭州市、南海区和其他部分发达地区鼓励采取政府主导、统一开发的方式进行留用地安置,也是因为经济发展水平和城市化进入新阶段的背景下城市产业集聚和转型升级的要求。为了让留用地的建设与招商符合城市总体发展规划，需要通盘考虑用地，把留用地从集体手中拿回来，通过集中供地、用地，更好地实现节约、集约用地。

四是集体经济组织实力差异。很多中西部地区的农村集体经济组织薄弱，集体自主经营管理经验不足，使得农民不愿意接受或没精力、能力自主经营留用地。例如，和林县尽管参考借鉴了南方发达地区留用地指标的安置补偿方式，鼓励各村集体自主经营管理留用地，但在实行一段时间后发现，各村集体并没有很好地运营管理村集体土地。杭州市的农民集体经济发展水平较高，但部分集体经济组织仍然薄弱，在留用地开发中与社会资本合作的乱象比较多。而南海区的集体经济组织实力强，也有开发经验，因此当地采用自主开发模式，并且绩效十分显著，而且农民集体在与政府的协商谈判中也能占据优势地位。

（三）留用地政策时空演化的原因：地方政府的激励机制

地方政策选择的演化本质上是不同情境下地方政府面对政策实际绩效所作出的政策工具的优化调整。无论是何种政策选择，都可以视为地方政府的理性行为。之所以杭州市推进政府主导规划与开发、南海区鼓励留用地入市、和林县重点打造改革样板，都是因为这些政策对提高政府财政收入、促进区域发展、政治晋升等方面有所帮助。这也说明，地方政府在留用地安置中遵循着一定的行为逻辑，受到了特定因素的激励。

首先是经济激励。一方面，留用地政策短期来看可以降低政府征地谈判的时间与协商成本，加快征地项目运作，从而获得更多的财政收益；但另一方面，从长期来看，留用地放开了集体经济参与国有土地经营的口子，提高了农民集体对征地补偿的预期，会造成政府财源的损失。正因为如此，多数地区不愿意开展留用地实践，如四川泸县就在征地制度改革中取消了留用地政策；或是部分回收安置留用地，收紧留用地政策，如杭州市余杭区和西湖区的政府主导模式。特别是对于土地财政依赖程度较高的地区来说，由于土地收入占地方财政收入比例较高，留用地政策会导致政府损失一笔可观的土地增值收益。另外，留用地带来的市场化定价也会造成土地征收补偿的"水涨船高"，对后续地方政府财政产生压力。

但是，经济增长和产业发展对于地方政府而言是提高税收收入的重要手段。正因为如此，地方政府需要进行大规模的基础设施建设和产业用地开发，来进一步招商引资，壮大地方的经济实力。以杭州市为例，杭州市考虑的不仅仅是土地出让金的多寡，还有如何优化城市空间布局，促进以高新技术产业为核心的优势产业进一步发展。因此，杭州市宁愿以货币补偿或物业安置的方式，分享大量的土地收益给农民集体，也要取得对城镇建成区内的集体经营性建设用地的开发主导权。近年来广东、福建等沿海地区在新型城镇化战略指导下也同样经历了产业结构调整的过程，用地政策也相应作出了类似调整。短期来看，政府以货币或物业形式进行补偿是"吃亏"的，需要付出相较于自主留地模式下更多的财政成本；但长期来看，这样的改革又有助于城市的有序发展，可以为地方带来持续的财政税收收入。

其次是政治激励。地方政府通过响应中央的号召、承担中央的改革任务，可以获得更多的财政补贴，也可以为地方官员赢取更多的晋升机会。2015年启动的农村土地制度改革引发了新一轮留用地政策浪潮，很多试点地区纷纷出台相关政策，建立起保障农民权益的留用地安置机制。但是这些试点地区的改革仍然呈现出一定的"运动式治理"的特征。和林县财政更多依赖于上级政府的转移支付，因此如何能够从上级申请到更多的财政转移资金，比如通过承担各种国家改革试点任务获得国家专项资金支持，成为和林县的主要策略。因此，无论是学习发达地区的先进经验，建立留用地安置模式；还是树立留用地样板，保障农民的经济收益，这些行为的背后都是为了向上级和民众交出一份答卷，从而获得更多的支持和机会。至于留用地政策是否具有长效性，并不是政策出台的重点。

必须强调的是，政治激励和经济激励有时候是相关的，某些政策的出台既可以促进地方经济增长和财政增加，也可以获得上级部门的认可与支持。南海区的留用地政策就起到了这样"双赢"的结果。南海区作为集体经营性建设用地入市的试点，在探索入市政策中取得非常瞩目的成效，屡次获得中央的肯定。因此南海区在进行留用地政策创新时，将留用地与入市政策相结合，既满足了留用地改革的现实需求，赢得了上级对其作为改革试点的认可，同时也借助留用地政策创新打通了集体留用地的市场交易渠道，为壮大集体经济实力、培育农村产业发挥了积极作用。

最后是风险约束。土地征收过程中受到中央和地方关注的，不仅仅是征地的收益，还有是否会引发社会冲突与风险。留用地政策作为提高农民征地补偿标准、保障农民社会权益的政策工具，具备了缓解征地冲突、减少社会风险的功能。但是在各地留用地政策实施过程中，由于落地难、利用差、收益低等问题，农民集体对于留用地安置的满意度和认可度是在不断变化的，当政策红利开始消退，潜在的社会风险有可能重新被激发。因此，留用地政策改革也肩负了提高农民满意度、降低社会风险的重要使命。一方面，新留用地政策依然要切实保障农民的土地财产性收益，既要解决留用地安置指标的历史遗留问题，也要在折算的补偿金额上有所提升；另一方面，留用地政策改革还必须符合当地农民集体的意愿，不能以侵害农民收益为代价进行。这就是杭州市在政府主导开发安置留用地过程中，一再强调保留农村集体经济组织51%以上的收益权的原因，也是南海政府在面对农民集体不给予留用地就不配合征地的背景下，选择了重新放开留用地实地安置模式的原因。

（四）从留用地到土地制度改革：体制机制的影响

地方的留用地政策实践为全国城乡统一建设用地市场建设提供了现实经验。作为促进土地要素配置市场化的重要一环，留用地政策在缓解社会冲突、优化土地利用、促进城市发展等方面具有显著意义。但是土地制度改革需要发挥地方和中央两个层面的积极性，既要调动地方政府的积极性，探索

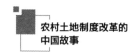

地方发展的空间和机会；也要在国家层面发挥体制机制对改革的推动作用，给予地方政府一定的改革空间。从当前留用地改革来看，现有的财政制度、官员考核制度与土地规划制度还是在一定程度上束缚了地方政府的手脚，不利于实现构建城乡统一建设用地市场的目标。

其一，财政制度制约了地方政府征地制度改革的动力。2018年，全国除上海、北京、广东、浙江、江苏、天津、福建、山东和山西9个省（市）的财政自给率达到50%以上外，其余省份的财政自给率均不足50%，大部分公共事务支出均需依赖中央政府的财政转移支付。[1]因此，尽管中央政府高度强调采取科学、严格、有效的财政管理方法，批评"土地财政"模式[2]，但是面对地方收入上的缺口，很多地区用于城市发展的资金很大程度上还是需要通过"土地财政"来实现。而征地制度改革，无疑是让地方政府分走更多的土地增值收益给农民集体，但是政府本身却很难看到"立竿见影"的回报，反而会大幅冲击国有垄断的建设用地市场，造成政府出让收入的进一步减少。因此，当前的财政税收制度和事权分割模式下，中央政府若大力推进征地制度改革，需要回应地方政府"既要马儿跑，又要马儿不吃草"的难题。

其二，官员考核机制下地方干部对改革的"运动式"回应。2013年开始，中央政府反复强调打破"唯GDP论"，党的十八届三中全会明确提出完善发展成果考核体系，增加资源消耗、环境损害、生态效益、产能过剩、科技创新、安全生产、新增债务等方面的权重。尽管GDP作为官员单一考核指标的时代已经过去，但是对地方干部来说，经济发展仍然是度量地方官员政绩、实现晋升的重要筹码。而农村土地制度改革尤其是促进城乡统一建设用地市场的建设，对地方干部来说既是发展机遇，也是艰巨的政治任务。对于需要

---

[1] 31省份财政自给率差异大，中央转移支付依赖度上升[EB/OL].(2019-08-01)[2021-06-02]. https://www.yicai.com/news/100281333.html.

[2] 清理土地财政腐败，为土地改革筑基[EB/OL].(2015-02-12)[2021-06-02]. http://www.gov.cn/zhengce/2015-02/12/content_2818438.htm.

短期内实现政绩的干部来说，大范围的开展土地制度改革是事倍功半的"鸡肋"，选择树立改革典型样本则是更加理性的选择。在本轮农村土地制度改革中，无论地方适宜性如何，试点地区都掀起了一股"留地留物业热"，纷纷制定了一整套的划分公益用地边界、缩小征地范围、提高征地补偿的管理办法，但这种"让利于民"的改革工作很大程度上是在当前的官员考核机制下，在改革期间对中央政府自上而下传达的征地制度改革任务的"运动式"回应，实际上地方政府对政策的疑虑和担忧仍然十分普遍。如果没有长效的官员考核标准，那么也很难真正激起地方主政官员的改革热情，建立起一以贯之、普惠于民的征地制度。

其三，土地规划、产权制度对地方政府改革实践影响明显。首先，土地征收使用的审批权长期掌握在中央和省级政府手中，在从严从紧供给新增建设用地的同时，用地审批周期较长、用地流程繁复是客观存在的问题。2020年3月，国务院授权下放除永久基本农田以外的农用地转为建设用地的审批事权至省级政府，这对城市发展用地以及集体建设用地利用来说无疑是一个好消息。其次，城市新增建设用地的指标管控仍然非常严格，以留用地为代表的集体土地进入城市土地市场仍然存在很多困难，而集体经营性建设用地直接入市为农村集体土地平等地进入非农使用领域创造了渠道，保护了农民分享土地增值收益的权益。最后，围绕不动产统一登记的土地产权制度改革也在稳步推进，这对改善当前土地集体所有权主体不明、权力界定不清、保障强度不够的现状有着显著的积极意义。

六、征地制度改革背景下留用地政策的启示

通过对杭州市、南海区、和林县以及其他地区留用地政策典型实例的梳理，本章分析了本轮征地制度改革中地方政府的行为逻辑，归纳了留用地政

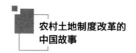

策实施和农村土地制度改革的基本经验和规律。在《中华人民共和国土地管理法（2019年修正版）》正式实施的背景下，地方政府应该如何应对，中央政府又可以作出怎样的部署调整，本节将给出基于理论和实践分析的建议。

（一）留用地政策实施的改革经验

第一，留用地改革可以有效提高农民收益，保障农民的土地权益，减少征地带来的矛盾冲突。土地征收制度最为人诟病的问题之一，就在于政府作为土地非农化的唯一主体，在数和量上均完全垄断了土地一级市场，通过土地出让获得了绝大部分土地增值收益。而留用地政策最重要的突破就在于引入市场机制，通过市场化的补偿方式，实现了对农民的公正补偿。通过土地一级市场，原本潜在的农村土地价值被充分地挖掘，农民与村集体真正享受到了农地非农化中的土地增值收益，也无须再为征地补偿的不公正而抗争，有效提高了征地项目的推进速度，很大程度上避免了城市发展规划因为极个别的征地纠纷而被迫迁延的困境。

而随着留用地政策日趋成熟，许多被征地的农民集体也开始逐渐意识到，相较于庞大的土地开发市场，集体留用地仍然只是极小的一部分，"小农户"面对"大市场"的矛盾反而愈发凸显，农民集体在市场谈判中的不利地位可能会导致土地权益被损害。因此，采用政府统一规划、统一安置、统一管理的留用地改革模式，也可以切实发挥政府和国有企业"集中力量办大事"的资源优势，节省用地开发成本，统筹兼顾，发展盈利能力强、符合产业规划的优势项目，切实保障农民集体的收益。

第二，留用地改革能否实现土地资源的优化配置，依赖于地方的实际情况。由于土地的空间属性，土地利用存在一定程度的外部性，能否妥善开发和利用留用地不仅关系到地块使用权拥有者的收益，更会影响周边区域的发展。尽管留用地政策的核心大同小异，都是将土地征收中一定比例的城市建设用地返还给农民集体用于自主开发经营,但是各地在实施过程中,如果不因地制宜地进行制度选择与政策调整,就会出现"橘生淮北则为枳"的政策错配困境。由于留用地本质上是将一部分城市建设用地的土地开发权授予农民集体,这就对农民集体的经营管理能力提出了要求,更对当地的土地市场与营商环境提出了要求。

对于东南沿海经济发展较好的地区,政府只需要发挥监督管理作用,协助和引导集体解决留用地在哪里落地、如何利用等问题,就可以发挥农民集体和市场主体的积极性与创造力,因地制宜地开展项目建设,实现城市有机发展。而对于中西部经济发展相对落后的地区,由于土地市场相对不活跃,可能本身就不具备集体土地交易的潜力。如果缺乏政府的招商引资和统筹兼顾,农民集体的土地权益就很难在市场中得到保证,留用地安置后反而成为集体管理的负担,无法实现从资源到资产的转变,土地资源也无法得到有效的利用。

随着建设用地存量时代的到来,对于留用地的开发与利用也必须摆脱原先农村粗放型、污染型企业的发展模式,向高品位、高质量的工业和商业用途进行转变。这一过程中,更需要发挥好政府在留用地利用过程中的监督与引导作用。以提高土地利用效率、实现土地利用价值为政策的出发点,无论是自主开发还是合作开发,都必须经过环境、工商等一系列部门的严格监管,在开发上提供规划、政策、技术支持,帮助农民集体充分提高留用地开发利用的效率。

第三,留用地改革对实现城乡公平有积极作用。一方面,留用地政策的出台对于农民集体是有利而无害的好消息,留用地开发或货币化安置为壮大农民集体、发展乡村产业提供了必要的资金,对于促进乡村发展、缩小城乡差距有着显著意义,是实现乡村振兴的有效手段。另一方面,留用地政策出现的政府主导的新趋势,实际上也有利于实现农村与农村之间的分配公平。征地补偿不是要让城郊失地农民得到巨大收益,而是要让数量更大的城市居

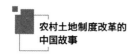

民与农村居民共同享有城市发展的红利。

政府主导和用地指标调剂等模式的出现不仅让近郊农民享受到了土地征收的好处,也让远郊农民分享了改革的红利。在乡村振兴的背景下,政府主导土地出让收入更多地投入到城市建设中,为进城落户农民以及城市移民提供公平公正的安居保障以及社会公共服务;而城市建设用地的紧缺,则可以由集体建设用地来填补,通过集体经营性建设用地入市等方式实现农村土地的增值,实现城乡均衡发展的新格局。

第四,政府、集体与市场可以在留用地安置中发挥不同的功能。政策的制定是高度情境依赖的事务,而不同的制度环境影响了土地的治理结构,决定了不同的利益主体在改革中所应扮演的角色。留用地政策在全国各地普遍出现政府收权的现象,同时又表现出替代性政策选择的空间差异,反映出政府、集体与市场在集体土地市场中不同的功能。

在留用地政策的早期,往往是市场经济较为活跃、人均收入水平较高的地区较早地开展了留用地的政策改革,这是因为市场化可以有效实现土地资源的优化利用,村集体自主开发可以避免过高的谈判成本,更好地、因地制宜地开展适宜村庄发展需要的项目建设。

随着市场活跃程度的不断提升,交易频率增加,交易主体增多,这些都导致开发过程中需要搜集的信息越来越繁杂、开发谈判的周期越来越冗长,大量的中小企业开始成为留用地的开发主体与使用主体,企业良莠不齐,降低了村集体甄别信息的效率,也容易导致市场主体开发的项目夭折。面对土地利用低效的现状,政府主导或国有企业主导的留用地开发管理模式,一方面可以通过规范化的手段来尽可能规避市场的负面效应,从而提高留用地开发项目的开发效率,降低开发过程中的损耗;另一方面也可以加强统筹兼顾,在新型城镇化的背景下,借助留用地开发契机进行资源整合和产业转型升级,使土地供应与城市发展需求相吻合,更好地实现城市良性发展。

（二）留用地政策演进的政策启示

1. 对地方政府的政策启示

第一，需要根据资源禀赋、市场环境、社会基础等因素考虑留用地政策的选择。市场经济不太发达、建设用地资源相对丰富的地区，需要谨慎考虑是否实施留用地政策，或是加强政府的干预与支持，协助农民集体完成留用地的开发建设和招商引资，切实保障留用地安置的收益能落入农民集体的口袋里。而中西部土地资源充足、有市场需求但市场经济不太发达的地区，政府在提高征地市场化程度的前提下，也可以适当放开农民集体的自主开发权，让集体经济"两条腿走路"。土地市场较为活跃、非国有经济蓬勃发展的地区，可以借助市场主体的技术水平和信息优势，妥善利用留用地资源。在村民参与集体行动的能力较强、集体经济实力较为雄厚的地区，如福建，集体自主开发的模式有着较好的现实基础，也可以取得不错的成绩。而对于有着明确的城市和产业发展规划，土地需求特别旺盛的地区，例如浙江、广东等地，大量的中小企业良莠不齐，采取自主开发或者市场主体合作开发的模式很难保证项目的有效落实，且会带来较高的交易成本，因此需要政府或者国有企业直接参与到留用地开发中来。

第二，加强公众参与，积极分享土地增值收益。地方政府在城市发展的不同阶段体现出不同的收益分配逻辑，比如实现地方财政最大化、官员晋升、降低风险等。因此，一方面，在合理权衡地方需求的情况下，主动让出部分城市发展的红利，由此提高征地效率，不仅可以满足当时城市迅速扩张的需求，而且不会给地方财政带来很大的负担。另一方面，也要考虑农民集体的意愿和态度。尤其对于已经实行了留用地政策的地区而言，无论在原有政策的基础上进行调整还是取消，农民对于留用地安置的心理预期已经形成了，那么就很难重新回到没有留用地安置的标准上。此时需要通过留用地安置或者市场价货币化回购的方式，尽量补偿农民收益的损失，以满足失地农

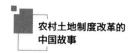

民的诉求。

第三，完善土地出让金的使用和审计机制，提高土地增值收益的使用效率。尽管政府征地的公益性很难鉴定，但是政府增值收益的分配和用途却很容易鉴别。因此，地方对征地制度改革不仅要关注完善补偿机制，还要加强土地出让金的使用监督。要在坚持确保土地公有制性质不改变、耕地红线不突破、粮食生产能力不减弱、农民利益不受损的原则基础上，将城市发展占用农村土地所带来的增值收益更多地投入到城市建设和乡村发展中，解决征地收益"从哪里来、到哪里去"的问题，既要满足新型城镇化战略下城市再发展的财政需求，也要推动乡村地区的经济振兴与农民社会福利的改善。

2. 对全国层面的体制改革建议

第一，要进一步探索土地利用审批和规划权下放，为征地制度改革创造更多条件。在坚持耕地保护和土地用途管制的原则基础上，将年度建设用地总量调控和土地征收转用的审批权进一步下放到省级及以下政府，增强地方政府管理土地的灵活性。

第二，要推动财政制度改革，为地方政府跳出土地财政依赖提供途径。在保持现有的中央和地方的税收体系的基础上，进一步理顺中央与地方的财政分配关系，深化税制改革，合理调整中央与地方的财政分担关系，支持地方政府落实减税降费政策、缓解财政运行困难，让地方政府有足够的财政资源和空间在土地制度改革中大展手脚。同时完善地方税税制，培育地方"造血"功能，将城镇化中所涉及的土地增值税、消费税、企业所得税等税种中的地方征收办法进行调整，增加地方政府从产业发展中获得的财政收入，从而引导和鼓励地方政府发展优势产业，提高地方政府主动开展征地制度改革以发展城乡经济的积极性。

第三，要建立长效的用地管理考核机制，增强地方干部的改革信心。在以经济建设为考核指标之一的同时，切实将农村发展、城乡收入、产业培育、技术创新等关系到社会民生、具有长远影响的指标纳入官员考核系统。

尤其针对土地制度改革和土地利用管理，避免将短期的改革成效作为评价官员政绩的唯一标准，持续考察土地制度改革与土地政策的落实情况，切实保障用地政策造福于民，鼓励地方干部制定长效性、持续性的改革政策。

第七章
三项制度统筹改革:"有组织的"市场化改革

随着农村土地制度改革逐步进入深水区,征地、宅基地及入市制度改革的协同性不断增强,统筹三项改革已成为最大限度释放改革综合效应的途径之一。统筹改革包括征地与入市制度改革统筹,宅基地与入市制度改革统筹以及宅基地与征地制度改革统筹等不同形式。本章将着眼于各试点地区宅基地与入市制度的统筹改革实践,以浙江省绍兴市(以下简称"浙江绍兴")、四川省泸县(以下简称"四川泸县")、上海市松江区(以下简称"上海松江")为例,探究不同区域农村土地制度统筹改革的主要制度设计及特征。同时,本章将借鉴"激励机制—制度环境—政策工具"三层次框架的分析思路,总结影响农村土地制度统筹改革绩效的主要因素,揭示地方政府在统筹改革中的政策选择逻辑,并尝试性地对当前各地的统筹改革提出可借鉴的政策建议。

一、突破壁垒统筹农村土地制度改革

随着农村土地三项制度改革试点工作的推进,初期相对割裂的试点规范要求出现了制度间的相互掣肘,影响了改革实践的深入。2016年9月,国土资源部提出统筹农村土地三项制度改革的要求,允许开展农村宅基地制度改革的试点地区联动推进集体经营性建设用地入市与征地制度改革,而开展集体经营性建设用地入市制度改革的试点县市则扩大至可参与征地制度改革。2017年，国土资源部印发《国土资源部关于深化统筹推进农村土地制度改革三项试点工作的通知》（国土资发〔2017〕150号），进一步推动农村土地制度改革的统筹工作。

（一）统筹农村土地制度改革的由来

试点初期，33个试点县（市、区）的改革任务不尽相同。每个地区只安排一项改革任务，防止"人为打通"三项改革。这一安排主要是出于控制风险的考量。农村土地制度关系着农民的基本权益，为了维护农民的切身利益，中央政府在农村土地制度改革中始终保持审慎态度和稳健导向，始终强调"稳定在先，完善在后"。实践中部分地区存在盲目占用农田扩大建设用地规模、片面推动"宅基地换房"来换取建设用地指标等现象，三项改革若引导不合理，有可能损害农民土地的合法权益，降低土地利用的公平和效率。防止"人为打通"三项改革，不仅降低了中央政府对农村土地制度改革的管控风险，也恰当地维护了农民的合法权益，并保障了改革秩序。

然而，随着农村土地管理的外部环境和主要矛盾的不断变化[1]，单项改革逐渐暴露出问题。在征地制度改革中，除规范征地程序外，缩小征地范围是改革的一项重点内容。但如果不允许集体经营性建设用地入市制度改革，那么在小城镇等无法征地的区域就出现了项目无法落地的困境。在入市制度改革中，集体经营性建设用地入市范围面临着存量经营性建设用地偏少而宅基地等存量建设用地无法盘活入市的问题。在宅基地制度改革中，试点方案提出了出租、转让、入股、典卖等农村宅基地的流转方式，但不允许宅基地用于经营用途，极大地限制了宅基地财产权的实现，阻碍了宅基地制度改革

---

[1] 董祚继.农村土地改革的协同性和系统性——关于统筹推进土地制度改革的思考[J].中国土地，2016，12:11—13.

的初衷。

为回应上述问题，同时提高改革试点效率，2016年9月，国土资源部在坚守"土地公有制性质不改变、耕地红线不突破、粮食生产能力不减弱、农民利益不受损"4条底线的前提下，把征地制度改革和农村集体经营性建设用地入市制度改革扩大到现有的33个试点地区，宅基地制度改革仍维持在原15个试点地区，并尝试在试点地区开始联动改革，将三项制度改革打通。所谓三项制度改革试点联动，即将原来单一试点地区只能选择一项试点的工作方式，调整为可以联动增加另外两项试点，使得三项制度改革协同推进，形成改革的协同效应。具体是指在原先3个征地改革试点、15个集体经营性建设用地入市试点，允许开展征地制度和集体经营性建设用地入市制度统筹改革，但不能统筹宅基地制度改革。在原先15个宅基地制度改革试点，可以全面统筹三项制度改革。2017年，国土资源部在《关于深化统筹农村土地制度改革三项试点工作的通知》中明确指出，将宅基地制度改革从15个拓展到所有试点地区，意味着33个试点地区都同时开展农村集体经营性建设用地入市制度、宅基地制度以及征地制度改革。至此，三项制度独立运行的试点方式正式转变为统筹联动的运作方式。

三项制度改革的联动，为地方政府统筹协调改革提供了可能，有助于正确处理征地范围和入市范围的关系，处理农村集体经营性建设用地入市与盘活利用宅基地的关系，做好土地征收中涉及宅基地的补偿安置，让三项改革相互补缺，有效推动改革的深入。一是以农村集体经营性建设用地入市反推征地制度改革，实现两项改革的有机衔接。通过增加农村集体经营性建设用地入市的面积，弥补因减少征地而带来的土地供给缺口。二是灵活推进宅基地制度改革，促进宅基地和入市制度改革的有效联动。例如，允许宅基地复垦为一定数量的耕地后通过"增减挂钩"的方式增加城市或农村的经营性建设用地供给，利用建设用地的出让出租等收入补偿退出宅基地的农民，以实现闲置宅基地盘活和保障农民利益的积极效果。三是加强征地与宅基地制度改革的统筹，通过实施留用地或保障性住房物业安置等政策，推进居民点集中，从而有利于城乡统一规划和建设，保障城乡统筹发展。

（二）统筹农村土地制度改革的整体设计

农村建设用地统筹利用是一个比较宽泛的概念。从一般性的角度来看，农村建设用地统筹利用是指通过统一规划、统一利用、统一管理等方式，协调同一区域不同农村建设用地之间，或者同一农村建设用地在不同用途之间的关系，实现局部区域农村集体经营性建设用地整体产出效益的提升，发挥出"1+1＞2"的利用效果。

在农村土地三项制度改革的语境下，农村建设用地统筹利用则是指统筹利用农村土地三项制度改革，全面提升农村集体建设用地的利用效率，促进城乡和农村内部收益的公平分配，化解制度壁垒的掣肘。

三项制度改革之间是相互联系、相互渗透的。推进集体经营性建设用地入市与缩小征地范围，建立兼顾国家、集体、个人的土地增值收益分配机制相辅相成。同时，集体经营性建设用地入市还要求改革城镇建设用地的供给模式，进而对向存量要空间的宅基地盘活提出了要求。保障农民宅基地用益物权、改革完善农村宅基地制度、探索农民增加财产性收入渠道，既需要改革现行的征地制度，也需要处理好宅基地制度改革和集体经营性建设用地入市制度改革的关系。此外，三项制度对诸如产权、规划等基础性制度的改进有着差异化的要求，只有协调推进才能优化相关基础性制度。另外，推进制度统筹还能够带来多方面的激励，实现资金、资源、产业的整合效应，丰富农村建设用地交易流转形式，激活农村地区建设用地的资产与资本属性。

在提出统筹三项制度改革时，原国土资源部副部长张德霖指出，统筹协调推进农村土地制度改革有利于更好地实现改革试点目标，更好地维护群众权益，形成可复制、能推广、利修法的制度性成果，其关键在"统筹协调"，目标在"制度成效"，重点在"积极推进"。可见，统筹农村土地制度改革除

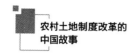

了要继续积累三项制度改革经验,还要积极把握社会经济发展大局,同步推进法律修改,着眼于形成可复制、能推广、利修法的制度性成果,以形成对全局改革的示范、突破和带动作用。

(三)统筹农村土地制度改革的地方行为

在中央政府的部署下,各试点地区主动探索宅基地与入市制度改革统筹、征地与入市制度改革统筹以及征地、宅基地与入市制度改革三项统筹等多样化的地方模式。例如,松江区坚守改革底线和基本原则,制定了《上海市松江区深化统筹推进农村土地制度改革三项试点实施方案》,以上海地区特色的"多规合一"为抓手,统筹推进相关改革,促进经济社会持续协调发展。

内蒙古和林格尔出台了《和林格尔县深化统筹推进农村土地征收、集体经营性建设用地入市和宅基地制度改革试点工作实施方案》,重点开展征地制度改革和集体经营性建设用地入市制度改革统筹推进。

广西北流通过了《北流市统筹协调推进农村集体经营性建设用地入市和土地征收制度改革试点实施方案》,统筹推进入市改革和征地改革,在缩小土地征收范围和规模的同时,进一步探索完善农村集体经营性建设用地入市制度改革。

浙江义乌在宅基地改革试点过程中,出台了《义乌市农村宅基地取得置换暂行办法》,规定在城镇规划建设用地红线范围内的村庄,实施城乡新社区集聚建设,确保农民"户有所居",以不断探索宅基地取得与置换的新方式,促进征地宅基地和入市制度改革的统筹。借鉴以往"建设用地折抵复垦指标"的做法,创新推出了增减挂钩的升级版——"集地券"模式,实现征地、宅基地和入市制度改革的统筹。此外,浙江德清为了推动集体经营性建设用地入市制度改革,探索"征地社保促改革"的新模式,激励农民参与土地制度改革实践,实现了征地和入市制度改革的统筹。

四川郫县早在中央政府正式提出统筹三项制度改革之前就开始以土地

整理为基础，积极实行村庄整治入市，探索宅基地和入市制度改革的统筹方式。为了显化宅基地价值，泸县政府出台了《泸县农村宅基地共建共享暨综合开发的指导意见（试行）》（泸县府办发〔2017〕188号），在宅基地改革试点的基础上，推行宅基地"共建共享"，也实现了宅基地与入市制度改革的统筹。

广东东莞以利益共享为核心，通过镇村合作开发土地，探索出了征地、宅基地和入市三项制度改革的统筹途径。广东珠海则通过田园综合体项目的打造，统筹村域各类土地利用，统筹利益分配，打通了征地、入市和宅基地制度改革。

福建晋江以宅基地与征地制度改革为契机，通过"以地换地"的形式，成功实现了辖区内危旧房成片改造，走出了一条统筹宅基地和征地制度改革的试点之路。同时依托旧村改造，将零散分布的宅基地退出后再入市，在实现宅基地和入市制度统筹改革的同时，促进了农村地区土地资源的集约、节约利用。

上海松江坚守改革底线和基本原则，制定了《上海市松江区深化统筹推进农村土地制度改革三项试点实施方案》，以上海地区特色的"多规合一"为抓手，强化规划引领作用，注重三项制度改革试点之间的内部联动，统筹开展入市和征地制度改革、入市和宅基地制度改革，在规范征地程序、完善合理补偿和保障"户有所居"等方面作了积极的实践探索。

此外，江西余江、重庆大足在征地与入市制度改革统筹方面的做法也颇具成效。

（四）小结

从各地改革实践来看，农村土地制度统筹改革并没有统一的"招式"。各试点地区根据中央政府要求，综合考虑地方的自然资源禀赋、社会经济发展状况、当前的改革需要等多种因素，在统筹改革中采取了不同的政策设计，

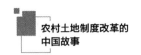

在资源配置效率、收益分配、过程效率等政策绩效方面也呈现出一定的地方差异。那么，各地在统筹改革中的实际绩效如何？哪些因素导致了农村土地制度统筹改革的绩效差异？各试点地区地方政府在统筹改革政策制定中的行为选择逻辑是什么？这是本章在梳理总结各地统筹改革实践情况的基础上，需要回答的问题。

综合来看，各地的统筹改革实践主要包括统筹征地与入市制度改革、统筹宅基地与入市制度改革以及统筹征地与宅基地制度改革三类。为了聚焦统筹改革的"地方选择"这一命题，本章将主要关注宅基地与入市制度改革的统筹，以浙江绍兴、四川泸县、上海松江三个试点地区的统筹改革实践为例，梳理三地改革过程中的主要制度设计、典型案例、主要特征及绩效，总结各地在统筹改革中的策略选择差异，比较不同制度设计下的改革绩效，并从激励机制、制度环境和政策工具三个维度出发，探讨统筹改革中地方选择产生差异的内在逻辑。

本章后续的安排如下：第二部分阐述浙江绍兴闲置农房激活的主要制度设计、典型案例、主要特征及绩效；第三部分阐述四川泸县宅基地共建共享的主要制度设计、典型案例、主要特征及绩效；第四部分阐述上海松江宅基地集中安置与平移归并的主要制度设计、典型案例、主要特征及绩效；第五部分总结归纳三地统筹改革策略选择的空间差异及内在逻辑；最后一个部分尝试性地给出当前统筹农村土地制度改革的经验与启示。

二、浙江绍兴统筹农村土地制度改革的实践：闲置农房激活

近年来，随着工业化和城镇化的加速，绍兴农村人口不断外流到城市或城镇就业生活。不少村庄出现人口外流、产业萎缩、宅基地荒废或长期无人利用的现象。为扭转农村凋敝、土地闲置的局面，绍兴市深入贯彻宅

基地三权分置改革的理念,开始启动闲置农房激活计划,引导资本下乡,推动城乡间的资本、劳动力和土地的要素流动。作为绍兴的试点,柯桥区和上虞区根据自身的优势和现状,展开探索实践,实现了宅基地和入市制度改革的双项统筹。

(一)主要制度设计

为夯实宅基地的住房保障功能,显化宅基地的财产权收益,中央政府鼓励地方试点探索宅基地制度与其他两项制度的联动效应,以及与美丽乡村建设、旧村改造等项目的结合。2018年,中央一号文件正式提出要完善农民闲置宅基地和闲置农房的政策创新,探索宅基地所有权、资格权、使用权三权分置,适度放活宅基地的使用权。宅基地使用权的出现,使农民可以通过让渡宅基地使用权获得财产性收入,盘活闲置在农村的宅基地资源。该制度设计为化解宅基地住房保障和财产收益功能的对立分歧提供了可行的产权解决路径,有利于宅基地制度改革、集体经营性建设用地入市制度改革、农村三产融合发展等实现联动。

对此,2018年1月,绍兴市出台文件《关于实施"闲置农房激活计划"的指导意见》(绍市委办发〔2018〕1号)(以下简称《意见》),提出闲置农房激活计划。在该《意见》的框架下,柯桥区和上虞区被选为试点地区,积极探索"三权分置",初步形成了市、区两级政策体系(1+X政策体系)。

上虞区:为了推动闲置农房的激活工作,上虞区出台了《关于上虞区闲置农房(宅基地)流转交易的实施意见》(区委办〔2017〕146号)、《上虞区闲置农房(宅基地)激活工作三年行动计划(2018—2020年)》(区委办〔2017〕145号)、《上虞区农村产权交易管理办法》(虞政办发〔2017〕257号)、《关于明确闲置农房重建改建审批有关政策》(虞政办发〔2018〕1号)、《闲置农房(宅基地)激活试点工作方案》等"1+4"政策体系。上虞区激活闲置农房的基本思路和步骤如下:第一步,确权赋能,通过对闲置宅基地等农村土地

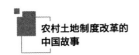

资源进行摸底盘查，建立动态资源数据库，为闲置农房流转交易提供基础条件。第二步，政府搭建农房流转平台，依托"云上"互联网思维，鼓励农户将闲置宅基地流转出去；第三步，有意愿的农户提出流转申请，委托农村产权交易所发布流转信息，寻找有意向的社会资本下乡投资；第四步，交易双方达成流转意向，就租赁年限、租金等签订合同，农民腾房获得租赁收益；第五步，社会资本根据相关规定，依托金融贷款服务，对原有农房进行重修改建等修缮工作后，对外运营获得利润。

柯桥区：在绍兴市推出闲置农房激活计划后，柯桥区相继出台了《关于柯桥区盘活利用闲置农房试点的实施意见》《柯桥区盘活利用闲置农房试点方案》《柯桥区村庄环境自主管理试点方案》以及《柯桥区闲置农房盘活利用准则》等政策文件。《关于柯桥区盘活利用闲置农房试点的实施意见》中提出，采取统一收储（包括回购、返租、入股）、统一招商、统一审批、统一开发的方式，激活闲置农房。对于流转经营后的闲置农房，允许村集体按照农房占地面积向承租方收取每平方米不高于8元的集体土地使用费，用于基础设施投入和日常管理支出。对于流转出租给工商资本的村集体房屋及其承租的农地资源，允许结合实际确定价格方案，租期可放宽至30年。通过政府引导、试点村先行的实施方式，柯桥区探索了多种农房收储方式，对让渡宅基地使用权的农户给予了可观的补偿。收储的房屋通过统一招商开发，用于发展民宿、农家乐等农村文旅产业，使农村再次焕发新的活力。

（二）典型案例

1. 上虞区章镇镇筜桥村："空心村"整治项目

筜桥村位于绍兴市上虞区章镇镇北部，交通便利。随着城镇化进程的加速，村内陆续有农户外出务工经商、搬迁进城居住，在很大程度上造成农村空闲地多、空关房多的"空心村"现象。2017年年底，上虞区结合区内的闲置农房激活、农村宅基地"三权分置"探索等工作，制定了《"空心村"改造实施意见》（以下简称《意见》）。《意见》将空心村整治的范围确定为成片可整治面积在5亩以上的区块；并规定由区财政设立"空心村"整治专项资金，对"空心村"整治项目进行资金奖励。按整治区内新建、重建和扩建的建筑面积，每平方米奖励400元，按修缮、改造的建筑面积，每平方米奖励100元，同时对整治区内的配套基础设施建设予以财政保障。

该项目以"统一规划、村民自建"的方式，共分两期进行立项整治。当地村委会本着"拆地于民，让地于民"的宗旨，一期项目拆旧户数为44户，腾出土地14.6亩进行重新规划，可安置农户22户，新增建筑面积5 272平方米，配备10个公共停车位。目前，项目范围内已建成18户，在建4户。二期项目涉及拆旧户数预计120户，将是一期项目拆旧户数的3倍，预计将腾出土地30亩，规划土地面积26.6亩，可安置农户45户。截至调研，项目实施进展顺利，已拆除55户，拆除建筑面积6 000余平方米，其余住户正逐步进入旧房腾空环节。

笕桥村通过"空心村"整治，有偿收回宅基地使用权，有效盘活了村庄的存量建设用地，实现了农村建设用地的集约集聚，也有效解决了村内农户建房难的问题。同时，通过统一规划进行农房改造，改变了笕桥村房屋布局散乱的局面，优化了村庄的空间布局，促进了美丽乡村建设。此外，在"空心村"整治的过程中，区级政府财政激励调动了乡镇、村集体和农户的参与积极性，为整治工作顺利实施提供了有效保障。

2. 柯桥区平水镇岔路口村嵋山自然村：刻石山旅游项目

岔路口村地处柯桥区南部山区，其嵋山自然村是江南名溪若耶溪的发源地，也是"会稽刻石"历史典故的发生地，区域内自然环境优越，文化特色突出。近年来，由于人口尤其是年轻人口外流，闲置农房增多，村庄经济发展缓慢。村内现有闲置多年的农房约120间，闲置农林用地约3 000亩。2017年6月，岔路口村嵋山自然村被列为闲置农房整村激活项目试点村，并出台了《关于盘活利用闲置农房的试点方案》。方案确定由村集体统一对农房进行回租,再通过招商引资,出租给有意向的投资商,开发民宿及旅游业。同时,由镇政府投资对周边环境进行改善。

具体来说,对于有意向参与闲置农房激活项目的农户,根据其农房的建筑面积及质量,村集体向农户支付数额不等的租金,统一收回闲置农房(宅基地)的使用权。然后,村集体将回租的闲置农房按照回租价格出租给投资商。与此同时,根据农房的占地面积,投资商需向村集体(宅基地所有权人)支付每年5元/平方米的宅基地集体土地使用费。此外,在项目开始运营后,投资商还需将营业收入的3%作为分红支付给村集体。

闲置农房激活计划开始实施后,在第一轮征询村民意向后,岵山自然村88户村民中有55户有出租意向。经过召开村民大会,村里将房屋年租金确定为15—20元/平方米。一期租赁的闲置农房,租赁期限为20年,租金五年一付,之后每五年提高5%。例如,首批签约的村民郦康,其20世纪70年代的老房子按照协议一次性收到了两万余元的第一笔租金。

绍兴商人陈仁林与岔路口村村委会达成合作协议,第一批租下12幢(27户)闲置农房,用来打造高端民宿,同时开发建设攀岩、农业体验园等项目,并于2017年8月注册成立了绍兴刻石山旅游发展有限公司。同时镇政府已投入300多万元,开展环境整治和管线改造,提升岵山自然村的乡村面貌。村里的闲置山林也陆续流转给工商资本,村集体收取一定的流转土地管理服务费。

通过实施闲置农房激活计划,岵山自然村引入社会资本,将闲置多年的农房改造成高端民宿,用于发展乡村旅游业,实现了闲置农房(宅基地)、闲置土地和闲置山林的有效利用。同时,农户可以获得闲置农房和闲置农地的租金,财产性收入得以增加;村集体可以获得土地管理费、社会资本营业收入的3%(分红)以及流转土地管理服务费,村集体经济得以发展壮大。现已开展的一期租赁中27户闲置农房,预计每年可实现村级增收10万元,村民户均增收1.5万元;部分闲置农地的利用,使得农户每年增收6万元,村集体增收0.6万元。

（三）主要特征及绩效

绍兴市的实践一方面构建政策体系、搭建产权平台，从正式制度层面为宅基地流转提供保障；另一方面利用互联网思维实现交易、发挥市场的资源配置作用、因地制宜开发闲置宅基地，给农村农民带来明显的改革红利。在保障农村集体土地所有权和农民资格权的前提下，允许将农村闲置宅基地和农房使用权放到市场上灵活交易，为农村第二、三产业项目提供发展空间。对应到农村土地制度改革语境下，实际上实现了宅基地制度改革和集体经营性建设用地入市制度改革的联动。

绍兴市的闲置农房激活计划，选择了"政府搭台、市场唱戏"的模式来实现资本下乡和宅基地流转。一方面，政府在政策设计中发挥主导性作用。政府通过一系列配套措施最大限度地激发农民和市场主体流转的积极性，同时控制宅基地流转可能出现的风险。同时，政府在政策设计中强调流转互联网中介平台的建立，做好服务市场工作，即通过农村产权交易平台，实现宅基地流转双方高效的信息沟通。另一方面，市场在宅基地配置中起到了决定性作用。即以价格机制引导供需双方对宅基地进行有效利用。根据规定，农户让渡的闲置宅基地或是在农房转让平台零星发布，或是通过村集体统一回购发布转让信息。交易双方通过市场来决定宅基地的租金价格，价高者得。市场通过价格机制达到了由工商资本出钱以及决定出多少钱的目的，办好了闲置宅基地流转的事。

总体来看，绍兴市的闲置农房激活计划获得了明显成效。在效率方面，激活闲置农房提高了农村宅基地的利用效率，促进了民宿等乡村文旅产业的发展；资本、劳动力、技术等要素在城乡之间快速流动，带来了乡村社会经济的发展。同时，政府建立产权交易平台，利用互联网筹建闲置宅基地流转网站，降低了市场搜寻信息的成本；而政府通过发布政策，建立一系列盘活宅基地的规则，大大降低了交易过程的不确定性和风险。此外，由村集体回

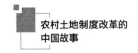

购村民的宅基地,统一招商引资,降低了开发商挨家挨户谈判的协调成本,也提高了村集体代表村民进行谈判的议价能力。在收益方面,绍兴市对"空心村"整治项目给予财政资金奖励,有效解决农户建房难的问题;而旅游项目则依托工商资本的投入,使农户、村集体都实现了收益的增长,增收方式也不断多元化。在分配方面,放活宅基地使用权带来的土地增值收益基本都留在了农村内部,农村在城乡分配中获得了明显的制度红利。但是就目前情况来看,获得工商资本青睐的闲置宅基地多位于自然风光优越、开发潜力大的自然村,条件一般的普通村庄无法享受到闲置宅基地激活的巨大经济收益,这意味着宅基地收益在村庄之间的分配并不公平。

三、四川泸县统筹农村土地制度改革的实践:宅基地共建共享

自2015年成为宅基地有偿退出试点以来,泸县为建立健全"依法公平取得、节约集约使用、自愿有偿退出"的宅基地管理制度展开了一系列试验。2016年,国土资源部下达了统筹协调推进试点改革任务,泸县按照"宅改"腾退"入市"指标、"入市"盘活"存量"资产、"征改"获得"入市"补充的改革思路,加强改革制度之间的联系,如通过宅基地有偿退出制度,解决了集体经营性建设用地入市的土地来源问题;通过入市带动当地产业发展,盘活了产业区的存量宅基地、承包地等;随着征地范围的不断缩小,为解决因此带来的建设用地供给减少的问题,适时开展集体经营性建设用地入市,推动了征地制度的改革。这其中,谭坝村率先开创的宅基地共建共享、积极探索宅基地三权分置的科学性和可操作性,为统筹宅基地和入市制度改革的实践提供了新的思路。

（一）主要制度设计

泸县以宅基地价值显化为目标，在宅基地有偿使用、有偿退出上"做文章"，实现了宅基地使用权在农村范围内的自由流动。在改革取得成功后，如何让宅基地在更大范围内体现其价值，由敏锐的市场资本来评价其价值，需要进行更加大胆的创新探索。泸县借鉴农地"三权分置"的理念，经适度改造后形成了全新的宅基地"三权分置"模型，即农房共建共享模式。

2017年11月，泸县印发了《泸县农村宅基地共建共享暨综合开发的指导意见（试行）》（泸县府办发〔2017〕188号）。所谓宅基地共建共享，其实质是探索宅基地"三权分置"，即允许一户或多户农户以合法宅基地使用权独资、联合或与社会资本结合，共享居住、商住或经营等权利，出资方获得一定年限的集体建设用地使用权。共建共享包括宅基地提供方和出资建设方两个实施主体，宅基地提供方是农民，出资建设方可以是社会团体、企事业单位和自然人，双方根据自愿协商的原则，在符合规划管控的条件下进行房屋建设。在确权登记方面采取分割登记制度，宅基地使用权部分转让，商业使用年限为40年，住宅使用年限为70年，使用年限到期后土地性质仍为宅基地。除了建设住宅用房和商业用房，农民还可以自愿提出申请，将宅基地或者节余的宅基地按照规划调整为集体经营性建设用地，再开展自建、出租、联合建设、入股或者共建共享经营性项目。调整为集体经营性建设用地和用于经营性项目开发的，县政府参照集体经营性建设用地入市标准收取调节金，土地价格参照当地国有土地基准地价的80%确定。

（二）典型案例

随着宅基地制度改革的不断深入，原本为贫困村的谭坝村发生了翻天覆地的变化，吸引了外界的关注和来访，配套打造的乡村旅游综合体、观光农业园、农事体验区的效用开始逐渐体现出来。然而，谭坝村第三产业的发展

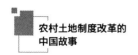

仍处于萌芽阶段,基础薄弱,用于配套经营的餐饮、商铺、住宿设施几乎没有。在中央政府提出宅基地三权分置后,谭坝村基层党组织开始考虑调整宅基地用途,以坚持集体土地所有权为原则,在保障村民居住的基本需求的同时,衍生出宅基地的商业经营用途。谭坝村宅基地共建共享的尝试性探索由此展开。

作为谭坝村一社的村民,何杰为改善自家生活用房的条件,积极参与到农房共建共享的实践中,在2017年建成了149平方米的二层住宅,由谭坝村股份经济合作社与其联合建设,属于合作社的新建面积用于观光农业区,作为商铺经营。具体的实施过程如下:

第一步,参与主体之间签订协议。共建共享的原则之一就是双方自愿,无外力胁从。何杰(甲方)与谭坝村股份经济合作社(乙方)签下共建共享建房协议,协议规定甲方负责提供协调土地123平方米,乙方出资人民币12万元。建成后甲方分得建筑面积95平方米,乙方分得建筑面积94平方米。除此以外,协议中还对双方的装修、违约以及公共利益等方面作出了明确的权责要求。

第二步,共建农户向上级部门提出申请。除了双方自愿原则,规划管控原则同样也是共建共享双方必须遵循的原则,即新建房屋面积必须要符合农业规划、产业规划和乡村规划。在甲乙双方自愿签订协议后,村议事会按照"一事一议"的原则,讨论共建的合理性,报请村委会同意。

第三步,镇政府审批。为了更切实、有效地维护共建共享参与双方的利益,行政审批多层把控、分级审查。首先是共建共享双方(何杰与谭坝村股份经济合作社)提供协议、房屋设计方案、房屋产权分配方案给村委会,经村委会审核上报给镇政府。接着镇政府派出专门的调查技术人员进一步核实情况,经核实确认无误后,绘图上报,由镇(街道)的相关机构进行审核、批准,最后再报县国土资源、住建和城乡规划主管部门备案。

第四步,确权登记颁证。在共建房屋竣工以后,政府机构及时对共建共享参与双方进行确权、登记、颁证工作。共建共享采取分割登记制度，何杰的住宅继续沿用了农房登记制度，并注明了共建共享方式，第三方用房分摊的用地面积，根据用途进行登记。谭坝村股份经济合作社作为出资方所享有的94平方米已明确为商铺性质，使用年限为40年，土地性质为集体建设用地。

（三）主要特征及绩效

谭坝村尝试以共建共享的方式将宅基地产权分割，在混合产权的基础上派生宅基地的合作权，在宅基地使用权的基础上派生宅基地的有限经营权。这一举措与三权分置的初衷不谋而合。从谭坝村的实践而言，宅基地三权分置意味着村集体经济组织成员仍然具备使用宅基地的资格，宅基地也仍然担负着最基本的农民住房保障功能。而农民宅基地的使用权将具备转让和抵押的可能，宅基地的作用也将跳出保障农民基本住房的局限，逐步转化为要素商品，进入要素市场，进一步推动入市制度改革。这种宅基地和入市制度改革相互统筹的改革实践，也将为不具备农村集体经济组织成员身份的市民在未来购买农民宅基地使用权时提供现实的合法性。

在改革过程中，泸县主要采取了"政府引导、村集体自组织"的改革模式。县政府制定了宅基地共建共享的相关政策，同时对于共建方案具有最终的审批权。村集体则积极落实执行上级政府决策，动员村民积极参与改革，或主动与村民合作开展宅基地共建共享。整个过程中，村集体都积极发挥自身优势，降低了宅基地共建共享的制度运行成本，是推动泸县统筹改革的重要力量。

从改革成果来看，在效率方面，宅基地共建共享既符合"户有所居"的原则性要求，改善了农民的居住条件，提高了农民的生活质量，也带动了社会资本下乡，鼓励农村土地资源与社会资本相结合，促进了农村多产业综合发展。同时，共建共享方式所提出的双方自愿、规划管控原则一定程度上降低了协商成本；由政府委派专业技术人员核查情况，并将审批权下放镇政府，有助于降低过程中的风险，避免部分决策失误。而房屋竣工后

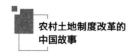

及时的确权登记工作将减少事后冲突,从而维护双方的合法权益。在收益方面,谭坝村的宅基地共建共享改革,暂时只有五户实施完成,收益更偏向于改善农户住房条件,农民增收渠道和收入分成还并不明朗。在分配方面,政府收取合理范围内的土地增值收益调节金,平衡、协调全县发展。集体经济组织扣除成本后分红,力量得到了壮大。出资方也获得了一定年限的集体建设用地使用权。对于农民而言,第三产业的发展也将使农民收入的渠道更加多元化。

四、上海松江统筹农村土地制度改革的实践:集中安置与平移归并

农村宅基地制度与集体经营性建设用地入市制度改革的同步推进,是有效构建农村城镇化过程中的土地资源配置机制的关键所在。作为大都市上海的郊区,松江区由于缺乏农村宅基地流转管理制度,区域内人口的聚集与经济发展受到严重制约:一方面,位于小城镇和新型农村社区建设规划区内的闲置、低效利用农村宅基地难以盘活,不仅影响农村集体经营性建设用地流转规模的形成,而且影响新型城镇化的基础设施建设,制约着吸纳农村转移人口的能力,甚至还可能产生新的"城中村",给社会管理带来不便。另一方面,小城镇和新型农村社区建设规划区外的零星分散的农村宅基地,由于子女上学和外出务工,空置率很高。在推进集体经营性建设用地入市制度改革的同时,创新宅基地管理制度,打通低效、闲置宅基地与集体经营性建设用地转化通道,实现农村宅基地有偿流转或村集体的有偿回收,已成为松江区推进改革深化的重点方向。

(一)主要制度设计

自 2015 年启动农村集体经营性建设用地入市制度改革以来,松江区在

农村土地制度改革方面取得了一系列探索实践经验。2018年，松江区正式启动宅基地制度改革，并积极采用宅基地使用权盘活和所有权盘活两套政策路径，在探索农民向城镇集中居住、完善住房建设标准及建立多元化保障机制等方面出台了多个文件，且成效显著。同年，松江区出台了《上海市松江区深化统筹推进农村土地制度改革三项试点实施方案》，深度融合三项试点，推动了征地与入市制度改革、宅基地与入市制度改革的联动统筹。

在统筹入市和宅基地制度改革的实践中，松江区根据宅基地的具体特征，作出了差异化的制度设计。对于区位优越的近郊城镇，当地政府主要通过撤并城市开发边界外闲置零散宅基地的方式，为开发边界内调整入市地块提供指标支持和资金支持。具体来说，对于边界外的零星闲置宅基地，先通过引导农户搬迁并集中安置的方式腾退宅基地；再通过土地整理复垦，将新增指标用于集体经营性建设用地入市，以缓解部分区域建设用地指标缺乏的困境。而入市地块所获取的收益，则通过区财政提取土地增值收益调节金的部分资金，反哺宅基地退出、集中居住等，以资金补贴保障宅基地制度改革，进一步解决宅基地制度改革资金难题。对于相对偏远的远郊城镇，在城市开发边界外，通过村庄规划统筹空间发展，即在农民自愿的前提下，对存量分散宅基地实施节地归并建设，将布局零散的宅基地平移搬迁至村庄规划设计的村内集中居住区，节余指标用于农民建房补贴；对存量集体建设用地，通过规划转型用于经营性地块入市，在解决宅基地改革资金需求的同时，也为乡村振兴、农村新产业新业态发展提供产业用地空间。

（二）典型案例

1. 永丰街道：农民集中居住

在松江区永丰街道农民集中居住项目中，所涉及的97.06公顷拆旧区中总计包含宅基地57.89公顷。为了改善农民居住环境，同时促进土地集约利用，松江区政府通过财政支持，将"三高"（高压线、高速公路和高速铁路）沿线

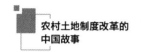

和零星闲置宅基地，共计1 304户农民实行集中搬迁与集中安置，原宅基地统一拆除复垦。在集中安置小区内，通常配备了完善的公共服务设施，并设置一定比例的商业配套用房，既有利于提升农民居住质量，又增强了村集体经济组织的"造血"功能。而产生的新增建设用地指标则用于永丰街道第二幅入市地块（永丰街道H41-04号地块），完成集体经营性建设用地入市，为建设用地指标缺乏地区提供了调整入市的案例参考。

在永丰街道的统筹改革实践中，宅基地的复垦和农民的集中安置，为入市制度改革提供了土地供应；H41-04号入市地块所产生的收益，也交由区财政协调，解决了宅基地制度改革中资金需求大的难题。

2. 黄桥村：宅基地平移归并

泖港镇黄桥村位于黄浦江的源头，素来享有"浦江第一村"的美誉。黄桥村属于保留保护村，由于村内居住人口以中老年人居多，多数村民乡土情结较重，黄桥村最终确定了整村平移归并的安置方案。自松江区开展宅基地制度改革以来，黄桥村结合乡村振兴战略，充分尊重农民意愿，对符合宅基地资格权又愿意留村居住的农户，按照"节地保障得实惠"的原则，鼓励在村庄规划的统筹下实施宅基地平移归并，通过相关补贴支持农民实施宅基地节地建设和统一的风貌建设，大力促进乡村人居环境改善。对于既不愿进镇又不愿归并的农户，按照以节地为导向的建设标准在原址上实施住房翻建。其中，归并和保留修缮样板工程先行启动，由政府统一规划、统一实施，同时，松江区政府邀请同济大学团队对村内平移归并点的总体布局和安置房型开展设计，并通过设计创新为农民增加赠送使用面积，让农民享受最大实惠。

根据集约节约用地导向，规划限定户均农居建筑占地面积不超过90平方米，户均宅基地占地面积不超过110平方米，户均宅基地总面积（含道路）不超过219平方米。规划黄桥村平移归并点规模为11.29公顷，预留515户农户的安置空间。通过村庄规划统筹、合理安排宅基地布局，黄桥村最大限度地节约了宅基地占地面积，同时兼顾了农民权益。[1]全村共计581户宅基地，现已进镇集中60户，归并255户，保留266户。实现减量30%，结余指标由全区统筹，通过区级回购，土地出让收益反哺农民，每户农民可获得建房补贴约20万元。

（三）主要特征及绩效

在统筹农村宅基地与入市制度改革的实践中，松江区以完善农村"户有所居"的住房保障体系和推动农村土地节约集约利用为目的，探索了进镇集中居住、乡村归并集中、原地改善居住三种与入市制度改革互相促进的宅基地权益实现方式。在宅基地制度改革方面，松江区的实践进一步创新了宅基地资格权的多元实现方式，将资格权落实为对农民固化的保障权利，农户进镇居住后，其户口性质不变，仍为农业户口，原有承包经营土地权益不变；同时资格权保障了农民居住权益，统筹解决了居住稳定与放活的矛盾。在入市制度改革方面，宅基地的归并集中和退出为入市提供了相应的土地，显化了农村土地的资产属性，其产生的增值收益反过来也将为宅基地制度改革提供资金支持。

松江区宅基地和入市制度的统筹改革主要采取了政府主导的模式。区政府根据上级提出的改革要求，积极出台了统筹改革的相关文件，为宅基地和入市制度改革的统筹提供了制度保障。在宅基地制度改革过程中，政府对退出的宅基地进行了统一整理，对集中区进行了统一规划与建设，资金筹措方式也主要由政府财政负担；在入市制度改革过程中，政府也积极引导村集体在上海市土地交易市场发布地块挂牌出让公告，推动了入市进程。

总体而言，松江区的统筹改革实现了以下绩效：在效率方面，通过引导

---

[1] 蒋丹群.乡村振兴背景下上海市农民集中居住模式分析——以松江区为例[J].上海城市规划,2019,1:96—100.

农民集中安置，节约腾退出大面积农村土地，一方面为区域经济发展提供了建设用地指标和空间，促进了重大项目的落地和重点区域的建设；另一方面也有利于提升农村建设用地利用效率，完成建设用地减量化目标。同时，松江区充分尊重农民的意愿，根据区域位置特征推出不同的统筹方案，如村内宅基地平移归并方案，这些方案具有较高的群众基础，极大地减轻了改革推行的阻力，节约了改革中的交易费用。在收益分配方面，松江区的统筹改革实践主要由政府财政资金兜底，对于参与改革的农民来说，只需投入一部分资金，便可获得居住环境改善、居住质量提升等政策红利，进镇村民还可享受均等化的公共服务，这推动了城乡统筹发展的实现。此外，由于入市和宅基地制度改革的统筹，农民还可因腾退宅基地的入市出让，从而参与集体经营性建设用地的入市收益分配。

五、地方统筹改革的选择逻辑与分析

（一）地方选择的空间异化

纵观农村土地制度统筹改革实践，现有农村土地制度的统筹改革实践以宅基地和入市制度统筹改革居多，宅基地、征地和入市三项制度统筹改革趋势明显，征地和入市两项制度统筹改革相对较少。但同样是宅基地和入市制度改革的统筹，浙江绍兴、四川泸县及上海松江三地在统筹组织模式、统筹规模、统筹侧重点等方面也存在显著差异。主要差异如下：第一，在统筹组织模式上，浙江绍兴采取的是"政府+市场"模式，四川泸县采取的是"政府+村集体自组织"模式，上海松江采取的是政府主导的模式，政府、市场和村集体自组织在改革过程中发挥着不同的作用。第二，在统筹规模上，三地都是以村为单位开展统筹改革，但是在改革实践中，上海松江的统筹规模更大，浙江绍兴其次，四川泸县的统筹规模相对较小。第三，在统筹侧重点上,绍兴闲置农房激活、泸县宅基地共建共享是以宅基地制度改革为基础,进一步统筹入市制度改革,入市制度改革只是作为宅基地制度改革工作的配套政策措施;松江的集中安置与平移归并则是以入市制度改革为核心,通过统筹宅基地制度改革,倒逼入市制度改革的深化。

在政府主导的组织模式下,上海松江的改革实践由政府出台政策文件,由政府财政支持宅基地的腾退和整理,由政府引导整理地块的入市进程,正是由于政府有力的政策和资金支持,统筹项目才能在短时间内完成大面积宅基地的集中腾退与大量农户的集中安置,为入市制度改革提供大面积的土地。这也是政府主导模式下,松江区统筹改革规模大的原因所在。在"政府+市场"的组织模式下,浙江绍兴相关区政府通过制度设计和平台建设,调动了农户参与统筹改革的积极性,成功引入社会资本;随着社会资本的进入,解决了改革中的"资金难"问题,也通过市场机制的发挥,使出资方、农户及村集体三方受益,进一步推动了改革的深入。在"政府+村集体自组织"的组织模式下,四川泸县充分发挥农村集体经济组织在统筹农村土地制度改革中的自主性,并基于对地方信息的掌握以及与农户的充分协商,有效推动了改革的开展。但由于地方市场需求较小、村集体经济组织财政能力有限等原因,当前改革规模相对较小,有待进一步推广。

(二)地方改革的选择逻辑

在统筹对象相同的情况下,由于地方情境的差异,不同地方开展改革的动机存在差异,表现为不同地方采取不同政策工具的策略分异。本部分内容将从地方改革目标、经济发展程度、农村集体经济组织自治能力、地方资源禀赋四个方面进一步阐释地方策略分异的内在原因。

1. 地方改革目标

农村土地制度三项改革开始之初,各试点区域都是分头开展某一项改革。2017年年底,三项改革正式打通,很多试点区域并没有选择从头开始其他两

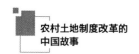

项改革，而是将原有的改革任务作为工作重心，按照中央政府要求或借鉴其他地区试点经验，有顺序地开展其他改革。所以各地在统筹改革方面的目标也有所侧重。从三地的改革制度设计和具体实践来看，地方政府的改革目标大致分为三类：

效率优先，积极盘活农村宅基地。尽管大量试点区域根据中央下达的任务部署出台了统筹改革相关政策文件，但在缺乏前序改革的背景下，要切实实现三项改革的相互促进却并非易事。这需要试点地区以中央政府政策为导向，紧密结合地方改革问题与成果，探索出适宜地方实际的特有统筹方式。在绍兴市的改革实践中，面对农村人口外流、宅基地大面积闲置等问题，绍兴市主动响应中央政府提出的统筹改革理念，以闲置农房激活为突破口，通过统筹宅基地和入市制度改革，引导农民积极参与宅基地退出和集体经营性建设用地入市，既成功盘活了闲置土地，也保障了农民的集体土地财产权益。这种模式是充分结合中央政府改革要求和地方需求下的地方创新，对其他相似地区的改革具有积极的借鉴意义。

以当前改革为主，积极贯彻中央政府的改革要求。在泸县的统筹改革中，由于先行改革积累了一定经验，其改革重心始终在宅基地制度改革上，统筹改革也侧重于巧妙地连接宅基地和入市制度改革。为了推动统筹改革，泸县充分发挥政府引导、村集体组织动员参与的方式，积极探索宅基地三权分置的泸县模式，但仅在小范围内展开试点。此外，泸县还有意加强征地与入市制度改革的衔接，但在具体操作上，仍是以规范征地程序、提高补偿安置标准、多元化补偿安置方式等老办法为主，在缩小征地范围、界定公益性用地等核心问题上缺乏地方探索及相关实践案例。这一统筹改革模式通常是以完成中央政府既定任务为标准，在实践中对改革效率或收益的考虑较少。

协助破解入市难题，推动入市制度改革纵深发展。统筹改革是破除三项改革之间的界限、解决当前改革瓶颈、全面推动改革的必经之路。部分试点区域借助中央政府统筹改革的契机，通过协调三项改革的关系，破解当前改革困境，实现了区域改革效率和收益的提升。上海松江2018年年初才正式启动宅基地制度改革的试点工作，在此之前，松江区在入市制度改革方面积累了丰富经验，并积极探索了"征收转用"与"农地入市"并轨的政策路径。由于试点区域内存量农村集体建设用地有限，入市制度改革常常受阻。自宅基地制度改革试点实施以来，松江区发现了腾退宅基地的巨大潜力，积极推动宅基地与入市制度改革的统筹，进一步推动了入市制度改革的发展，缓解了大都市郊区建设用地紧张的问题，落实了上海市委市政府提出的建设用地规模"负增长"的要求。这一统筹改革模式缘于入市制度改革困境，改革过程由政府主导，在保障农民"户有所居"的前提下，提升了农村土地利用效率，同时推动了入市制度改革的深入，较好地实现了中央政府的改革目标。

2. 经济发展程度

地方财政收入来源、产业发展阶段也将对地方改革行为产生一定影响。与浙江绍兴、上海松江相比，四川泸县经济发展程度相对较低，地方财政自给能力较弱，通常需要上级政府的财政转移支付，才能维持地方财政的收支大体平衡。资料显示，泸县2017年全年财政自给率（地方财政一般预算内收入与地方财政一般预算内支出的比值）仅为0.28，其上级补助是一般公共预算收入的1.85倍。[1]可见，上级政府转移支付已成为泸县财政收入的主要来源。为了争取更多的转移支付，泸县政府会倾向于通过承担国家改革任务，来获得上级政府的认可。这也是在统筹改革之初，泸县就积极开展三项制度统筹改革的原因所在。此外，由于经济发展不充分、市场化程度相对较低，泸县在宅基地共建共享的改革过程中，社会资本参与较少，往往需要依赖政府财政、村集体经济或村民自筹等方式来推动改革的进行。由于资金有限，改革所涉及的范围也相对较小。

---

[1] 泸县人民政府.关于泸县2017年财政决算的报告[R/OL].(2018-09-27)[2021-07-14]. http://www.luxian.gov.cn/zwgk/fdzdgknr/ysjs/zfyjs1/content_183407.

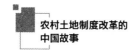

而对于经济发展程度较高的浙江绍兴、上海松江而言，税收收入是地方财政收入的主要来源。据统计，2017年绍兴市税收收入占地方一般公共预算收入的比例为82%[1]，2018年松江区税收收入占财政总收入的94%。[2]而地方税收收入的增长来源于产业的发展。因此，在用地矛盾突出的困境下，通过低成本统筹农村土地利用，实现产业的合理规划布局，便成为两地政府推动统筹改革的内在动力。

此外，地方主导产业也将影响地方统筹改革的主要做法。大力发展乡村旅游业等第三产业的绍兴市，为了充分利用现有宅基地资源及景观资源，在宅基地和入市制度统筹改革过程中，以盘活闲置宅基地为主要手段，在保障农民户有所居的前提下，积极引入社会资本，推动乡村旅游业的发展，充分显化宅基地的财产权益。而积极开发第二产业的松江区，为做好招商引资工作，通常会以推动入市制度改革为目标，积极为企业供给土地，有效满足企业的大范围用地需求，解决项目落地问题。

3. 集体经济组织自治能力

地方统筹改革的策略差异还与地方农村集体组织经济实力和自治能力有关。对于集体经济实力较强的乡村，通常村集体经济组织、村委会等组织架构比较健全，村集体经济组织在统筹改革中能发挥出协调作用，推动改革的顺利开展；而在集体经济实力相对较弱的农村，由于缺乏管理需求，村委会等组织通常形同虚设，难以起到带领作用，从而增加统筹改革的交易成本，影响改革的政策设计。

在绍兴市等东部地区，经济增长带动了农村基层组织的发展，其试点区域的村集体经济组织通常拥有较强的自治能力，作为除国家以外对土地拥有所有

---

[1] 绍兴市财政局. 2017年绍兴市财政总决算公开 [R/OL].(2018-07-09)[2021-07-14]. http://sxcs.sx.gov.cn/art/2018/7/9/art_1229460115_3811393.html.

[2] 上海市统计局. 2018年上海市松江区国民经济和社会发展统计公报 [R/OL].(2019-11-15)[2021-07-14]. http://tjj.sh.gov.cn/tjgb/20191115/0014-1003219.html.

权且贴近农民群体的一个组织，村集体经济组织能够以协助政府或以村集体经济组织为主体的形式推动统筹改革的开展。例如，得益于民营经济的发展，绍兴市的村集体经济组织拥有较强的自治能力。在闲置农房激活的改革实践中，村集体经济组织依靠所掌握的村域宅基地退出所需的地方信息，以及通过集体协商的方式避免宅基地退出中出现"钉子户"问题，从而提高控制实施成本的能力，在宅基地退出方面发挥着不可替代的作用。这一做法有益于将大部分土地增值收益留在集体内部，在促进收益合理分配的同时，使农民的土地收益最大化，从而提高农民参与统筹改革的积极性。

而在泸县等西部地区，由于社会资本参与度不高，往往需要依赖政府或村集体经济组织的力量。但限于村集体经济组织结构不健全、功能薄弱等问题，农村集体土地管理缺乏强有力的组织机构，土地管理中的议事决策、民主监督、矛盾纠纷调处等机制难以建立，因此难以调动农户参与改革的积极性，给改革的推行带来了挑战。

4. 地方资源禀赋

地方改革行为的差异与地方资源禀赋（特别是地方土地资源供需）状况息息相关。首先，三地选择以宅基地和入市制度改革作为统筹对象，均是因为区域内存在待开发且供应充足的宅基地，统筹宅基地和入市制度改革具有很大的发展潜力。而不同地区统筹做法的差异则与闲置宅基地存量、建设用地供给状况有关。四川泸县由于外出务工人数较多，农村人口密度较低，农村宅基地基数大且使用效率低下，因此在统筹改革中主要采用宅基地联建、共建共享等形式，用于配套发展乡村旅游，从而以较低的成本达到盘活宅基地的目的。而在上海松江等地，经济发展对土地提出了巨大需求，在城市土地开发强度已接近上限的情况下，城镇化发展和产业结构升级带来的用地缺口仍然较大，建设用地供需矛盾突出。相较而言，农村地区土地还存在一定的挖掘空间。通过政府、市场或村集体经济组织的合作，合理引入社会资本，采用社区集聚的形式统筹宅基地制度改革，将整理或节余的用地指标通

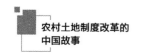

过入市的方式进行供给，既有利于缓解城市发展带来的用地矛盾，也拉动了农村产业的发展，这契合了乡村振兴的内在要义。

（三）激励机制对地方统筹改革的影响

地方公共事务治理的主体是地方政府，由于地方经济、社会发展程度的异质性，试点地区地方政府根据地方改革需要，形成不同的行为动机，并进一步表现为改革实践中的积极性或者保守性。从行为激励的角度来看，财政激励和晋升激励在地方政府统筹改革的行为选择中发挥了重要作用。

财政激励主要包括上级政府的财政转移支付以及地方税收收入两个方面。对于中西部地区的部分试点区县来说，由于经济发展程度较低，地方财政经常入不敷出，上级政府的财政转移支付成为地方财政收入的重要来源。为了获得上级政府的关注和认可、争取更多的财政转移支付，地方政府通常会积极承接上级政府的改革任务，主动贯彻执行中央下达的精神及政策。以四川泸县为例，一方面，由于区域内人均收入水平较低，乡村旅游市场较小，通过宅基地制度改革为第三产业发展配套相关设施，其收益难以保障；另一方面，由于市场经济不活跃、产业发展不够充分，泸县在用地方面的矛盾并不突出，因此政府在推动入市、宅基地制度改革方面的积极性并不高。但自 2015 年开启农村宅基地制度改革试点以来，泸县陆续出台政策文件，在宅基地有偿退出方面积累了丰富经验。2017 年以来，泸县逐步从宅基地制度改革转向以宅基地制度改革为主要抓手，协同推进集体经营性建设用地入市制度改革与征地制度改革，统筹推进农村土地制度改革，并在多个乡村开展了试点工作，积极回应中央政府的统筹改革需求，泸县之所以这样做，很大程度上是为了通过承担上级改革任务，从而获得上级政府的财政转移支付，增加地方财政收入。

对于东南沿海经济较为发达的试点区县来说，地方政府财政自给率较高，税收收入成为地方财政的重要组成部分。为了追求税收收入的持续增长，地方政府会以招商引资为手段，通过统筹三项制度改革等举措，积极破解地方发展中土地资源供应不足、土地资源利用效率低等问题。以上海松江为例，该试点区域之所以积极参与统筹改革，通过政府主导宅基地整理与集中安置、推进腾退宅基地入市进程，统筹利用农村土地，并将土地收益最大限度地返还给村集体及农民，其意在以较快的速度、较低的交易成本引进重大项目，实现区域产业的转型升级，从而增加政府税收收入，促进地方财政收入的增长。

从晋升激励来看，在"晋升锦标赛"的特殊语境下，GDP 增长始终是考核官员政绩的主要指标。为了实现晋升，地方政府官员会通过推进地方 GDP 快速增长、高效完成上级政府重要项目等方式，在有限的任期内寻求最大的政治绩效。这也成为部分试点区域积极推动统筹改革的重要原因。在绍兴市刻石山旅游项目中，当地政府依托当地丰富的自然和人文资源，引入工商资本成立旅游公司，将闲置农房打造成高端民宿，盘活了农村的闲置农房，也实现了农户财产性收入的增长；同时，村社还充分利用自身的山林资源，引入攀岩、索道、玻璃栈道等新兴业态项目，盘活整个山村的资源。嵋山自然村的乡村旅游业，由开发高端民宿起步，逐步拓展到山体攀岩、体验式农业和农产品加工等多种产业和新兴业态，这一多产业协同发展的格局，凸显的是地方政府对 GDP 增长的一贯追求，当然也包括完成试点任务的政治激励。

（四）制度环境对地方统筹改革的影响

在现有经济结构和体制结构转型的客观需求下，传统的城乡二元土地管理制度割裂了城乡统一的发展关系，弱化了农村土地的价值，不利于城乡的统筹发展。着力推动农村土地制度的统筹改革，充分发挥三项改革的综合效应，成为建立城乡统一的建设用地市场、缩小城乡收入差距、实现城乡一体化发展的可选路径。

从国家治理的视角来看，由于公共事务治理与国家治理间的冲突，我国的公共事务治理出现了集权与分权的特征。在土地管理中，则表现为"分权

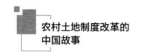

的土地经济管理和集权的土地行政约束"。分权的土地经济管理与地方政府经济发展总体目标一致,从而激励地方政府行为;集权的土地行政约束为中央政府保留了协调经济与非经济目标的途径。对应到农村土地制度统筹改革中,统筹改革的目标和任务是由中央政府统一下达的;而为了使地方政府有动力去积极地践行上级政府的改革决策,中央政府会采取财政激励和晋升激励等手段,实现统筹改革的试点推广。正是受这一特有的体制机制影响,我国在农村土地制度统筹改革方面才实现了迅速有效的推广。中央政府在2016年年底提出了打通三项改革的想法,次年众多试点区域便着手开展了统筹改革的地方实践,并积累了丰富的改革经验。需要注意的是,由于中央政府对地方社会经济及资源禀赋情况缺乏足够的了解,在目标和规则的制定上会缺乏周全的考量,而地方政府在改革的实践过程中,会积极结合地方发展状况及发展需求,确立各自的改革目标。这些改革目标与中央政府的目标通常会存在偏差,不利于改革的整体推进。

统筹农村土地制度改革始终是围绕着农村集体经营性建设用地开展的。从泸县等中西部地区的改革实践来看,"地从哪儿来"这一问题很容易解决,但土地审批的程序和时长却阻碍了统筹改革的大范围推进。土地作为最重要的生产要素,在农村经济发展中扮演着重要角色。而中央政府出于加强耕地保护的考虑,出台了最严格的耕地保护制度,划定基本农田,规定除中央政府批准外,任何单位和个人不得占用。在这一土地审批背景下,农村用地审批程序多、审批时间长且效率低下,项目"落地难""落地慢"等问题突出,大大降低了地方统筹土地资源利用的能力。随着改革向纵深推进,为了充分调动地方政府优化土地资源配置、推动改革深化的积极性,有必要下放审批职权,明确审批程序,提高政府工作效率,更好地发挥乡镇统筹职能。对于一些非重要产业或项目,也可探索将用地的审批权限下放到区政府,由区政府结合乡镇实际情况统筹安排、整体推进。

此外,农村土地的统筹使用离不开合理的村庄规划。作为我国国土空间规划"五级三类"体系中的重要组成部分，村庄规划通过对区域村庄体系的整体谋划，统筹配置村域"人、地、钱"等要素，保障农村产业、生活及生态用地。上海松江郊野单元（村庄）规划的编制与实施，是政府开展宅基地平移归并、推动宅基地与入市制度改革的重要原因之一。但从其他地区的统筹改革实践来看，多数地区的统筹改革缺乏合理的村庄规划指导，改革用地呈现出布局散乱、利用效率低下等特点。同时，在现有的规划体制机制下，部分地区的村庄规划多是由县级单位进行编制，由于存在信息不对称性，规划通常缺乏弹性，难以落地。因此，有必要提高乡镇在村庄规划编制中的参与度，扩大乡镇在规划编制中的权限；上级主管部门只负责确定建设用地指标总量，乡镇负责落实具体指标，并解决当地农民的产业可持续发展和永久利益依托问题，增强规划的灵活性和弹性，为未来发展提前规划预留空间。

六、统筹农村土地制度改革的经验与启示

（一）研究结论

本章重点关注宅基地与入市制度改革的统筹实践，以浙江绍兴、四川泸县、上海松江为例，比较分析了三地在农村土地制度统筹改革实践方面的主要制度设计、典型案例、主要特征及绩效，并按照"激励机制—制度环境—政策工具"的分析思路，探讨了地方统筹改革背后的选择逻辑，主要研究结论如下：

第一，从效率方面看，统筹农村土地制度改革加速显化了农村建设用地的资产价值，提高了农村土地利用效率。各试点区域充分结合区域经济社会发展实际条件，通过闲置农房激活、宅基地共建共享、宅基地平移归并等改革模式，在多元化宅基地退出方式、推进集体经营性建设用地入市等方面作出了诸多尝试，不同改革之间相互促进，加速了产业、资本、劳动力在城乡

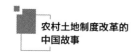

之间的流动,在显化集体经营性建设用地资产属性的同时,盘活了农村闲置低效用地,实现了农村土地由低效向高效利用的转变。同时,通过政府或村集体经济组织等主体的统筹,实现了区域内部土地相对集中的配置和用地指标的落实,也将极大地促进土地集中、规模、合理利用,实现地尽其利的经济目标。但不同试点地区,土地利用效率的提升幅度存在差异。泸县的宅基地共建共享模式,通过农民与村集体经济组织联建或入股的方式,既保证了"户有所居",又显化了宅基地的经营价值,但土地利用效率提升有限。浙江绍兴的闲置农房激活模式通过引入社会资本,将闲置的宅基地以及村内其他闲置的农地资源进行出租来发展高端民宿及乡村旅游业,实现了整村激活,村内土地利用效率大大提升。而上海松江的宅基地平移归并和集中安置模式,通过农村宅基地的统一整理入市、农户的集中安置,可实现建设用地总量减少30%以上,既提高了原有宅基地的利用效率,也实现了现有宅基地的集约利用,充分挖掘了闲置或低效土地的利用价值。

第二,从收益方面看,统筹农村土地制度改革增加了农民的财产收入,促进了村集体经济组织的发展壮大。在打通三项改革的背景下,随着闲置农村土地资源被充分利用,乡村旅游等产业进入,农民增收渠道进一步拓宽,收入分成逐步增加。同时,统筹改革离不开村集体经济组织的协调引导,在农民增收的同时,村集体经济组织也依靠收入增长进一步发展壮大。但不同试点地区的农民收益差异显著。泸县的共建共享项目由村集体出资、农户出地共建农房,农民的收益主要在宅基地本身,而在宅基地的经营方面,农户的增收方式还有待进一步探索;松江的宅基地平移归并项目,由政府出资安置搬迁农户,农户的主要收益也在于居住条件的改善,但同时农户进镇还可享受城镇均等的公共服务,实现了农民生活质量的提升;绍兴崛山自然村的闲置农房激活模式通过社会资本的引入与有效经营,农户不仅可以从农房出租中获得租金收入,闲置农地、山林的利用开发也成为新的增收渠道。此外,该项目还为农民提供了就业性收入、农特产品经营收入、餐饮经营收入等诸多经济收益。

从分配方面看，农村土地制度的统筹改革实现了让利于民的目标，收益进一步向农民倾斜。在各试点区域的统筹改革过程中，不同的统筹模式虽然分配机制存在一定差异，但都在实现收益总体平衡的前提下，尽量推动农民和村集体收益的增长。绍兴的闲置农房激活模式使农民和村集体直接获得了制度红利，泸县的宅基地共建共享模式在维护农民利益的前提下，兼顾了国家、集体和投资人的权益，松江的宅基地平移归并模式也在提升农民居住质量的基础上，壮大了村集体经济组织。从改革实践的现实情况来看，部分区域的统筹改革存在加剧分化村集体之间内部差异的风险。岷山自然村的成功离不开村域内原有的旅游资源，这些资源带动了农民及村集体收入的增加，但自然资源欠佳或区位较差的村庄，则无法享受到闲置农房激活的政策红利。这意味着不同地区的村集体或农民在实际获得感上出现了巨大差异，不利于城乡统筹发展。

此外，统筹农村土地制度改革还实现了以下绩效：

第一，统筹农村土地制度改革协调了政府、市场与集体的关系，促进了农民财产权益的实现。农村土地制度统筹改革是一种集体行动，无论是征地、入市和宅基地制度改革的两两统筹，还是三项制度统筹改革，不同的统筹对象可以通过不同的组织模式形成集体行动的成本，并推动集体行动的实施。在统筹宅基地与入市制度改革中，绍兴的闲置农房激活模式通过"政府搭台、市场唱戏"的方式，优化了闲置土地资源的配置效率；泸县的宅基地共建共享模式充分发挥了村集体经济组织的能力与优势，拓宽了农民的增收渠道。从这个层面来说，统筹农村土地制度改革，就是将不同领域、不同模式的农村土地管理实践进行有机结合，从而从多种组织模式中取长补短，既要发挥政府行政管理的效率优势，又要发挥市场主体的灵活性，还可以发挥出集体自组织的信息优势与协调优势。正因为如此，统筹农村土地制度改革发挥了"1+1＞2"的效果，充分挖掘了沉淀在土地中的社会资本，成功保障了农民和集体充分享有土地增值收益的权利。

第二,统筹农村土地制度改革协调了城市与农村建设用地市场的关系,推动了乡村振兴战略的发展进程。城市与农村的土地市场从来不是,也不应该是一分为二割裂开的。传统的城乡二元土地管理模式固然在城镇化过程中起到了重要作用,但是随着农村经济发展水平的提高和农民增收利益诉求的高涨,必须让农村土地同样享有进入市场、获得收益的权利。而农村土地制度统筹改革就很好地处理了城市与农村二者的市场关系:一方面,对于公共基础设施和重大项目等具有公共利益的项目,在城市规划区范围内保持原有城市征地模式下的土地出让市场,保证城镇化的质量;另一方面,在城市征地与农村土地管理中,又进一步放开对农村建设用地开发利用的规划管制,让农村土地也可以进入市场,从而让农村土地弥补城市土地的稀缺性,同时让农民分享城镇化的土地增值收益。正因为如此,农村建设用地市场得以繁荣发展,农村获得了持续的财产性收入并可以投入乡村公共服务事业中,农民也获得了大量的货币性或非货币性收益,生活水平得到大幅提高。通过统筹农村土地制度改革,农业产业结构发生调整,农村风貌得到改善,农民生活富裕安康,真正响应了乡村振兴战略的总体要求,充分实现了农村的发展与繁荣。

(二)政策建议

农村土地制度改革是一项整体性、系统性和联动性的工程,三项改革之间既存在对立的关系,也有其内在的统一性。为统筹推进农村土地制度改革,当前的体制机制在参与主体、收益分配及配套制度等多个方面有待进一步改进。

第一,多元化统筹改革主体。农村土地制度改革的统筹意味着"人、地、钱"的统筹。要做好三项改革的统筹,其前提是要使改革主体多元化,切实做好"人"的统筹。一是要充分发挥村集体经济组织的协调作用。在东南沿海的部分试点地区,由于地方民营经济的发展或工业化进程的超前,民主化程度相对较高，村集体经济组织相对完善，并在统筹改革的实践中发挥了重要作用。而从中西部的改革实践来看，多数地区由于农村集体建设用地市场化程度较低，村集体经济组织作用甚微，致使统筹改革的进程和成效都不够显著。因此，有必要在统筹改革中重视发挥村集体经济组织的协调作用，加强对村集体自治机制的引导与培育，通过基层政府的政策引导，发挥村集体经济组织在政府与农民之间的沟通桥梁作用，加强集体土地开发中村民的知情权与决策权，降低前期组织成本和后期冲突成本，全面推动统筹改革的开展。二是要适当引入市场竞争机制，多元化资金供应渠道，提升综合产出效益。在农村集体建设用地利用的实践中，对于"人、地、钱"三者关系，"钱从哪里来"的问题相对最容易解决，特别是东部发达地区在早期第二、三产业的发展过程中，积累了一定的经济基础，在推动城乡一体化建设时，其自身有实力借助相关项目的运作，通过资金优势来盘活农村集体建设用地，以此带动土地的经济效益产出。因此，建议在城市反哺农村、工业反哺农业的国家发展战略背景下，适时调整制度上的限制，引入市场竞争机制，建立多元化的资金供应渠道，利用资金逐利的本性，鼓励社会资本或城市资金向农村地区流动，以此推动农村集体建设用地的统筹利用开发。

第二，合理分配土地收益。建立兼顾国家、集体和个人的收益分配机制是统筹农村土地制度改革的目标之一。从收益分配的角度来看，农村土地制度统筹改革在一定程度上实现了农民群体收益的增加，但收益分配的公平性还需进一步优化。收益分配关注的是分配的公平性，既可以把收益按出资比例分配给出力最多的主体，即按照谁投资谁获利的原则，激发不同主体参与土地制度改革事务的积极性，也可以照顾弱势农民群体，以减小城乡之间的贫富差距。协调推进农村土地制度改革，实现农村土地的统筹利用，就是要解决单项制度改革过程中产生的收益分配冲突问题，在不同利益主体之间做到利益共享，让农民享受到改革的制度红利。具体来说，城乡之间的分配既要让农村享受到制度改革的红利，又要保证城市建设不会受到太大影响；农

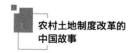

村不同村庄之间的财富分配,要实现"去区位化",由政府进行转移再分配,平衡不同村庄之间的利益分配;在村庄内部之间的土地收益分配,应由政府引导、村民自治表决,做到公开透明。

第三,因村施策开展农村土地制度改革的统筹工作。总结统筹农村土地制度改革试点工作的经验具有一定的普遍意义,但并不意味着推进农村土地制度统筹改革仅存在这些方式。由于自然资源禀赋、社会经济发展状况、政策影响程度、村集体自治能力以及众多不确定性因素的共同影响,不同村庄在开展农村土地制度统筹改革的过程中,并没有一种"万能"的操作模式或实践路径。因此,为进一步深化农村土地三项制度统筹改革的进程,避免陷入改革探索过程中所形成的路径锁定效应或盲目性的"拿来主义",建议因村施策,在充分认识村庄自然、社会、经济、人文、历史等各方面属性的基础上,对相关政策进行预判,因地制宜推动农村集体建设用地统筹利用项目的开展。

第四,推动多项改革联动,完善相关配套制度。统筹农村土地制度改革是一项整体性、系统性的工程,为了协调宅基地制度、征地制度和经营性建设用地入市制度三者之间的关系,在改变城乡土地二元结构、建立城乡统一建设用地市场的要求下,改革不仅需要统筹农村各类土地甚至是城乡土地,还要加强多项制度改革的联动性。譬如,为推动宅基地自愿有偿退出,还需借助户籍制度改革落实退出农民的户籍身份及后续社会生活保障;要实现农村集体建设用地统筹利用,必然涉及宅基地或存量集体建设用地的产权再分配与利益再平衡。再如,通过集体产权股份制改革建立起社员按股权参与决策和管理的模式,实现了收益分配在村集体内部的公平。此外,包括农村土地利用规划、农村地价形成机制、农村土地流转中的税费制度、农民住房财产权的抵押担保转让及合作、农民养老等社会保障制度的建设等,都是需要联合推进的重要问题。因此,建议以统筹改革为契机,进一步推动多项制度改革的联动,完善相关配套制度建设,以此破除各方面的制度壁垒,保障农村土地制度统筹改革的顺利进行。

第八章
改革中的地方政府决策：激励和约束下的选择

始于 2015 年的农村土地制度改革，本质上属于在中央政府自上而下的顶层设计下地方政府开展试点探索的故事。一方面，这体现了中央政府作为改革的发起方，在改革的目标诉求下推动正式制度变化的决心；另一方面，这也展现了地方政府作为改革的实施主体，在体制机制约束下所采取的各种理性策略。换句话说，对于本次土地制度改革，我们不能只关注改革取得的绩效，更要理解改革背后隐藏的体制机制变革走向及地方政府决策的逻辑。尤其值得我们关注的是，试点地区的地方政府是如何在激励机制、制度环境和地方情境共同作用下作出改革决策的。

一、央地关系框架下农村土地制度改革的起点

随着现有的农村土地制度运行陷入一定的困境，中央政府基于兼顾市场效率和城乡公平的目标，启动了本轮改革。土地作为地方掌握的重要资源之一，是地方政府激励机制的重要内容，但各地方面临不同的情境约束，这使得地方政府在此轮改革中展现出不同的偏好和实际选择，背后体现的是地方政府与中央政府的行为互动逻辑。

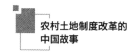

（一）当前土地制度的困境：制度红利逐渐消失

不可否认，在财政和晋升的激励之下，地方政府对土地有效利用的努力程度和积极性大大提高。地方政府通过在农村低价征地，并作为一级市场垄断者在城市高价出让土地，获得土地增值的"剪刀差"。地方政府将这部分土地财富用于基础设施建设，为工业化和城镇化提供了必要的投资环境。可以说，正是地方政府以地谋发展的策略，为我国三十多年来高速增长的经济奇迹奠定了基础。[1]

但是，随着社会和经济发展进入新常态，现行的土地制度安排固化严重，尤其是新增建设用地扩张推动经济增长的制度红利逐渐消失，取而代之的是制度运行中出现的粗放和低效利用问题逐渐凸显。主要表现在以下两个方面：

第一，新增国有建设用地持续扩张，引发耕地保护与低效利用的矛盾。一方面，我国的城市建设用地持续外延式扩张，出现了土地非农化过度的倾向。[2] 根据国土资源部 2015 年的统计数据可知，多年来我国城市扩张所占用的土地一半以上属于耕地。[3] 在我国人多地少、人均资源禀赋不足的背景下，对耕地（尤其是位于城郊的优质耕地）的滥占滥用产生了粮食安全问题，也不符合生态文明建设的需要。另一方面，通过征地获得的新增建设用地存在粗放低效利用的现象，土地城镇化的质量不高。比如 2017 年度国家级开发区土地集约利用评价情况显示，483 个国家级开发区中有 75 个建成率不到 50%，部分开发区土地利用强度远低于全国水平。[4]

---

[1] 刘守英.中国土地制度改革：上半程及下半程[J].国际经济评论，2017，5：31—58.

[2] 谭荣，曲福田.中国农地非农化与农地资源保护：从两难到双赢[J].管理世界，2006，12：58—67+74.

[3] 国土部：城市扩张占用的大量土地一半以上是耕地[EB/OL].(2015-05-07)[2021-06-02]. http://www.chinanews.com/gn/2015/05-07/7258843.shtml.

[4] 自然资源部.关于 2018 年度国家级开发区土地集约利用评价情况的通报[J].城市规划通讯，2019，3：7—9.

第二，土地制度安排存在缺陷，加剧城乡二元体制与城乡统筹之间的矛盾。在现有的征地框架下，政府对农地的征地补偿价格偏低，且征地范围广。农民的征地利益被侵害，导致地方在征地过程中出现"钉子户"，甚至农民集体上访等群体性事件，所造成的征地社会矛盾和官民冲突不断。同时，地方政府是国有土地一级市场的垄断者，集体建设用地被排除在外，无法做到同权同地同价。这种现状造成城乡间集体土地配置扭曲，制约了农村经济社会发展。另外，由于目前的农村宅基地缺乏法定的退出机制，无法得到有效利用，造成城市化浪潮下"空心村"现象严重，乡村持续衰败。

中央和地方政府意识到改革开放之初具有积极影响的土地制度安排如今已经无法持续为我国的社会经济发展提供动力。与过去那样鼓励地方政府自主进行政策创新不同，这一次中央政府更希望通过顶层"大刀阔斧"的改革，祛除现有土地利益分配的痼疾，以提高国家土地治理的效率。

（二）中央政府对本次改革的要求：深化市场改革与统筹城乡发展

我们看到，过去的土地制度安排基于地方政府的土地征收和出让机制，为城市带来了大量的土地财富。地方政府的城市经营和以地谋发展，虽然起到了通过土地要素带动工业化和城镇化发展的积极效应，但也由于对农村的过度汲取，城乡差距不断扩大。数据表明，我国的城乡收入比连续多年维持在 3∶1 以上，虽然近年来城乡收入比呈现震荡收敛的趋势，但是城乡收入的绝对差值仍在继续扩大。[1][2] 同时，随着国家划定城市增长边界，城市建设用地逐步从增量时代走向存量时代。这要求地方政府摒弃过去新增粗放的土地利用模式，转而寻求存量的城乡建设用地市场，提高土地的集约利用水平。这意味着过去的城乡土地制度需要重构，以适应土地存量挖掘和城乡统

---

[1] 苏谭杰. 城镇化对我国城乡收入差距的影响研究 [D]. 青岛：中国海洋大学，2015.

[2] 曹光四，张启良. 我国城乡居民收入差距变化的新视点——对我国城乡居民收入比的解读 [J]. 金融与经济，2015，2:40—43.

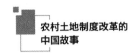

筹发展的需要。

基于上述背景，党的十八届三中全会通过《中共中央关于全面深化改革若干重大问题的决定》，拉开了我国农村土地制度改革的序幕。改革主要关注征地、集体经营性建设用地和宅基地这三块农村土地如何还权赋能的问题，包括允许农村集体经营性建设用地入市，缩小征地范围并提高补偿标准，完善农村宅基地制度，保障农户的宅基地用益物权等。这些改革举措将进一步盘活存量的城乡建设用地，尤其是过去不被法律承认、权利受限的集体建设用地，从而做大土地增值收益的"蛋糕"，并通过赋予农民合法的土地权益，向农村和农民倾斜式分配土地增值收益的"蛋糕"，促进以土地为纽带的城乡要素流动对农村的反哺。可以说，本次土地制度改革的落脚点在于深化市场改革与统筹城乡发展，兼顾效率和公平。

（三）地方政府对本次改革试点的态度

为谨慎推动改革的实施和部署，中央政府于2015年宣布在全国33个县（市、区）开展土地制度改革试点。中央政府进行小范围的试点，旨在"摸着石头过河"，控制改革可能带来的风险，从而更好地在全国推广及修法。而对地方政府来说，本次土地制度改革试点既是一种机遇，也是一种挑战。

很明显，土地作为地方政府的一种调控工具，可以在地方的经济发展中起到重要的"纽带"和"支点"作用。通过城乡土地要素的流动，城乡之间的资本和劳动力被捆绑在土地之上，能更好地实现城乡统筹发展。过去在地方出现的以农村土地综合整治为平台的各类政策创新，比如成渝的"地票"交易、浙江嘉兴的"两分两换"乃至城乡建设用地增减挂钩，都证实了城乡人均差距缩小等绩效离不开土地的支点作用。[1] 而在此次改革中，地方政府将

---

[1] 北京大学国家发展研究院综合课题组. 还权赋能——成都土地制度改革探索的调查研究 [J]. 国际经济评论，2010, 2: 54—92.

继续发挥土地在城乡统筹中的重要作用，并将征地、集体经营性建设用地和宅基地作为试点的突破口。当然，地方政府通过试点的申请，被赋予更多的政策空间，一定程度上也能获得短期的改革红利。考虑到此次试点的县（市、区）的实际情况，经全国人民代表大会常务委员会授权通过，暂停实施《中华人民共和国土地管理法》的五个条款、《中华人民共和国城市房地产管理法》的一个条款，这为地方政府跳出原来的土地制度框架，大胆实施体现地方发展意图和战略的土地政策提供了条件。比如，实施宅基地"三权分置"等过去法律受限的做法，可以拉动民宿旅游等农村现代化产业发展，进而为地方的经济发展提供新的增长点，也有利于地方民生的统筹和改善；再比如，允许集体经营性建设用地入市，不仅可以解决集体建设用地的历史遗留问题，还能缓解新增建设用地指标紧缺下地方企业用地难的困境。这都使得地方政府愿意"跳出土地来看土地制度改革"，根据地方的实际情况积极开展试点工作。

（四）不同层次下央地政府的制度改革互动

由中央政府发布的农村土地制度改革试点的决定，最终由试点所在地的地方政府执行，这意味着改革的行为离不开中央和地方政府的互动。正如本书第三章所言，中央和地方政府围绕激励机制、制度环境和政策工具三个层次展开互动：基于财政和晋升的激励机制使地方政府积极执行上级决策，中央政府通过制度环境限制地方政府的行为空间，政策工具的选择则反映了地方政府在具体情境下的理性行为。

农村土地制度改革也需要从这三个层次考虑央地政府间的互动影响。首先，在激励机制给定不变的前提条件下，地方政府的积极性在征地、入市和宅基地制度改革中呈现何种变化。其次，在中央政府的改革目标下，地方政府将如何通过行动变革现有试点地区的制度内容。当然，正式的、基础性的制度变化往往比较缓慢，这意味着正式制度（比如城乡二元体制、土地用途管制）的限制仍然会对地方改革试点的行为方式产生影响。最后，政策工具

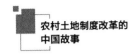

刻画的是地方政府的行为选择，即地方政府在相应的地方治理情境下，为了推进改革，会选择何种政策工具和治理模式。

那么，在具体的试点实践中，地方政府是如何通过这三个层次与中央政府展开互动，进而形成地方政府行为的共同规律和差异化策略的？我们尝试通过对前面不同制度改革实践经验的总结，来回答这一问题。

二、激励机制层次对地方政府改革行为选择的影响

农村土地制度改革试点，离不开地方政府的积极性和主观能动性，这其中就涉及中央政府对地方政府的激励机制。改革开放以来，官员晋升和财政分权构成了中央政府对地方政府的激励主线，这是农村土地三项制度改革试点的基本背景。因此，激励机制会如何作用于地方改革试点的实际行动，是我们必须要审视的问题。

（一）财政的激励对地方政府改革的影响

在事权大于财权的逻辑下，"土地财政"仍然是地方政府财政最大化的重要激励。地方政府能够获得高额土地出让金的秘密在于，一方面地方政府可以根据公共利益的需要行使公权力低价征地，另一方面地方政府又是国有土地一级市场的唯一供给方，能够以高价垄断土地出让价格。而本次土地制度改革，为了解决城乡发展不平衡的问题，势必要打破现有的土地利益分配格局。这使得地方政府作为"土地财政"的受益者，在改革中面临巨大的压力，对农村土地三项制度改革的积极性也存在不同。

具体来说，从征地制度改革来看，地方政府通过缩小征地范围、提高补偿标准、建立被征地农民保障机制等行为，让农民享受到更多的土地增值收益。这种对土地利益分配格局的重构，将减少地方政府的土地出让净收益，

第八章
改革中的地方政府决策：激励和约束下的选择

势必对地方政府的财政收入造成一定的冲击。这使得征地制度改革在本次试点中并不受地方政府"待见"，仅有山东禹城、河北定州、内蒙和林格尔等三个县级政府申请，且都位于对土地出让收入依赖不高的地区。随着农村土地三项制度统筹改革的展开，试点地区都要进行征地制度改革的标准化动作，其中涉及征地补充的市场化探索，比如留地留物业等制度的设计。由于征地补充的市场化会抬高征地补偿价格，从而减少地方的土地出让收入，这导致实施征地市场化定价的试点地区并不多，且多集中在东部地区，地方政府积极性明显不高。

从集体经营性建设用地入市制度改革来看，允许集体经营性建设用地同地同权同价，将打破国有土地一级市场上地方政府的垄断地位，进而影响地方政府通过高价出让土地形成的国有土地收益。因此，地方政府会作出本能的反应，尽可能减少入市制度改革对土地财政带来的冲击。譬如说，地方政府"卖地"中最值钱的是商业和住宅用地，因此大部分试点地区限制集体经营性建设用地用于商住用途，以尽可能维持地方政府在商住土地供给中的垄断地位。当然，集体经营性建设用地入市对地方的财政收入也有一定的正向激励效应。一部分财政激励来自土地增值收益调节金。截至 2018 年年底，33 个试点县（市、区）的集体经营性建设用地入市成交总价达到 257 亿元，地方政府收取的土地增值收益调节金也达到了 28.6 亿元。尽管与土地出让金的差距悬殊，但是土地增值收益调节金仍然可以弥补一部分地方财政收入。另一部分财政激励来自集体经营性建设用地入市带来的企业税收的增加。由于入市地块多用于工业用地，地方政府可以借此获得稳定的财政税收。

从宅基地制度改革来看，由于宅基地并不能直接入市，并不会对地方政府在国有土地一级市场上的垄断地位带来冲击，因此地方政府对此项改革的积极性自然高于另外两项改革。与此同时，地方政府还可以在宅基地制度改革中通过土地综合整治、城乡建设用地增减挂钩等平台，强化土地增值收益带来的财政激励。过去的宅基地整治（或农村居民点整理等）探索中已经出现了这一行为,比较突出的有浙江的农村建设用地复垦折抵指标有偿调剂[1],重庆的生态移民和"地票"交易[2]。地方政府通过宅基地的拆旧复垦和农民集中安置,获得的节余指标可以挂钩到城市建新区落地产生土地出让收入,或者在区域的增减挂钩指标平台交易获得有偿调剂收入。在城乡建设用地增减挂钩的政策设计之下,地方政府存在宅基地综合整治获得指标收益的激励。[3]因此,我们在此次改革中看到的地方宅基地整治,诸如义乌的"新社区集聚"、晋江的"七个换"等,作为城乡增减挂钩政策的"升级版",给地方政府带来了指标收益的激励,使得地方开展宅基地改革的积极性颇高。

总体来看,土地制度改革造成土地增值收益格局发生变化,根据对土地出让金影响的大小,地方政府对农村土地三项制度改革的积极性和行动产生了差异。征地制度改革对土地出让金的影响最直接,导致地方政府的态度较为消极;集体经营性建设用地入市会对土地出让金的收入产生一定的影响,因此地方政府通过用地性质的限制性策略等,尽可能降低集体土地对国有土地市场的冲击;宅基地制度改革因为存在挂钩指标收益的激励,从而引导地方政府继续开展宅基地拆旧建新、指标有偿调剂等政策探索。

(二)晋升的激励对地方政府改革的影响

目前,在"晋升锦标赛"的背景下,地方政府官员之间的竞争仍主要看地方经济的增长绩效。国有建设用地作为地方政府可以调控推动经济增长的要素资源,在招商引资、改善投资环境、发展城市基础设施等方面发挥着极其重要的作用。因此,土地制度改革能否给城市提供足够的建设用地进行

---

[1] 汪晖,陶然.论土地发展权转移与交易的"浙江模式"——制度起源、操作模式及其重要含义[J].管理世界,2009,8:39—52.

[2] 杨庆媛,鲁春阳.重庆地票制度的功能及问题探析[J].中国行政管理,2011,12:70—73.

[3] 谭明智.严控与激励并存:土地增减挂钩的政策脉络及地方实施[J].中国社会科学,2014,7:125—142.

第八章
改革中的地方政府决策：激励和约束下的选择

招商引资，保障投资项目用地，会影响晋升激励下地方政府官员实施改革的积极性和实际行为。来自经济增长的晋升激励对土地制度改革的地方行为有如下影响：

就征地制度改革而言，缩小征地范围、规范征地程序、提高农民征地补偿标准等改革要求将减少地方政府的征地规模，进而影响国有土地的供给规模和时序，从而对地方依靠新增建设用地招商引资的土地供给的传统模式带来冲击。改革造成的用地供给不足，会造成地方政府在招商引资的竞争中处于劣势。这势必对地方政府以地谋发展进而谋取政治激励的机制产生阻碍，因而地方政府实施征地制度改革的积极性并不高。具体来说，试点地区的地方政府并没有彻底、全面地缩小征地规模，而是"避重就轻"，在政策层面上制定土地征收目录，严格界定公共利益用地范围，增设公共利益审查认定环节，并将改革的实质性动作放在提高农民征地补偿标准上面。这样对地方政府来说，既完成了上级要求征地改革所谓的"标准化动作"，也没有直接影响到地方招商引资所需的新增用地供应。

就集体经营性建设用地入市制度改革而言，在晋升激励下地方政府开展试点工作的积极性比较高。集体经营性建设用地入市虽然会降低地方的土地出让收入，影响国有建设用地一级市场的需求量，但总体来看，却能增加城乡建设用地的供给，解决地方企业尤其是小微企业的用地难问题。在我国建设用地从新增模式走向存量模式的转型背景下，挖掘存量的集体经营性建设用地，能够为地方政府招商引资提供新的用地来源。此外，集体经营性建设用地的入市价格较低，能够降低企业的用地成本，具有类似国有工业用地低价吸引投资的功能。换句话说，集体经营性建设用地入市能够增强地方招商引资的竞争力，为地方的工业化和经济增长提供动力，这是以晋升为激励的地方官员所乐于看到的。因此，地方政府在入市制度改革探索过程中积极挖掘存量集体经营性建设用地的潜力，从而满足地方企业用地的需求。在浙江德清、广东南海等地的入市制度改革试点地区，地方政府通过异地调整入市、合作入市和统筹入市等手段，更好地缓解了因地块规模较小、空间分布零散所造成的土地利用效率低、农村内部发展不均等问题，为企业的投资经营营造了较为良好的用地环境。

在宅基地制度改革中，晋升激励使得地方政府表现出两方面的行为偏好：一方面，农村宅基地资源丰富，宅基地闲置等空心村现象严重。在城市用地不足的情况下，地方政府有动力通过农村综合整治平台将宅基地拆旧复垦后产生的结余指标挂钩到城市区域使用，从而实施地方以地谋发展的战略意图。比如义乌市试点地区出现的"城乡新社区集聚"的宅基地改革案例，就是地方政府通过允许近郊农民宅基地置换集中统建的高层公寓、仓储物流等楼宇物业，在保障农民用益物权实现的同时，结余出大量的挂钩指标用于城市的未来发展。另一方面，宅基地制度改革中的"三权分置"探索本身能够直接盘活农村闲置的宅基地，为农村的产业发展注入新的活力。农村新兴产业的发展同样可以招商引资，实现经济增长，这使得地方政府愿意推动宅基地制度改革来促进农村的产业融合发展。具体体现在试点地区的地方政府通过整合宅基地、设施农用地和集体经营性建设用地等农村土地，在一些条件适宜的地区开展乡村民宿旅游、特色小镇、田野综合体项目的建设和投资。

综上，在以地谋发展进而寻求晋升激励的传导机制下，地方政府及其官员对农村土地三项制度改革的实际偏好会发生一定的差异。其中，征地制度改革会削弱地方政府以地谋发展的土地要素竞争，故地方政府实质上对征地制度改革并不太积极。[1]而集体经营性建设用地入市和宅基地制度改革，因其能够给地方政府带来更多招商引资的用地空间，更受到地方政府的关注。

---

[1] 当然，我们也承认，改革试点本身能带给地方官员带来政治资本上的积累，即改革取得明显政绩后的政治资本。这使得地方政府并不会完全消极执行征地制度改革，而是出现积极完成"标准化"动作的改革行为。

三、制度环境层次对地方政府改革行为选择的影响

制度环境是一个社会经济系统运行的外部条件,即宏观层面的基础性制度,包括政治制度、法律制度、产权制度等。一方面,土地制度改革会打破现有的僵化低效的制度环境,通过修正或重构制度环境从而提高社会经济运作的效率;但另一方面,现有的制度环境也会潜移默化地制约地方政府改革的行为和选择偏好。可以说,改革能否取得预期的效果,形成可供借鉴的经验和教训,取决于制度环境与地方政府改革行为的互动。

(一)地方政府基于改革目标对制度环境变革的推动

1. 地方政府的改革确实深化了市场的力量

党的十八届三中全会在《中共中央关于全面深化改革若干重大问题的决定》中指出市场在资源配置中要起到决定性作用。凡是能由市场形成价格的都交给市场,政府不进行不当干预。土地作为资源要素配置的重要一环,存在诸多计划配置的方式。例如,征地的价格由政府运用公权力制定,以农业用途补偿;新增建设用地的空间配置采用指标管控,层层分解下达,且不允许集体经营性建设用地入市。政府干预下的计划配置会导致土地过度非农化等土地资源配置扭曲的低效情况。[1] 因此,作为深化改革的重要领域,以提升土地配置效率为目标的土地制度改革必须"大刀阔斧",发挥市场"无形之手"的作用。

在试点地区,以提升效率为目标的改革引入了价格机制,展现了市场的力量。征地补偿的市场化探索主要体现在征地区片价的动态更新、留用地的市场定价等政策创新上。例如,不同于过去政府直接确定征地价格的干预方式,留用地的地价由市场说了算。留用地这种征地补偿和安置农民的市场化

---

[1] 谭荣,曲福田. 中国农地非农化与农地资源保护:从两难到双赢 [J]. 管理世界,2006, 12: 58—67+74.

补充形式，可以通过土地的开发经营带来长期收益或就业岗位，给被征地农民提供了长期稳定的土地收益来源。允许集体经营性建设用地入市，采取出租、出让等交易方式，本身就是市场机制的体现。通过构建城乡统一的建设用地市场，集体经营性建设用地能够在价格机制的引导下完成工业、商业等土地利用配置。各地的宅基地制度改革，比如义乌市的"城乡新社区集聚""集地券"等模式实践，从宅基地权益置换到节余复垦指标的平台交易，都不同程度地体现了市场交易显化土地增值收益的过程。

以上实践都反映了改革使市场在土地资源配置中的作用更加明显。当然，市场制度的运行也离不开政府的规范和引导，以避免市场失灵。如在集体经营性建设用地入市中，政府通过政策规范入市程序、规划管制土地的空间位置和用途，收取入市收益的增值调节金等，引导入市的有序进行。

2.地方政府的改革能够松绑城乡土地二元体制

城乡土地二元体制的不平等，造成城市地区和农村地区发展不平衡的差距明显，农民无法将农村土地的价值转变为土地财富，进而实现乡村振兴和新农村建设。因此，土地制度改革要通过要素的流动实现社会分配的公平，打破城乡土地二元体制。改革对城乡土地二元体制的影响，主要体现在以下几个方面：

一是征地制度改革的土地收益向农民倾斜，让农村享受到城镇化的红利。征地制度改革事关失地农民的切身利益和生活保障，必须做到在城乡之间公平合理地分配。改革试点通过以留用地开发、失地农民社保为核心的政策探索，明显提高了被征地农民的土地权益。这种将农民上升到新型城镇化红利分享主体地位的实践，将促进被征地农民市民化的过程，从而缩小城乡差距。

二是集体经营性建设用地入市实现乡村经济复兴和产业发展。城市化进程中劳动力、资本和土地单向地流向城市，导致城市的富裕和乡村的衰败，城乡之间的鸿沟愈加明显。入市制度改革的目标是改变过去生产要素单向流动的格局，通过土地要素，即集体经营性建设用地的纽带促使要素双向流动，进而带动乡村的产业复兴。例如，广东南海、浙江德清等地的试点结果表明，集体经营性建设用地入市可以通过统一规划推动农村的工业化进程，也可以通过民宿旅游等乡村新业态的建设促进资本下乡。总之，入市制度改革带来要素的城乡互动和农村产业的蓬勃发展，通过土地增值实现农民收入的提高，最终破除城乡土地二元体制。

三是宅基地制度改革盘活利用低效的宅基地，实现"住有所居"和用益物权保障。从宅基地制度看改革对城乡土地二元体制的影响，主要是通过宅基地的有偿退出和有偿使用，提高宅基地的集约利用水平。农民节约出来的宅基地指标可以挂钩到城市使用，指标产生的收益由农民获得。通过土地要素的空间流动，偏远山区的宅基地也能获得可观的指标调剂收益。这种"去区位化"的改革实践，比如生态移民、异地集中搬迁等，不仅带来了土地增值收益从城市向农村转移的效果，还能够促进增值收益在农村内部的公平分配。

3. 地方政府的改革开始重构集体土地的产权结构

长期以来，我国的集体土地产权在法律上受到诸多限制和禁止，例如，集体建设用地无法入市，在被征收为国有建设用地之前被禁止用于非农建设，其收益权、处分权和抵押权受限；宅基地则没有法定的退出机制，使用权转让受限，农户也没有处置和抵押宅基地的权利等。这种残缺的产权结构导致集体土地的低效利用和扭曲配置。此次改革涉及集体经营性建设用地入市和宅基地"三权分置"，将重构集体土地的产权结构。

首先，集体经营性建设用地入市制度改革，在试点区域突破现有的法律限制，允许农村集体经营性建设用地在在符合规划和用途管制的前提下出让、租赁、入股。这意味着集体土地的产权结构逐渐从残缺走向完整，将被赋予与国有土地同等的产权束，即使用权、收益权、抵押权和处分权。观察试点地区的探索实践可知，集体土地产权结构实现和落地的关键是建立一个城乡统一的市场化流转平台。比如在浙江德清的入市制度改革中，德清县参照国有建设用地出让的经验，建立相关市场规则，将全县集体经营性建设用地统一纳入县公共资源交易中心进行交易，建立多方协同的入市监管服务机制，在操作层面实现了覆盖城乡的统一建设用地市场。

其次，宅基地制度改革中提出的宅基地"三权分置"，即设置宅基地所有权、资格权、使用权，是对我国当前宅基地产权结构的重大转变。落实宅基地集体所有权，是守住土地公有制的红线底线；保障宅基地农户资格权，是落实农民一户一宅、"户有所居"的宅基地保障功能；适度放活宅基地使用权，则是鼓励宅基地流转，提高配置效率，"释放"沉睡的宅基地资产，进而激活农村的各类要素资源。这为后续的民宿旅游、乡村综合体开发、古村落保护利用等农村新产业新业态的发展奠定了良好的产权制度环境。

（二）制度环境对地方政府改革实际行为的影响

1. 城乡土地二元体制与地方试点行为

城乡土地二元体制引致的城乡土地不同的配置方式以及土地管制造成了土地增值收益在城乡之间分配不公、城乡发展不平等等现象。[1]我们通过对试点地区的观察，发现城乡土地二元体制会在以下三个方面影响地方政府的试点行为：

第一，目前我国城乡一体化还是依靠土地国有化即政府的征地行为来实施的，这导致地方政府的改革出现了行为悖论。土地制度改革要打破原有的利益分配格局和利益集团，但事实上执行改革的地方政府却是城乡土地二元体制的获利者。因此，作为理性的地方政府，其有着维护现有的利益分配格局或获得新增利益的冲动。一方面，地方政府依赖于现有的城乡土地二元体制，对征地制度改革的积极性并不高。在试点地区，对征地制度改革的探索仍留停留在"为试点而试点"的阶段，并没有停止或减少征地规模，故取得的真正突破并不多。另一方面，城乡的土地收益"剪刀差"导致地方政府仍

---

[1] 刘守英. 中国城乡二元土地制度的特征、问题与改革 [J]. 国际经济评论，2014, 3: 9—25.

有谋取利益的冲动，导致农民"被上楼"等现象在宅基地制度改革中屡见不鲜。这是因为地方政府可以通过改革的政策空间推动宅基地的拆旧建新，获得以地谋发展的城镇化收益。

第二，城乡土地二元体制导致土地等要素无法自由流动，致使地方政府在改革中采用间接的方式绕过城乡的"藩篱"，实现城乡土地的时空置换。在城乡土地二元体制长期隔阂的背景下，如何实现土地、资本、劳动力的自由流动，是地方政府试点改革面临的挑战。除了直接的入市制度改革，地方政府在改革探索中还利用了宅基地权益置换这一间接方法。比如在浙江义乌等地的"城乡新社区集聚"，地方政府通过整村征地拆迁和宅基地制度改革统筹联动，将农民宅基地退出的结余指标挂钩用于城市建设。这种政府主导的改革实现了"人、地、钱"挂钩，体现了城乡间非自发的要素流动过程。

第三，城乡土地的配置不同，导致地方政府在入市制度改革试点中采取双轨制的改革模式。鉴于征地制度在城乡关系下对地方政府的重要性，地方政府并不希望看到集体经营性建设用地入市对征地带来冲击。这促使地方政府在改革中对国有建设用地和集体经营性建设用地的供给方式存在差异。比如在土地的使用主体上，地方政府一般将国有建设用地用于商住项目开发及对规模企业的投资，而鼓励小微企业和乡镇私营企业使用集体经营性建设用地。此外，在新增指标下达的前提下，城镇建成区范围内的土地仍以国有化，即征地为主，集体经营性建设用地入市的地块则主要位于城区以外的乡镇和村庄。

2. 土地用途管制制度下的地方试点行为

在保护耕地和保障经济发展的背景下，我国建立了自上而下、指标层层分解的土地用途管制制度。[1]通过这一集权化且带有明显计划色彩的刚性管

---

[1] Rong T, Beckmann V. Diversity of practical quota systems for farmland preservation：A multicountry comparison and analysis[J]. Environment and Planning C：Government and Policy, 2010, 28(2): 211—224.

理模式，中央政府实现了对土地用途变化的层级制管控。然而，由于指标总量的控制和经济发展用地需求之间的矛盾，使得指标紧缺的现象在地方政府（尤其是经济发达的地区）的规划实践中屡见不鲜。为了地方发展，在指标紧缺的约束下，除了土地集约利用的"节流"措施，地方政府还具有土地指标"开源"的冲动。这导致了土地制度改革下的地方试点行为。

首先，地方政府在宅基地制度改革探索中找到了宅基地复垦节余指标挂钩落地的"开源"方式。当前农村闲置的宅基地占地面积广，空间分布零散，人均占地面积大大超过了法定标准。将低效的宅基地通过城乡建设用地增减挂钩政策和土地综合整治平台，拆旧建新后转化为节余的挂钩指标，可以合法增加地方政府的用地空间。由于挂钩指标的产出率高，宅基地整治逐渐成为地方政府宅基地制度改革的重要表现形式。不同于过去传统的宅基地退出，宅基地制度改革试点地区的地方政府在获得节余指标拓展城市空间的同时，也大力保障了农民的宅基地权益（比如义乌市的"城乡新社区集聚"），以此更好地符合中央政府的改革要求。

其次，由于土地的产权性质差异，集体经营性建设用地在改革试点中成为地方政府退而求其次的"开源"方式。除了复垦节余指标挂钩，为了满足地方企业的用地需要，地方政府也把"找地"的目标瞄向了集体经营性建设用地。尽管集体土地入市将打破建设用地由地方政府垄断的格局，形成土地供应渠道多元化的局面。但在征地制度难以为继、指标管控受限的背景下，集体经营性建设用地也成为地方政府利用政策空间保障企业用地需求的重要"法宝"。这种行为在一些经济发达的地区，比如北京大兴、广东南海等试点地区表现得尤为明显。为了使集体经营性建设用地更好地获得类似"指标"落地的用途，地方政府在试点中更多地采用异地调整入市、合作入市和统筹入市的方式。这些方式的共同点在于将若干个集体土地复垦后形成集体经营性建设用地指标，并在符合规划的空间落地，从而弥补了集体土地规模小、空间分布零散的缺点。

最后，在改革试点中，地方政府还出现将集体建设用地直接复垦为耕地并折算为建设用地指标的行为。此举的目的在于缓解辖区内因项目用地产生的耕地占补平衡的指标任务难以完成的困境。[1] 比如在耕地后备资源匮乏的义乌市宅基地制度改革试点中大胆引入指标市场交易机制，探索农村存量建设用地地块整理复垦而成的"集地券"政策。由于"集地券"附带占补、规划、计划指标的诸多功能，比新增建设用地指标更好用，因而受到了当地政府的青睐和欢迎。

从上述地方的试点行为可以看到，在指标紧缺的空间规划制度及土地用途管制之下，地方政府不得不寻找新的"指标"来源。而试点地区的各类土地制度改革则为地方政府的"找地"行为提供了政策空间和口子。

四、地方情境对地方改革行为选择的影响

没有一个制度是放之四海而皆准的。换句话说，制度的实施要因地制宜，考虑地方自然、社会、经济等情境的差异。对中国这么一个疆域辽阔、社会文化存在多样性、经济发展不平衡的国家来说，地方情境的影响尤为深远。在土地制度改革的过程中，地方情境是地方政府选择不同政策工具，从而出现差异化试点行为的重要原因。

（一）土地资源的禀赋影响地方的改革动力

尽管我国总体上是一个人多地广的国家，但具体到地方的可利用土地实际情况又有不同。有的地方土地资源相对丰富，人地之间的矛盾并不明显，

---

[1] 一个项目的农转用方案实施，为符合土地利用总体规划，除了使用新增建设用地指标（用地指标），还需要补充同等数量的耕地占补指标（占补指标）。

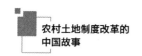

经济发展受到土地资源的制约不大。而有的地方土地资源稀缺，人地关系紧张，对经济发展的用地需求受到自然的制约明显。不同的土地资源禀赋压力，会为地方的土地制度改革行为带来不一样的动力。

对新增建设用地等土地资源禀赋较为丰富的地区来说，地方政府对土地制度改革的积极性和动力可能并不高。比如同为发达地区的广东南海和福建晋江的试点，地方政府就表现出截然不同的改革积极性。前者由于土地开发强度大而新增建设用地少，经济发展更多地依靠农村工业化来实现。为了满足产业升级和城市发展的需要，在没有其他供地方式可选的情况下，整合农村建设用地资源便成为唯一的选择。这使得地方政府对土地制度改革，尤其是集体经营性建设用地入市的积极性较高，并努力推动统一规划、统一入市的改革路径。而反观后者，由于晋江市计划内下达的国有建设用地指标并不太紧张，缺口部分也能相对容易地从省内其他县市购买指标弥补。这使得依赖于国有土地一级市场获得垄断土地收益的地方政府并不急于开展集体经营性建设用地入市制度的改革，缺乏改革的动力。从中我们看到，资源禀赋的差异导致入市制度改革对地方政府的倒逼压力不同，进而地方政府表现出不一样的改革行为。

同样地，在宅基地制度改革的试点过程中，地方的资源禀赋对地方政府的行为也产生了类似的效果。对人地矛盾相对缓和的地区（比如中部平原）来说，地方政府通过改革拓展自身用地空间的积极性不高，这使得地方政府更多地青睐于宅基地的节余指标收益。基于传统的城乡增减挂钩平台，宅基地复垦整治获得的土地指标在省级平台交易，可以为地方带来可观的收益。而在人地矛盾紧张的地区（比如东部山地丘陵），地方政府的新增建设用地极为紧张，因此通过改革的手段打开政策空间，拓展地方用地空间的积极性较高。这迫使地方政府想方设法推动改革，对政策设计的探索和创新都有了突破的可能，浙江义乌的试点就是一个典型。[1] 作为建立在宅基地上的城市，

---

[1] 沈国明，关涛，谭荣，等. 农村土地制度改革：浙江故事[M]. 北京：科学出版社, 2018.

义乌市土地资源尤为紧张。这使得义乌市地方政府不断探索,通过"向空间要地"和"向发展权要钱"积极推动宅基地制度改革,先后推出宅基地整治的"四层半"模式、"高低结合"模式、"城乡新社区集聚"模式以及"集地券"模式。可见,资源禀赋的压力对地方政府改革的动力影响较大。

(二)社会经济发展水平影响地方政府参与改革的目的

我国区域发展不协调的特点明显,就社会经济发展水平来看,东部省份属于发达地区,而中西部省份则属于欠发达地区。经济发展水平的差异,造成了地方的建设用地需求以及地方财政收入结构的差异,进而塑造了地方政府在改革中的不同行为角色。

在宅基地制度改革试点中,由于欠发达地区的用地指标常年富余,地方政府往往将宅基地腾退获得的指标在省级或市级平台进行土地发展权的交易,以此获得明显的指标收益,用来弥补财政收入的不足。相反,发达地区的用地指标缺口大,除了向其他县市购买复垦指标,地方政府更有积极性在宅基地整治上做文章,节余的指标不进行交易,直接用于城市空间的拓展。

此外,入市制度改革会对地方政府在国有土地一级市场上的出让收益带来冲击,理论上,这会造成地方政府在入市制度改革上的消极行为。[1]但我们看到,在资源禀赋均较为丰富的前提下,欠发达的中西部地区和发达的东部地区在入市制度改革中的行为角色有所不同。这种差异源于经济发展水平所致的地方财政收入结构的不同。在经济发达的地区,地方财政收入的重要来源是土地出让金和土地征用、出让、房地产开发过程中产生的各种税费。地方政府通过控制土地要素的城乡流动获取城市建设的"土地财政",这使得地方政府不愿意放开入市的口子,改革积极性低。相反,经济发展水平低的地区,其土地财政收入一般不足以支撑城市发展。换句话说,以地谋发展的

---

[1] 除非是农村高度工业化且用地紧张的发达地区,比如广东南海、北京大兴的试点。

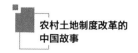

策略在欠发达地区很难施展，导致地方政府更多地依赖上级政府的财政转移支付。因此，经济发展比较落后的中西部一些地区，更加关心通过承担国家重点的改革任务来争取上级政府的财政转移支付。积极运用异地调整入市，或者结合宅基地更新改造，甚至将集体产权的建设用地用于商住建设等方式推动入市制度改革，这可以向上级展示改革的明显绩效和官员的努力水平。

我们还发现，地方经济发展水平的差异还会影响试点地区是否存在征地价格市场化定价的制度改革行为。具体来说，地方经济发展水平落后的区域由于地方财力所限，开展征地价格市场化定价改革所遇的阻力相对较大。诸如重庆大足、四川泸县、河北定州等地就没有出台留用地等市场化做法。相反，地方经济发达地区的财政实力较为雄厚，开展征地价格市场化定价改革阻力较小。而且诸如福建晋江等地的留用地做法，遵循市场规律和市场供需，更容易使被征地的村集体和农民接受。

（三）市场化程度影响入市的积极性和模式选择

由于每个地区的经济社会发展情况不同，各地的土地市场化程度存在差异，而这会对试点的土地制度改革，尤其是集体经营性建设用地入市制度的改革（包括价格、范围、模式等）及地方政府行为方式产生影响。

从现有的试点情况看，市场化程度在集体经营性建设用地入市的形成价格和规模上有直接的反映。在诸如浙江德清、广东南海等市场化程度高的试点地区，民营企业发达，对集体经营性建设用地入市的需求量大，入市的价格均比较高，有的甚至达到了570万元/亩。由于市场的需求量旺盛，地方政府并不需要花很大的力气，就能显著提升入市规模。这使得地方政府在保证国有土地市场秩序的前提下，对入市的积极性较高。反之，市场化程度较低的试点地区，对集体经营性建设用地的入市需求量小，导致入市的成交价格较低，入市规模自然也不大。市场化程度低导致入市不确定性大等诸多困难，因此地方政府推进改革的积极性相对较低。

而且，我们发现，在市场化程度高的地区，分散在各个村庄的集体经营性建设用地面积小且不规则，导致农村建设用地的利用不成规模、效率低下。在农村产业发展、社会资本下乡的背景下，企业对集体经营性建设用地入市的接受程度高，但希望能够获得成规模的集体土地地块。这一市场信息降低了地方政府开展入市制度改革的阻力，为地方实施统一规划、统一上市等入市制度改革奠定了基础。为了更好地实施统筹入市的模式，广东南海、浙江义乌等地相继成立了区级和乡镇级的土地联营公司或土地整备机构，对辖区内集体经营性建设用地进行优化整合开发。在市场程度低的地区，我们没有观察到地方政府存在建立土地整备机构统筹推进集体经营性建设用地入市的行为，却看到了另外一种入市制度改革的选择。由于市场需求不旺盛，单纯的集体经营性建设用地入市的数量也很少，这将使地方政府试点改革处于尴尬的境地。因此，地方政府除了存量集体经营性建设用地，还将农民退出的宅基地、废弃的工矿用地、征地安置留用地也纳进入市范围，实现了扩大集体建设用地入市规模的明显绩效。当然，这种改革取向有助于市场化程度低的地区完成上级的入市制度改革任务，同时也激活了农村土地三项制度改革之间的联动效应。

（四）村集体自治能力影响地方政府的角色

面向农村的土地制度改革涉及的征地、宅基地和集体经营性建设用地，均离不开村集体及农民的决策参与。村民之间的信任和合作是推进改革顺利实施的重要因素。然而，基于历史、社会、经济等种种原因，村庄的自治能力和集体行动程度存在区域上的差异，这对地方政府改革模式的选择产生了影响。

在征地制度的改革中，留用地安置是一种征地补偿市场化的制度设计。但我们发现，由于农民集体自治能力的差异，地方政府对留用地安置采取了不同的治理结构。相对东部地区而言，中西部大部分地区农村集体经济组织薄弱，集体自主经营管理经验不足，农民或不愿意接受类似于留地留物业的

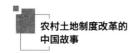

新型补偿安置方式，或没能力自主经营管理好留置的集体建设用地。针对这种情况，地方政府为了避免集体资产流失和利益分配失控的风险，故采取政府主导的模式。比如内蒙古和林格尔为留用地指标建立了托管模式，由政府成立国有性质的农村集体土地运营有限公司，在全县范围内统筹使用留用地指标。与中西部地区不同的是，东部地区的农民集体组织能力较强，经济实力也更胜一筹，能够积极通过村集体自主开发、与外来企业合作开发、村集体之间统筹开发等集体行动来适应留用地开发的市场竞争。由于村集体大多数采取自主经营开发的模式，使得地方政府的角色转为市场监督和政策引导，不需要实质性地参与到留用地的开发和决策中。

同样，村集体自治能力强弱导致地方政府行为及模式选择上的差异在集体经营性建设用地入市制度改革的实施上也得到体现。中西部很多地区的农村集体经济组织长期处于虚位状态，缺乏集体建设用地运营经验，因此集体经营性建设用地入市制度改革主要由政府来主导推进。比如内蒙古和林格尔入市的地块均由各村集体委托原县国土资源局实施，广西北流的入市过程也更多依赖地方政府的组织协调。相反，在东部沿海地区，村级股份经济合作社、村委会等基层行政、经济组织相对健全，村集体经济组织能够更积极地推进和配合入市制度改革。浙江德清、广东南海等地都实现或完成了集体资产股权量化的工作，农村集体经济组织的自主经营能力显著提升。地方政府主要做好入市规划、存量摸底、政策体系设计、招商引资"牵线搭桥"等工作，服务的角色更为明显。

从中可以看到，村集体经济组织的能力对地方改革试点的影响明显。村集体经济组织自治能力弱，认为改革是政府的事情，自己只要配合就够了。两者无法形成改革的合力，造成地方政府疲于奔命，在入市和留用地安置上被迫选择政府主导的模式。村集体经济组织自治能力强、拥有积极主动参与改革的集体行动观念，地方政府就会放手让村集体经济组织自主参与市场竞争。地方政府主要发挥引导、监督和服务的职能。

五、农村土地制度改革的地方行为逻辑

中央政府对土地制度改革的目标是深化市场机制改革与加快城乡统筹发展，这离不开地方政府的试点探索。本章旨在通过央地关系框架下的三层次分析，刻画出农村土地制度改革下的地方政府行为的治理逻辑。基于中央与地方政府的制度改革互动，这个逻辑包括激励机制对地方政府行为的影响，制度环境与地方政府改革行为的相互作用，以及在地方具体情境下地方政府改革的政策工具选择。

在激励机制层次，假定内生于央地框架本身的激励机制仍继续作用于土地制度改革试点的地方政府。在财政激励的作用下，地方政府对征地制度改革的积极性要远小于入市和宅基地制度改革。同时，通过限制入市地块的商住用途，获得宅基地复垦整治的指标收益，地方政府的财政激励从而得以维持。在晋升激励的作用下，地方政府通过统筹入市和宅基地整治、三权分置等方式，为地方带来招商引资的用地空间。地方政府对征地制度改革的积极性则主要来自政治资本的积累。

在制度环境层次，本次改革对我国的城乡土地市场体制、城乡土地二元体制和集体土地产权制度产生了重大的影响。不过，短时间来看，制度环境仍是一个静态的变量，它将约束地方政府改革的行动。在城乡土地二元体制的束缚下，地方政府尽管存在继续依赖这一体制获取土地增值收益的冲动，但也通过城乡建设用地的空间置换，保障农户合法的宅基地权益，实现了城乡"人、地、钱"的挂钩。在土地用途管制的约束下，以地谋发展的地方政府存在土地指标"开源"的冲动。通过宅基地复垦节余指标挂钩和集体经营性建设用地入市，地方政府在试点中找到了缓解用地紧张的办法。

而在政策工具层次，各地的试点实践差异反映了地方实际情况对地方政府行为的影响。资源禀赋的差异导致入市制度改革对地方倒逼压力的不同，从而地方政府对改革的态度和积极性产生差异。社会经济发展水平的高低，

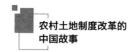

从用地需求和财政结构两方面影响地方政府是否交易宅基地复垦指标、是否愿意积极实施入市制度改革、是否进行征地补充的市场化定价。市场化程度的高低则主要影响地方政府入市制度改革阻力的大小，决定地方政府是否会出现统筹入市的整备机构。村集体经济组织自治能力的强弱会影响地方政府是否在留用地安置和入市制度改革探索中采取政府主导的模式。

  以上三个层次相互影响，最终塑造了地方政府在土地制度改革试点过程的行为逻辑。我们在不同层次观察到地方政府在改革试点中存在行为差异，且其背后蕴含着近乎相同的逻辑。地方政府作为理性人，都会完成土地制度改革本身的标准化"动作"，以满足上级考核的要求，但同时也表现出明显的逐利倾向，并尽可能地利用制度改革的政策空间，实现地方发展意图。对征地制度改革的消极应对、集体经营性建设用地入市的统筹行为、基于土地发展权的宅基地整治，无不体现了地方政府的"理性"选择。

第九章
农村土地制度改革的中国故事：结论与启示

农村土地制度改革实践受到地方政府所面临的各类约束的影响。而这恰恰是"中国故事"中最吸引人的地方——在同样的改革背景下，由于中国目前的纵向政府间关系和地方面临的经济、社会发展差异，地方政府采取了多样化的改革模式，并呈现出特定的规律。作为"中国故事"的终章，本章对新一轮农村土地制度改革的特征与绩效进行总结，给出研究结论，并从政策工具、制度环境以及激励机制三个层次对未来还将持续推进的农村土地制度改革提出政策性建议。

一、回顾本轮农村土地制度改革

农村土地三项制度改革的故事即将进入尾声，相信读者们心中已经对本书揭示的农村土地制度改革的共性特征有了了解。本章将从整体的视角，总结新一轮农村土地制度改革的特征与前因后果，探寻各主体间互动的共性规律。

（一）改革的逻辑

农村集体经营性建设用地入市、宅基地和征地三项制度表面看来是不同的制度，却存在共性的变迁规律。通过对不同阶段制度特点的梳理，本书发现外部环境的变化和内部各层级政府间的互动共同影响了不同时期中央政府对效率与公平目标的权衡，进而导致了土地制度的变迁，实现了对权利体系、城乡关系的调整。2015年开始的新一轮农村土地制度改革起源于中央政府对这几对关系变化的响应。

1. 价值取向的变化

对于中央政府来说，不同时期对制度价值的调整取决于外部环境变迁导致的社会主要矛盾的变化。自上而下推行的新一轮农村土地制度改革，蕴含着新阶段社会主要矛盾变迁下中央政府对制度价值的调整。中国农村土地制度改革的价值在新时期主要经历了从追求效率到效率和公平兼顾的转变。

党的十一届六中全会以后，我国社会的主要矛盾是人民日益增长的物质文化需要同落后的社会生产之间的矛盾。这充分反映了改革开放之初我国落后的生产效率和经济发展水平，因此，这一时期，我国政府将推动经济发展作为政策的主要目标，而土地制度成为政府推动经济发展的重要手段。

从征地制度来看，这一时期政府对失地农民的补偿标准按照农业用途产值倍数法进行设定。这虽然给政府带来了高额的增值收益，但单一的效率目标也损害了被征地农民的利益，为发展差距扩大埋下了隐患。从集体建设用地管理制度来看，沿海地区地方政府为满足用地需求、提高招商引资竞争力，大多自发进行了集体建设用地流转的探索。但中央政府在正式制度层面仍然以控制流转为主，使集体建设用地和城市建设用地面临不对等的权利。

党的十九大指出，我国社会的主要矛盾已经转化为人民日益增长的美好生活需要和不平衡不充分的发展之间的矛盾，新一轮农村土地制度改革在追求效率的基础上转向注重不同主体间的公平。

从征地制度改革看，中央政府更加注重保护被征地农民的权益，逐步引入市场机制制定补偿标准，使农民能够享受用途变更带来的发展权收益，并严格制定征地程序尊重农民意愿。从集体经营性建设用地入市制度改革来看，中央政府在正式制度层面放宽了对农村建设用地市场化的限制，完善农村集体建设用地的用益物权，调整了城乡土地二元体制下农村土地市场的基本制度。

2. 央地关系的变革

一方面，我国辽阔的疆域和差异化的禀赋条件决定了我国难以采用单一体制进行土地治理。因此，制度改革往往需要地方政府的自我创新。另一方面，地方政府因激励机制和外部环境的影响，在政策执行中可能采取最有利于地方的政策设计，有可能导致与中央政府目标相背离的结果。因此，中央政府如何控制地方政府是影响改革结果的关键。中国农村土地制度的变迁，主要经历了从集权控制向授权创新的变化过程，现阶段表现为中央政府鼓励地方政府在中央设计的框架内进行创新。

从集体建设用地管理制度来看，中央政府自上而下建立了行政主导的土地资源配置模式，并禁止任何形式的从农村向城市的流转。改革开放后，地方政府自发进行了集体建设用地入市的探索，中央政府的顶层设计与地方政府的诉求出现了不匹配。因此，中央政府采用渐进的方式逐步向地方政府授权，允许地方政府自主探索集体建设用地流转，厘清政府与市场的边界。

从征地制度来看，虽然中央政府采用分级审批的形式严格管控地方政府的土地征收，但由地方政府具体实施的土地征收过程造成了一系列社会矛盾。地方政府为缓解征地矛盾，主动探索征地区片价和留用地等新的土地征收补偿形式，中央政府在这一阶段也采取了适度授权地方政府在中央政策框架范围内创新的征地制度，以缓和中央与地方、城市与农村的矛盾。

3. 权利体系的重构

长久以来，城市与农村、政府与农民间土地不对等的权利关系造成了集体土地的低效利用和扭曲配置，不断激化了不同主体间的矛盾。从本书构建的研究框架来看，权利分配体系作为正式制度，与激励机制同时影响着地方政府的政策工具选择，在与现阶段经济社会发展的需要不相符合的情况下成为地方政府推动土地资源高效公平配置的主要制度障碍。

中央政府在新一轮农村土地制度改革中调整了城乡间土地权利主体不对

等的产权结构,打破了政府对农地发展权的垄断,允许农村集体享受土地的增值收益。牵一发而动全身,权利体系的变化重新定义了城市与农村的发展次序和发展关系,对土地市场的建设和城市经济发展路径的变迁都产生了深远的影响。

4. 城乡关系的调整

我国城乡二元结构起源于中央所决定的城市与农村发展的优先次序。改革开放以来,工业化和城镇化的发展形成了农村支持城市的格局,农村向城市单向的要素流动为城市经济发展提供了必要的资源。但是,不平等的发展模式和不断拉大的城乡差距也因此埋下了隐患。

为了打破城乡二元的土地权利和市场体系,将城乡置于同等的发展地位,中央政府在本轮农村土地制度改革中明确要求明晰土地征收范围、提高补偿标准,规范了地方政府在土地征收中对集体土地发展权收益的索取行为;通过集体经营性建设用地入市和宅基地"三权分置"改变要素由农村向城市单向流动的情况,保障农民权益,助力乡村振兴。

(二)改革的过程

新一轮农村土地制度改革以中央政府正式制度层面的推动为起点,由地方政府作为政策实施的主体。其中,三项制度又存在相对独立的管理体系,因此,改革的实施过程实质上是中央政府、地方政府和职能部门三类主体在不同维度上的互动过程。换言之,央地间的纵向互动、地方政府间的横向竞争以及各职能部门间的合作是本书所讲述的改革故事的主线。

1. 纵向互动:中央推动与地方分异

纵向互动过程是指中央政府在制定政策目标以后,向地方政府分化权力、分配任务,地方政府进行政策工具的选择以回应中央政府政策目标的过程。这一过程在此轮改革中表现为中央政府授权鼓励地方政府进行政策创新和不同地方政府差异化的政策回应行为。

第九章
农村土地制度改革的中国故事：结论与启示

首先，中央政府的授权程度表现为在制度环境层面给予地方政府政策空间。为推动农村土地制度逐渐向市场配置转型，自 2015 年起，中央政府采用县级试点的形式，允许试点地区在试点期间暂停执行《中华人民共和国土地管理法》的五个条款和《中华人民共和国城市房地产管理法》的一个条款。地方政府得以跳出城乡土地二元体制的限制，更大程度地享有创新土地管理形式、统筹资源要素流动的权力。这是中央政府将重塑政府与市场关系、统筹城乡发展等目标任务分解给各地方政府的前提。

其次，地方政府的回应是指地方政府在激励机制下进行政策工具的选择。这种选择决定了地方政府改革结果能够在多大程度上实现中央政府的政策目标。为了在更大范围内试验改革的可行性，中央政府遵循了兼顾不同区域、不同发展阶段和模式的原则进行试点选择，而各改革试点之间差异化的资源禀赋、经济基础以及改革基础，导致了政策行为在放权让利程度、组织模式选择和政策创新程度上的异化，最终形成了不同的政策结果。

2. 横向互动：资源竞争与标尺效应

地方政府的政策执行过程不仅包括与中央政府的互动，还存在与同一级别其他地方政府的竞争与学习。我国行政体制内部长期存在"晋升锦标赛"这一制度，各地方政府的政策行为和政策绩效是相互的"参照系"。换言之，地方政府为了在与同级政府的竞争中取得优胜，不得不关注其他政府的改革行为。新一轮农村土地制度改革中，地方政府间的横向互动表现为资源竞争方式的转型以及政策工具创新的标尺效应。

首先，晋升激励在城乡土地二元体制下形成了地方政府低价征收农村集体土地以招商引资、弥补财政收入的竞争路径。这一模式竞的是低地价和低税收，争的是与工业用地相挂钩的发展资源。而本轮改革旨在调整地方政府土地征收范围，重塑土地市场，将从根本上动摇这一路径所依赖的制度基础。但激励机制对各地方政府行为的影响不因制度环境的改变而消失，而是在现有的农村土地管理体制下改变了地方政府间竞争的方式，使政府从经济

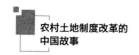

发展的主导者变为经济发展秩序的维护者。改革中，虽然各地方政府逐步厘清与市场在土地制度上的作用边界，发挥农村集体自组织的经营能力，但还是形成了竞市场基础、竞服务水平的新的横向竞争模式。

其次，中央政府对地方政府政策绩效的评估并不仅仅依靠 GDP 等传统指标，改革中地方政府的其他政策行为也是中央评判的标尺，因此，地方政府之间除围绕着发展资源竞争以外，还存在政策行为的互动与学习。这一标尺效应在同一行政区域内的地方政府间较为明显，例如，与集体经营性建设用地入市制度改革试点邻近的市县，也尝试打破对集体建设用地流转的限制，这一现象背后是建设用地内生性需求和地方政府策略学习共同的结果。本书在第六章讲述的内蒙古和林格尔留用地改革的故事，正是在标尺效应下学习其他地区的政策措施，但却出现与地方发展情境和集体自组织能力错配的现象。

3.部门联动：政策统筹打破制度壁垒

我国的行政体制呈现出即使在同一个职能部门，工作也相对独立的特点。征地、宅基地和集体经营性建设用地入市制度等也是在单独体系中运行。这种事务部门化的问题不仅增加了行政成本，也给提升土地利用综合效率带来了难题。为降低效率损失，新一轮农村土地制度改革采用部门改革、政策统筹的方式，降低过程中的交易成本。

首先，中央政府从国务院部委到地方政府进行了办事部门的合并与精简，减少了部门间的矛盾。其次，中央政府重视统筹三项土地制度改革，实现制度间的联动与共赢，包括利用征地制度缩小政府作用范围的边界，推进集体经营性建设用地产权制度改革创新，又以集体经营性建设用地流转盘活农村宅基地这一"沉睡"的资产，同时优化了城乡土地增值收益分配格局。这些都有利于减少政策间的相互掣肘，实现改革进程中各方利益的共赢。

（三）改革的绩效

历时 4 年，涉及 33 个试点地区的农村土地制度改革在 2018 年年底进入

第九章
农村土地制度改革的中国故事：结论与启示

了试点的总结时期，各试点的政策实施是否实现了中央政府统筹城乡发展，向市场化迈进的目标？改革的过程中是否降低了各主体间沟通与协商的成本？为回答以上问题，本书从效率、公平与损耗这几个角度出发，对改革的总体绩效进行分析。

1. 以市场机制提高土地资源利用效率

农村土地制度改革中对效率的评判指的是，改革中政策行为是否提高了土地资源的配置效率，进而发挥出了土地对劳动力、资本的杠杆作用，实现了经济的发展。新一轮农村土地制度改革跳出了政府对农村建设用地资源流动的限制，建立了城乡统一的建设用地流动市场，以价格机制代替了行政力量对土地资源进行配置。主要体现在以下两个方面：一是城乡统一的建设用地市场解决了农村建设用地闲置和城市建设用地需求增加的矛盾，盘活闲置土地的同时满足了经济发展的用地需求；二是市场机制显化了农村建设用地的价值，规范了地方政府低价出让工业用地来招商引资的行为，使有限的土地资源能够流转到利用效率更高的企业手中，从而倒逼地方实现经济发展方式的转型。

总体来说，新一轮农村土地制度改革在各试点地区初步建立了城乡统一的建设用地流动市场，以市场的作用提高了城乡建设用地利用效率，以此倒逼经济的增长。

2. 以权利重构优化增值收益分配机制

实现公平分配是新一轮农村土地制度改革的另一目标，长期以来，土地分配不公平主要体现在城乡权利主体增值收益权的不对等上。因此，改革是否有效平衡了城乡间的土地发展权分配，从而缩小了经济发展差距，是绩效的又一评判指标。

新一轮农村土地制度改革在中央政府的推动下，不断丰富和发展农村集体土地的权能体系，赋予农村集体建设用地与城市国有建设用地"同地、同权、同价"的地位。主要体现在以下两个方面：一是权利体系的重塑打破了

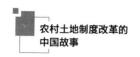

地方政府对农地发展权的垄断,使农民同等地享有市场发展带来的土地增值收益;二是农村集体经营性建设用地和宅基地资源的盘活为乡村经济的发展注入了内生动力,助力农村农民脱贫致富,实现了乡村经济可持续发展。

总体来说,权利体系的重塑重新界定了城乡间的发展关系,结束了农村补给城市的发展模式,在地方政府的推动下逐步实现了农村收益权能的保障,助力乡村振兴。

3. 以政策统筹降低交易成本

农村土地制度改革是顶层制度设计影响地方政府行为,进而作用于城乡土地利用的结果,对绩效的评判标准可以简化为土地利用成本和利用收益之间的差额,而土地利用的成本并不仅仅指土地开发的投入,农村土地从管理到利用各个环节间由于信息可得性的限制和非完全理性行为的存在,可能产生一系列协商、组织等过程费用,进而影响改革的绩效和可持续性。

新一轮农村土地制度改革通过各个层次政策的配合降低了交易费用。首先,在正式制度层面,中央政府推动地方政府打破了三项制度间的壁垒,防止制度间相互掣肘,实现改革中各管理体系的联动,达到了各制度"1+1>2"的效果。其次,各地方政府在改革实践中充分发挥非正式制度的基础作用,利用宗族文化和集体自组织降低了宅基地退出和集体经营性建设用地入市中的谈判和组织成本,进一步盘活了农村建设用地。

总体来说,新一轮农村土地制度改革通过非正式制度、正式制度之间的改革联动,降低了各级政府间、政府与农民集体间的交易成本,提高了改革过程的效率。

二、本书的研究结论

经过对改革过程特征与绩效的梳理,本书尝试回答第一章所提出的研究问题：第一，辨析影响农村土地制度改革绩效的制约因素有哪些；第二，理解农村土地制度改革试点中地方政府的行为选择逻辑是什么。为了回答以上研究问题，本节首先需要对各地方政府在改革中的绩效进行总结，其次对改革中地方政府差异化的绩效与行为背后的逻辑进行分析。

（一）三项农村土地制度改革绩效的时空差异

地方政府在农村土地三项制度改革的实践中，都实现了对中央政府统筹城乡发展、完善市场秩序目标的回应，但不同制度在不同地区、不同时间存在效率、公平和损耗三个维度上的差异。

1. 集体经营性建设用地入市制度改革的绩效

首先，农村土地制度改革的目标之一在于通过城乡间土地资源的市场化流动，实现资源的高效配置。而过去多年阻碍城乡间土地要素合理流动的主要原因在于城乡土地二元体制对于农村集体土地入市的限制，因此，改革中入市规模的不同反映了各地方的政策效率以及对中央政府政策的回应程度。从图 9-1 可以发现，农村集体经营性建设用地入市的规模在 33 个改革试点地区有较大差别。

其次，农村土地制度改革的另一目标在于改变城乡间不均衡的土地权利和市场体系，实现增值收益的公平分配。农村集体经营性建设用地入市制度改革则要求地方政府向农民放权让利。因此，各地方政府在改革中对公平目标的回应差异主要表现为地方政府允许集体经营性建设用地入市的用途和范围差异，以及增值收益调节金收取比例的不同（见表 9-1）。其中，除广西北流放开了对集体建设用地入市用于住宅的限制以外，其他地区仍倾向于选择在中央政府规定的框架内进行改革。而增值收益调节金的收取则表现出从东到西收取比例逐渐减小的变化趋势。

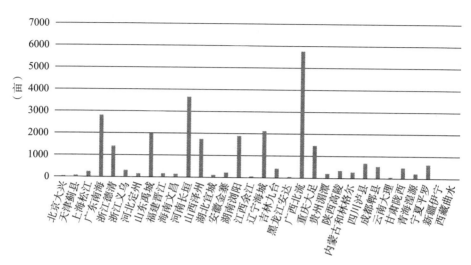

图 9-1　试点地区集体经营性建设用地入市规模

注：除此之外，江苏省常州市武进区在改革期间共入市了 83 200 亩农村集体经营性建设用地，由于这一案例的特殊性对图表可视化程度的影响，因此在此单独说明；入市规模以入市面积为主要衡量标准。

表 9-1　部分试点地区土地增值收益调节金收取方式

（单位：%）

试点地区	分类方法	调节金比例		
		工业用地	仓储旅游	商业服务用地
浙江德清	县城规划区内	24		48
	乡镇规划区内，县城规划区外	20		40
	乡镇规划区外	16		32
上海松江	不限	20		50
福建晋江	不限	15		30
江西余江	县城、锦江镇、中童镇建设规划区建成区内			50
	县城、锦江镇、中童镇建设规划区建成区外	20		30
	其他乡镇建设规划区建成区内	20		30
	其他乡镇建设规划区建成区外	20		20

（单位：%）（续表）

试点地区	分类方法	调节金比例 工业用地	仓储旅游	商业服务用地
河北定州	招拍挂位于城区、开发区、工业园区规划范围内	20		
	招拍挂且位于其他范围	15		
	协议位于城区、开发区、工业园区规划范围内	24		
	协议位于其他范围	18		
内蒙古和林格尔	城关镇、盛乐镇、巧什营镇、盛乐经济园区	25		45
	其他乡镇	20		35
广西北流	就地入市	5	15	40
	零星分散集体经营性建设用地整治后入市	5	15	48
	城中村集体经营性建设用地整治后入市	15	15	15
	新增集体经营性建设用地入市	5	15	50
四川泸县	不限	20		30
四川郫县	招拍挂基准地价为一级的	13		30
	招拍挂基准地价为二级的	13		24
	招拍挂基准地价为三级的	13		15
	协议基准地价为一级的	23		40
	协议基准地价为二级的	23		33
	协议基准地价为三级的	23		25
重庆大足	招拍挂	10—25		
	协议	比招拍挂出让降低5%		

最后，为了实现改革目标、提高改革绩效，需要降低交易成本以提高过程效率，这一价值导向作用于集体经营性建设用地入市的实践中，呈现出地方政府组织模式选择的差异。从集体经营性建设用地入市模式的选择来看，

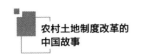

各试点均进行了就地入市的实践,但在是否进行指标调整入市和政府统筹入市上,各地区产生了较大的分异,但其分异的模式并没有呈现出明显的空间规律特征,如表 9-2 所示。

表 9-2 部分试点地区入市模式

改革试点	入市组织形式
广东南海	就地入市
福建晋江	就地入市
浙江德清	就地入市 + 调整 + 统筹
广西北流	就地入市 + 调整 + 统筹
河北定州	就地入市 + 调整 + 统筹
江西余江	就地入市 + 调整
内蒙古和林格尔	就地入市 + 调整
上海松江	就地入市 + 调整 + 统筹
四川泸县	就地入市 + 调整
四川郫县	就地入市

2.宅基地制度改革的绩效

部分试点地区宅基地制度改革绩效如表 9-3 所示。

表 9-3 部分试点地区宅基地制度改革绩效

改革地区	宅基地利用效率	农民集体宅基地收益权利	组织模式
浙江义乌	向空间要土地	发展权市场化配置	市场 + 政府
河北定州	有偿 + 无偿的申请与退出机制	政府:集体:农民 =11:3:6	政府 + 自组织
贵州湄潭	有偿使用、有偿退出	"三权分置"	政府主导
广东南海	宅基地退出 + 增减挂钩		政府主导
广西北流	易地扶贫搬迁 + 增减挂钩	政府安置补贴,指标收益返还村集体	政府主导
内蒙古和林格尔	有偿使用、有偿退出		政府主导

第九章
农村土地制度改革的中国故事：结论与启示

首先，农村宅基地制度改革的效率目标在于通过准市场化的配置方式，破解宅基地闲置浪费的难题，化解"空心村"和建设用地需求双增加的矛盾，激活"沉睡的资产"，给乡村经济注入活力。因此，各地方政府在改革过程中是否有效促进宅基地资源的集约节约利用，以土地撬动乡村经济的发展，是效率分异的主要指标。从各地方的改革实践来看，东部地区的地方政府更早地开展了宅基地市场化配置，并通过建设高度的增加"向空间要地"。而中西部地区地方政府则倾向于通过加强管理和闲置腾退减少土地的浪费行为。

其次，宅基地改革的另一目标在于让农民与农村享受更多的增值收益，因此，地方政府通过宅基地制度改革向农民和集体放权让利程度的差异成为衡量地方政府对中央政府公平目标回应程度的主要指标。不难发现，东部地区的地方政府更倾向于显化过去禁锢在宅基地之上的发展权，使增值收益分配向农民与集体倾斜。而中西部地区的地方政府的改革步伐仍然停留在通过结余农村宅基地空间为城市供地的阶段。

最后，改革过程的效率要求地方政府在改革中降低交易费用，这一目标在不同的地方情境下形成了差异化的模式选择。其中，东部地区更倾向于发挥市场对资源配置的作用，中部地区则利用非正式制度的影响发挥自组织的协调功能，而西部地区仍然依赖政府进行宅基地的统筹利用。

3. 征地制度改革的绩效

新一轮农村土地制度改革中，征地制度改革的目标在于通过厘清政府作用范围的边界，完善农民集体的权利与收益体系，向市场化资源配置看齐。因此，地方政府征地制度绩效的分异则表现在征地区片价的设定和留用地政策的实施上。

从图9-2可以看出，各地留用地实施的比例存在较大差异。东部地区更倾向于将农民的发展权益与地方经济相挂钩，以缩小城乡间的发展差距，缓和因征地范围过大、补偿过低引致的矛盾；而西部和东北地区则仍然发挥政府对土地征收的主导作用，选择用货币或房屋一次性"买断"农民的集体土地，防止由多主体供地导致的市场混乱。

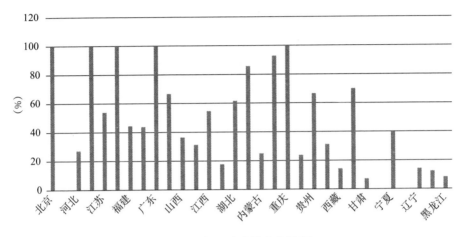

图9-2　留用地政策实施比例

注：以省为单位，按实施留用地政策地级市数量/总地级市数量计算。

（二）改革绩效与地方政府行为

现有的研究对于公共政策过程的定义包含政策的制定、执行、评估三个主要环节。[1]而新一轮农村土地制度改革中，中央政府同质化的制度设计在各地改革过程中却形成了效率、分配、损耗各异的政策绩效，其原因在于差异化的政策执行过程。读者已经了解，此轮农村土地制度改革采用中央政府向地方政府分解目标、分配任务的方式推进政策的执行，因此，地方政府行为就是差异化改革绩效的关键所在。

本书对于地方政府政策执行行为的定义是指，在中央政府统一的制度设计框架下，地方政府对中央政府政策目标采取何种方式进行回应。首

---

[1]　宁骚.公共政策学：第三版[M].北京：高等教育出版社，2003.

先，中央政府有两重改革目标：其一是以土地制度的变革撬动城乡关系的调整，实现统筹发展；其二是规范政府作用的边界，发挥市场对土地资源配置的作用。其次，地方政府对中央政府政策目标的回应主要有两种方式：一是通过资源的调配和模式的创新积极实现政策目标；二是在中央政府的考核压力下消极应对。

中央政府两重目标和地方政府两种应对策略的不同组合构成了改革中地方政府行为的主要形态。不同的地方情境产生了差异化的政策效果，本书将在后面的部分具体总结地方政府行为分异的表现形式，并剖析其背后的逻辑。

（三）地方政府行为的时空分异规律

发生于辽阔大地上的农村土地制度改革故事，本质上是地方政府在差异化的社会经济条件下的互动选择的过程。地方政府作为故事中的主角，它们的行为有何特点？为什么会呈现出这样的特点？本书从地方政府在改革中的实施模式、让利程度和创新程度，来解释地方政府的行为差异，以此梳理出故事的主线。

1. 空间分异

从改革的组织模式上来看，发达地区更倾向于市场化的配置思路，而欠发达地区更容易受到政府主导的影响。[1] 组织模式是指在落实各项改革试点工作（比如入市交易、宅基地抵押交易等）的过程中所采取的具体方式，大体可以分为政府主导、市场配置以及自组织等。

在集体经营性建设用地入市过程中，浙江德清的就地入市或异地调整入市，都是基于政府搭建的农村集体建设用地市场来实现的，即通过近似于国

---

[1] 需指出的是，即使东部沿海地区倾向于市场化配置方式，但其仍然离不开政府的引导与管控，比如政府对相关政策的制定、对交易平台的搭建、对交易行为的监督等；而欠发达地区在受政府主导的过程中，也会受到市场竞争机制的影响，比如交易的达成、价格的确定等。这里主要强调的是相对的概念。现实中并没有绝对的政府主导或市场配置模式。

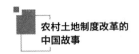

有土地市场的市场化配置方式来实现农村集体经营性建设用地的入市交易，由此满足了农村集体的供应需求与小微企业的用地需求，并实现了集体建设用地的高效配置与资产价值显化。然而，广西北流的入市制度改革做法由于缺少工业企业用地需求，其在政府主导下更多是利用集体经营性建设用地进行房地产开发，因此受政府干预较大。在宅基地制度改革中，浙江义乌的"四种模式"改革正是依托市场化机制实现宅基地资源高效配置的集中体现，尤其是"集地券"政策的出台，使得宅基地成为一种可直接交易的指标资源，实现了市场化配置的目标；反观江西余江和贵州湄潭等地区，宅基地有偿退出标准、超标费用收取标准等基本都由政府制定，对宅基地市场化价值的体现不多。此外，在征地制度改革中，浙江、广东等地区的留用地政策实施是一种准市场化的配置方式，即通过农民直接参与留用地的市场化交易和开发利用，实现了对土地征收补偿的市场定价，而内蒙古和林格尔的留用地政策并未真正实现市场配置效果，而是明显受政府主导。

从改革实施的力度来看，东部地区更倾向于放权让利，而中、西部地区相对保守。本轮改革强调了要通过"还权赋能"赋予农民和集体更多的土地权利。然而，地方政府的执行方式和力度是不同的。

对于宅基地制度改革而言，赋予农民主体宅基地用益物权是此次改革的重点内容。但实践中对宅基地用益物权的赋权却存在明显的地区差异。以浙江义乌为代表的东部地区，通过四种模式的政策创新，较好地实现了宅基地使用权、收益权及处分权，即农民主体可以将宅基地作为一种指标权益在市场上进行交易买卖，并把对宅基地占有、使用的权益变现，其"放权让利"的效果最为明显；而以江西余江和贵州湄潭为典型的中、西部地区，多是按照中央政府的基本要求推动相关改革内容的落地，比如开展宅基地有偿使用、有偿退出、三权分置等，而赋予农民宅基地的权利绩效在实际过程中的效果相对不明显。

对于征地制度改革而言，其目标在于规范征地流程、提高征地补偿标

第九章
农村土地制度改革的中国故事：结论与启示

准，这本身就是一种对被征地农民进行"放权让利"的过程，但在不同地区也发生了分异。以浙江杭州、广东南海等地为代表的留用地政策创新，实现了更大程度上的"放权让利"，即允许被征地农民占有部分建设用地的使用权、收益权和处分权，并获得土地权益补偿；而以内蒙古和林格尔为代表的地区尽管也引入了留用地政策，但这更偏向名义上的赋权，实际上农民权益很难充分体现。

从地方对中央政府目标的回应来看，发达地区的地方政府更倾向于结合当地实际进行政策创新，而欠发达地区则更倾向于执行标准动作。地方政府的政策工具选择受激励机制和制度环境的双重影响，因此，是否进行政策创新一方面反映了地方政府对中央政府政策目标的回应程度，另一方面则反映了中央政府的顶层设计是否符合地方的激励机制。

宅基地制度改革中，浙江义乌的"集地券"交易模式，将禁锢在闲置宅基地之上的发展权分离出来，以自由流转抵押和政府保底价的形式鼓励农村资源要素市场化。而江西余江和贵州湄潭则选择在中央政府的政策框架内积极完成改革任务。在征地制度改革中，浙江杭州和广东南海先于中央政府顶层设计的变革，打破了单一的货币补偿形式，以留用地的形式将农民的权益与地区经济发展相挂钩。而内蒙古和林格尔在建设用地供大于求、农村自组织经营能力较弱的情况下，仍然引进留用地政策，遇到了农民集体积极性不高、市场效果不佳的问题。在集体经营性建设用地入市制度改革中，广西北流主动放开对集体经营性建设用地入市后的用途限制，而福建晋江却没有对改革进行积极的回应。这看似出现了空间分异现象，但背后的逻辑却呈现出三个层次上互动的一致性。

2. 时间演化

一方面，政策创新一般最早出现在追求土地资源高效配置的发达地区，再不断扩散到其他区域。例如，在农村集体经营性建设用地入市制度改革中，浙江德清率先在全国范围内构建了"一办法、两意见、五规定、十范本"

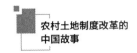

的政策体系,并提出了"就地入市""异地调整入市"等创新举措,这些都是德清县积极开展政策创新的体现,也是通过优化配置农村建设用地以满足大量小微企业用地空间的客观要求。此后,其他各地的集体经营性建设用地入市制度改革举措也常常借鉴浙江德清的经验做法。又如,在宅基地制度改革中,浙江义乌循序渐进推出的四种模式改革措施,正是义乌市不断追求城乡土地资源高效配置的体现,通过优化城乡建设用地的空间布局,实现城市反哺农村的发展需要,这些改革措施一定程度上缓解了义乌市土地的供需矛盾。再如,在征地制度改革中,广东南海与浙江杭州等地区的留用地政策,与当地政府为了快速推动城镇化和吸引外来资本促进地区的工业化发展紧密相关。

另一方面,地方政府的改革行为是一个动态变化的过程,遵从着不断权衡地方利益与中央目标的逻辑。在集体经营性建设用地入市制度改革中,浙江德清早期入市交易量一度占到全国入市总量的60%以上。但在推进改革的过程中,德清县通过不断提高入市门槛,使得入市交易量呈现"先扩张、后放缓"的时间演化特征,这其实是地方政府权衡入市制度改革所带来的政治绩效、早期历史遗留问题解决程度以及入市后续可能对国有土地市场造成冲击程度的结果。在宅基地制度改革中,浙江义乌四种模式的迭代,本质上也是在完成中央政府改革目标的同时,不断追求自身利益最大化的演化结果。在征地制度改革中,浙江杭州前期大力推进"留用地"政策,之后逐渐规范留用地开发,最后"撤回"留用地政策,不断朝着符合自身发展利益的方向调整。

(四)地方政府行为分异的原因

地方政府差异化的行为选择导致中央政府同质化的制度设计在地方形成了不同的政策结果。那么,地方政府差异化政策行为背后的逻辑是什么?这个问题是贯穿于中国农村土地制度改革故事的主线,本书从"激励机制—制度环境—政策工具"这一研究框架出发,系统地回答了这一核心问题。

第九章
农村土地制度改革的中国故事：结论与启示

1. 激励机制与地方政府行为

激励机制是指从宏观层面调动地方政府积极性以实现政策目标的工具，在中国语境下主要有两种形式：一是以GDP横向竞争为主要内容的晋升激励，二是以财政收入为主要内容的财政激励。二者在不同制度下形成了影响地方政府行为的不同路径，成为中央政府控制地方政府的基础性制度安排。

（1）晋升激励与地方政府行为

改革中，中央政府采用委托代理的方式向地方政府分化权力、分配任务。但为了避免经济放权后地方政府各自为政的风险，中央政府仍然控制着地方的人事管理权，这意味着地方政府官员为了在与同级政府的竞争中脱颖而出，需要积极地完成中央政府的政策考核目标。现有的考核标准主要有两种：一是改革开放以后一直存在的GDP考核目标，二是中央政府在新一轮农村土地制度改革中要求调整城乡、政市关系的目标。

首先，建设用地对于经济发展的杠杆作用使地方政府在GDP考核目标下逐步形成了依赖土地招商的发展模式，这一模式下的地方政府对征地、集体经营性建设用地入市和宅基地制度改革目标呈现出不同的回应态度。对于地方政府来说，征地制度改革缩小征收范围、提高补偿标准的要求一定程度上减少了其能够调配的土地资源且增加了土地开发成本，使其无法在低地价的招商竞争中获得比较优势，因此，GDP考核目标下的地方政府政府没有动力推进征地制度改革。而集体经营性建设用地入市则相对弥补了地方政府面临的建设用地短缺的问题，有效促进了招商引资，实现了地区经济的发展。另外，大多数地方政府对集体建设用地的存量限制导致入市来源的短缺，而宅基地制度改革对农村闲置宅基地的盘活和腾退有效解决了集体经营性建设用地入市的空间难题。因此，GDP考核目标下的地方政府对集体经营性建设用地入市和宅基地制度改革的积极性较高。

其次，新一轮农村土地制度改革的政策目标同样作用于地方政府的政策行为，表现为地方政府为了在上级政府政绩考核中取得优胜，努力在完成三项制度改革的"标准动作"之外进行政策创新。

（2）财政激励与地方政府行为

除晋升机会给地方政府行为动机带来的影响之外，地方政府财政收入最大化的目标也成为地方政府激励机制的主要内容。地方政府有三种途径提高财政收入：一是通过发展地方经济获得可持续性的税收收入，二是通过土地出让获得预算外的土地财政收入，三是通过政策试点等行为获得上级政府的财政转移支付。以上三种财政收入的路径作用于地方政府行为，形成了地方政府对农村三项土地制度改革差异化的回应态度。

首先，依靠经济增长实现税收收入增加的目标与GDP考核下实现晋升的目标相辅相成，都导致地方政府对征地制度改革消极应对，而对集体经营性建设用地入市和宅基地制度改革政策目标的回应相对积极。

其次，依赖土地财政获得预算外收入的地方政府行为却不尽相同。一方面，征地制度改革对政府征地范围的缩小和对补偿标准的要求限制了地方政府出让建设用地的来源并提高了土地开发成本，即压缩了地方政府土地出让的利润空间。因此，地方政府在土地财政激励下倾向于消极回应征地制度改革的目标。另一方面，地方政府间的横向竞争长久以来形成了"高价出让商住用地、低价出让工业用地"的出让格局。换言之，商住用地是地方政府土地出让收入的主要来源，因此，依赖土地财政的地方政府更倾向于选择限制集体经营性建设用地入市用于商住用途，防止集体这一供应主体的出现打破地方政府在商住用地市场的垄断地位。而由于对农民居住权的保障要求，宅基地无法直接进入市场，因此对地方政府垄断地位的影响较弱，相反，地方政府能够通过统筹利用宅基地整理腾退结余指标获得更多的出让空间，因此，相较于其他两项改革，土地财政激励下的地方政府更倾向于推动宅基地制度改革。

最后，依赖于上级政府财政转移支付弥补预算支出的地方政府，需要顺应改革的宏观目标从而得到上级政府的认可，因此，这一类地方政府会更加努力完成中央政府的政策目标，甚至产生为了改革绩效打造与当地实际情况不相符的"盆景"政策。

2. 制度环境与地方政府行为

制度环境是指在国家宏观的激励机制框架下，中央政府在土地领域进行的全国性的制度安排。换言之，制度环境是地方政府在农村土地制度改革中需要遵守的基本行为规则。具体表现为中央政府在不同阶段对城乡关系、政府与市场关系以及央地关系的定义和控制手段。

(1) 城乡二元管理体制与地方政府行为

城乡二元管理体制包括二元的权利体系和二元的市场结构。新一轮农村土地制度改革之前，二元管理体制催生了城乡间不对等的发展关系，成为地方政府压缩农民土地权益、补给城市经济发展的制度根源。可以说，地方政府是城乡二元管理体制下制度红利的既得利益者。

但随着东部沿海地区经济发展对建设用地的需求不断扩大，农民的产权意识逐渐觉醒，建设用地低效利用和农民权益受限造成的矛盾越来越成为阻碍城乡经济发展的顽疾。从中央政府的角度来说，改革城乡二元管理体制势在必行。但从地方政府的角度来说，政策态度的背后是对城乡统一管理体制成本与收益的系统衡量，对建设用地供需缺口大、城乡矛盾严重的地区来说，改革的举措是为地方政府扫清变革经济发展方式的制度障碍；而对经济发展仍然依赖城乡二元管理体制制度红利的地方政府来说，改革的举措是以绩效考核的压力倒逼地方政府走出既有发展路径的"舒适区"，从而实现经济发展方式转型。

(2) 政市关系与地方政府行为

政市关系是指在土地资源的利用过程中，中央政府如何定义政府与市场的作用边界。新一轮农村土地制度改革之前，农村集体建设用地市场严重缺位，地方政府征收土地后再出让是集体建设用地进入市场的唯一途径，这变相形成了地方政府对建设用地市场的垄断。这一制度安排为地方政府"竞次"

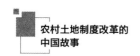

竞争和土地财政依赖埋下了隐患，形成了工业用地低效闲置和"鬼城"等现象。

而新一轮农村土地制度改革中，中央政府通过制度间的互补联动，不断推动地方政府将土地资源配置权力交还给市场，并给予了地方政府构建市场秩序、激活价格作用的制度空间。这带来了一系列诸如地方政府宅基地有偿使用、成渝"地票"、义乌"集地券"以及"留用地"等向农民与市场放权让利的政策探索。

（3）央地关系与地方政府行为

有效治理和风险控制是中央政府制度设计的两大目标，其中有效治理需要中央政府分权以发挥地方的主观能动性，而风险控制目标则要求中央政府集权以控制地方政府的政策行为偏差。因此，中央政府的制度常常表现出"集权—分权"的摆动。在新一轮农村土地制度改革中，中央政府为了使地方政府放开手脚，探索新的改革方向，采用分权的方式，允许地方政府在框架内进行政策创新。以此为前提，地方政府得以进行符合地方发展实际的政策行为选择，从而以政策行为倒逼宏观制度层面城乡建设用地市场的重构，松绑城乡二元管理体制。

3. 地方情境与地方政府行为

地方情境是指地方政府在选择政策行为时面临的区别于其他地方政府的地区特性。我国辽阔的疆土和悠久的历史塑造了多样性的地方改革基础，从而引致了差异化的地方政府行为。

首先，地方政府政策行为选择与各地区的市场基础有关，沿海发达地区是改革开放的先行区域，也是最早发挥市场"无形之手"对生产要素进行配置的地区。在社会经济快速发展的过程中，市场化配置机制得到了政府和社会主体的共同认同与信任。农民和村集体经济组织在市场经济的运行下对产权归属的意识也更加强烈，市场化配置成为一种思维，并贯穿于社会治理各个环节。而一些欠发达地区因区位劣势以及非公有制经济发展的迟滞，反而强化了政府主导资源配置这一模式。这些地方政府一方面没有动力向市场和农民让渡资源配置权力与增值收益，另一方面又需要积极响应中央政府的改革目标以获得财政转移的优惠条件，但不一定能将响应落到实处。

其次，对投资的吸引能力也呈现出东部较强、西部较弱的分布特点。外来投资对建设用地的需求决定了地方政府是否有动力进行政策创新。供需矛盾相对紧张的地方政府更倾向于创新，包括促进集体建设用地市场配置，以及向农民集体让渡部分权益来推进城乡土地市场建设。而土地需求不活跃的地区的地方政府则更倾向于继续维持对建设用地市场的垄断，以政府主导来决定土地增值收益分配。

最后，民营经济的强弱也会影响地方政府对市场化政策创新的态度。农民集体经营能力较强的地区，地方政府与其合作的积极性也会更高，从而形成多元参与的协同治理模式。而农民集体经营能力较弱、经验较少的地区，地方政府更倾向于保守地完成中央政府规定的"标准动作"。

（五）体制机制改革是深化农村土地制度改革的关键

客观而言，地方情境具有典型的地域特征，其复杂多样且不受人为控制，一般难以通过改变地方情境来影响地方政府的行为；而激励机制与制度环境对于我国不同地区而言往往是共性的，且在一定程度上受管理者主观意志的调控，从而直接作用于地方政府的行为选择。但从这一点来看，我国现行体制机制下的制度环境以及央地之间的激励机制是影响地方政府行为的主要因素，而改革现行体制机制则是深化农村土地制度改革的关键所在，这主要表现在以下两个方面：

1. 新一轮农村土地制度改革实践已面临现行体制机制的制约

从各个试点地区的实践来看，我国现有制度环境已成为约束地方改革试点空间的重要条条框框，而央地之间的激励机制也对地方政府的改革行为抉择产生深刻影响，两者共同制约着本轮农村土地制度改革绩效的提高。

首先，新一轮农村土地制度改革可以理解为是对农民或集体"还权赋能"

的过程，即落实法律赋予农民集体的集体建设土地的用益物权，以期实现农村土地资源的优化配置并赋予农村发展的活力。但改革面临着现有农村土地制度框架带来的约束，并未改变城乡二元土地所有制、二元土地市场等基本结构，而且依然受到现有制度环境的束缚。例如，对于农村集体经营性建设用地入市制度改革，改革方案从一开始就限制住了可入市交易的建设用地范畴与体量，这就使得农村地区的建设用地市场难以形成规模，市场价值也难以充分体现。规模较小且零散分布的特征也难以满足规模化企业的生产用地需求，从而制约了农村经营性建设用地入市绩效的提高。在宅基地制度改革中，允许试点地区的宅基地进行出租、抵押、退出等交易流转，实质局限在本村内部进行，这同样导致农村宅基地交易流转的市场无法得到"质"的提升。而在征地制度改革中，尽管提出要提高征地补偿的标准，但从客观上看这仍是一种政府定价。可见，现有基础性制度对集体经营性建设用地权益的约束、对宅基地交易范围的约束，以及对征地补偿方式的约束，都制约着农村土地资源市场化配置与价值。

其次，地方政府是农村土地制度改革的实施者，并负责各环节的具体尺度，是农村土地制度改革的关键主体。但地方政府并非单纯服从于中央政府的改革方案和具体目标，也会考虑地方利益的最大化。换句话说，现有体制下的财政激励与晋升激励是地方决策的核心激励，决定了地方政府的政策创新和实施过程。例如，在农村集体经营性建设用地入市制度改革中，浙江德清在推动入市交易上所表现出的前期快速推进而后续逐渐放慢，在很大程度上是在前期试点绩效释放后面临传统发展模式的反约束——包括集体经营性建设用地入市冲击到国有土地市场等；而福建晋江在集体经营性建设用地入市早期呈现出"雷声大、雨点小"的特点，而后期加快推进入市项目数量和规模，其规律正好跟德清县相反，但本质逻辑却高度一致。早期晋江市没有土地供给指标压力，也不需要解决历史遗留问题，民营经济已经有非常充裕的土地要素供给，地方政府不需要真正推动入市，相反还担心一旦允许农民集体直接入市，将可能面临村集体经济组织能力增强影响政府在国有土地市场上的垄断地位的问题。而后期之所以推进入市数量和规模，是因为在改革收官阶段，地方政府面临上级考核的压力，需要作出必要的改革示范。

2. 现行体制机制与深化农村土地制度改革的目标不相适应

从本书对农村土地制度改革的历史脉络的梳理不难看出，我国大体坚持着"细分土地产权、放开市场配置"的改革路径，而且随着国家对城乡发展不平衡的高度重视与积极介入，对这一改革路径的认可也越发坚定。换句话说，实现市场化的农村土地资源配置以及构建城乡统一的土地市场将成为我国未来农村土地制度深化改革的长远目标，但这将面临我国央地之间激励机制以及现有制度环境的阻碍与挑战。

从激励机制层面来看，实现农村土地资源市场配置并培育农村建设用地市场，意味着当前地方政府依靠行政征收手段所把持的"低价征转"局面很可能会不复存在，而构建城乡统一的建设用地市场还会进一步削弱当前地方政府依靠垄断国有土地市场所形成的"高价售卖"格局，两者合力将直接威胁地方政府赖以生存的土地财政收入（土地出让金）。更进一步而言，在大部分地方政府高度依赖土地财政而产业税收收入不足的背景下，地方财政根基也将面临大的挑战，地方政府无法提供足额资金用于对城市建设、基础设施建设、产业培育、社会民生以及农村发展等的投入，从而影响地方社会经济发展并损害到地方政府的政绩。无论上述哪一点，都必然会引发农村土地制度改革中的关键主体——地方政府的极大反弹[1]，比如通过设置各种条框或放慢改革实践步伐等，拖延甚至阻碍深化农村土地制度改革的步伐，从而造成全面深化改革目标的落空。这正是地方政府受财政激励机制以及政治晋升激励机制作用的必然结果。而转圜的余地，则必须通过调整当前央地之间的

---

[1] 事实上，本轮农村土地制度改革中，地方政府对征地制度改革的集体懈怠，以及部分地方政府对集体经营性建设用地入市制度改革的消极对待已然表明这一点。

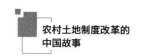

财政激励与晋升激励机制来实现,即建立科学合理的激励机制,引导地方政府的改革行为选择与中央政府改革目标保持一致。

从制度环境层面来看,为实现农村土地资源市场化配置以及构建城乡统一土地市场的目标,需要以相对彻底的农村土地产权制度改革为基本前提,这就要求尽可能降低甚至排除地方政府对农村集体土地(包括集体经营性建设用地、宅基地、农用地等)的支配权与征收权,转而赋予农民集体更为完整的占有、使用、收益、处分等权利,同时允许农民集体在一定前提条件下对农村土地进行相对自由的交易买卖,实现"同地同权同价"。此举意味着我国农村集体土地所有权将同国有土地所有权趋向对等,农村集体建设用地市场将得到培育,并与国有建设用地市场逐步走向协调统一,宅基地也将在保障居住权益的前提下得到相对自由的流转交易,而依附于不对等的城乡土地所有权关系的征地制度也将被严格限定在"公共利益"范畴之下并减少对农民集体权益的侵害。但摆在面前的难题是,截至本轮农村土地制度改革结束,我国城乡二元土地所有制、城乡二元土地市场制度以及城乡二元体制等制度壁垒仍然存在,且难见明显松动,这表明我国深化农村土地制度改革必将面临现有制度环境壁垒的阻碍。

总之,我国现有体制下的央地间激励机制与制度环境已然制约了本轮农村土地制度改革绩效的提高,并对未来深化农村土地制度改革的目标构成较大阻碍。若不对现有体制机制进行大的调整,全面深化改革的长远目标也将难以实现。换句话说,深化农村土地制度改革必须要从改革现有体制机制入手,具体则可以从激励机制、制度环境以及政策工具等方面找到合适的改革切入点。

三、研究启示与政策建议

如何提高农村土地制度改革效率,如何让利益相关方对收益分配更满

第九章
农村土地制度改革的中国故事：结论与启示

意，以及如何降低改革后的制度成本等问题，是全书研究的实践目标。在前面各章对地方政府行为逻辑把握的基础上，本书最后将从政策工具、制度环境以及激励机制三个层次为改革实践和后续制度建设提出相应的建议。其中，政策工具层次反映的是现有体制机制不变情境下如何提升改革绩效；而制度环境层次与激励机制层次则反映的是如何改革现有体制机制以进一步提升改革绩效。这是我国未来农村土地制度改革的两个方向。

（一）政策工具层次：大胆创新政策工具，提高工具运用的匹配性与协同性

政策工具运用是在体制机制不变的条件下，由地方政府结合农村土地制度改革现实情境作出的具体选择，其主要目标在于降低改革实施过程中的成本，并使改革带来的收益最大化。在这一现实运作背景与利益导向下，中央政府给地方政府留足了探索空间用于具体改革路径的探索，即政策工具创新；而地方政府也有足够意愿通过创新政策工具来尽可能释放改革的红利。换句话说，创新政策工具是农村土地制度改革试点的潜台词，也为提高改革绩效提供了第一次机会。

然而，政策工具创新不等价于政策工具运用，尤其考虑到现实中不同地方政府在创新方面的差异性，以及不同政策工具之间可能存在的耦合与冲突，地方政府在运用政策工具的过程中还需要考虑工具运用的匹配性与协同性问题。对于不同地方政府在创新方面的差异性，这要求部分地方政府在借鉴其他试点地区创新型政策工具或优秀经验做法的同时，考虑到具体政策工具与本地情境的匹配性，并以此作为可选政策工具集的重要判断标准。对于不同政策工具之间可能存在的耦合与冲突，这就要求地方政府应通过协调运用不同政策工具，打通不同制度改革内容之间的壁垒，进一步扩大改革试点的空间，以此实现"1+1＞2"的改革试点效果。

遵循上述针对政策工具层次所提出的指导性建议，面向不同制度改革的内容，本书具体提出如下可操作性的建议：

1.有关农村集体经营性建设用地入市制度改革的政策工具建议

第一,积极探索异地调整入市,扩大潜在入市交易的规模。从各试点区域的实践来看,就地入市仍然是当前农村集体经营性建设用地入市交易的主要渠道。但面对我国农村集体经营性建设用地普遍存在的面积规模较小、区位较差以及分布零散的特点,为进一步提高入市交易的规模,尽可能满足不同区域农民集体对各类集体经营性建设用地的入市需要,地方政府应加大对异地调整入市的探索,通过空间置换与异地腾转,实现零星地块的有效整合,用以满足企业的用地需要,并扩大入市交易的规模。与此同时,地方政府可进一步针对异地调整入市出台相应的操作规范,用以协调不同村集体经济组织或不同农民主体之间的入市行为与利益分配,保障异地调整入市的顺利推进。

第二,与城乡建设用地增减挂钩政策相衔接,进一步拓宽入市渠道。就地入市实质上是将集体经营性建设用地视为一种空间固定的土地资产,异地调整入市则通过空间置换使得部分区位较差的土地资源转变成可交易入市的土地资产。在此基础上,可进一步探索将集体经营性建设用地这一土地资源或资产转变为可交易的建设指标,即借鉴城乡建设用地增减挂钩政策的相关操作模式,将农村地区的集体经营性建设用地通过复垦等方式转变为可交易的建设用地指标,实现真正意义上的"去区位化",并将该建设用地指标落址在用地需求比较旺盛的城市或农村地区,但保留农民集体对其所有权,从而在极大提升集体经营性建设用地入市交易价值的同时,保障农民集体的土地权益。

第三,加快开展统筹入市交易,提高农民集体在入市交易中的话语权。从现有交易案例来看,用地需求者在农村集体经营性建设用地入市交易中往往占据主导地位,这主要体现在对入市地块的筛选以及议定地价等方面,而农民集体在这一过程中的议价能力十分有限,且多处于被动状态。对此,地方政府应加快开展统筹入市交易,借助政府力量对不同区域的集体经营性建设用地交易入市进行有效的时序安排与统筹,把控好不同地区不同时期的入市交易规模,并通过政府代理或兜底,增强农民集体在入市交易中的话语权,保障农民集体的入市收益。

2. 有关宅基地制度改革的政策工具建议

第一,紧扣宅基地"三权分置",拓宽宅基地交易流转实现方式。宅基地"三权分置"实现了宅基地所有权、资格权和使用权的有效分离,这就为扩大宅基地的交易流转奠定了基础。对此,地方政府应抓住宅基地"三权分置"的契机,加强宅基地使用权在村集体内部的交易买卖,优化村域土地资源配置。同时,积极探索宅基地使用权在县域范围内农村地区的交易流转,扩大宅基地交易流转的覆盖面,但也要做好相应管控、统筹措施的保障,以此稳步、有序盘活闲置的宅基地资源。

第二,建立多元化的宅基地退出和农民住房权益保障方式,满足不同类型农民的住房需要。从完善农村住房保障政策体系出发,改变现行单一的以宅基地为载体的农村住房保障模式,建立起农村宅基地实物安置、住房安置和货币安置相结合的多元化、多层次的农村住房保障方式。一是要鼓励和引导农村集体组织兴建集中性农民公寓、新农村社区等,变宅基地实物分配为住房实物分配,变宅基地保障为住房保障;二是对具有一定经济条件又已在城市就业的农民,可以采用货币安置的方式,给予其一次性的货币补偿;三是在不额外增加农民负担和基于农民集体自愿的原则下,在退出旧宅基地的同时鼓励新的宅基地采用有偿分配的模式,提高宅基地的集约节约利用。

第三,依托各类农村更新改造项目,加快推进宅基地制度改革的落地。宅基地制度改革对"人、地、钱"的问题最为敏感,牵涉每一个与宅基地资源配置或重新配置相关的农民个体,也关乎每一位农民的基本居住权益。在实践过程中,为了充分解决"人往哪里去""地该如何分""钱从哪里来"等问题,可通过农村更新、旧村改造、新村统一规划建设等项目的运作来破除"人、地、钱"的阻碍,从改善农民居住条件、优化宅基地资源配置、完善村

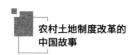

庄基础设施、加强村内民主管理、美化村容村貌等多个方面，调动农民集体参与宅基地制度改革的积极性。

3. 有关征地制度改革的政策工具建议

第一，结合地方发展实情，科学合理地引进留用地政策工具。留用地政策之所以最早出现在浙江、广东等沿海发达地区，并经历了多次政策的调整或变更，与地方社会经济发展对征地需求的变化以及失地农民权益保护意识的动态演化密切相关。简单来理解，经济越发达、征地需求越高且越频繁的地区，地方政府实施留用地政策工具时能够依托较为旺盛的土地需求市场"支撑"留用地的落地，从而保障失地农民的权益，这就实现了土地征收与缓解失地农民抵触情绪的平衡，形成了双赢局面。然而，对于经济发展水平不高、征地需求并不旺盛的区域，留用地政策很可能会因为村集体可开发土地需求不足而难以落地，最终损害失地农民权益，造成"赔了夫人又折兵"的局面。因此，地方政府在尝试引进留用地政策之前，应做好自身是否适宜实施留用地政策的全面评估，一方面要考察土地市场对留用地的需求状况，另一方面还要调研农民集体对留用地政策实施的整体意愿，以此作出更为合理、更加符合自身发展情境的决策。

第二，做好与就地入市、宅基地使用权交易流转等政策工具的衔接，协调好"三块地"的利益分配。土地征收除了会涉及大量农用地，还会征用农村集体经营性建设用地或农民宅基地，但目前对宅基地或集体经营性建设用地进行征收补偿的标准相对较低，尤其相较于农村集体经营性建设用地入市与宅基地交易流转而言，农民集体在征地中所获得的土地收益明显偏低。事实上，这一现象已在试点地区普遍存在，而部分试点地区的农民集体也更加倾向于通过集体经营性建设用地入市或宅基地交易流转来重新配置土地资源，由此加剧了农民集体对征地的抗拒。对此，地方政府可审时度势、主动出击，借鉴入市与宅基地制度改革的思维，积极寻求与就地入市或宅基地使用权交易流转等政策工具相衔接，尝试将征地中所涉及的宅基地或集体经营性建设用地部分，另行按照集体经营性建设用地入市交易或宅基地交易流转等方式确定补偿的标准，以此提高对失地农民的补偿，缓解农民集体对征地的抵触情绪。

4.有关农村土地制度统筹改革的政策工具建议

第一，加大基础工作落实力度。加快推进与农村集体经营性建设用地入市、宅基地交易流转、征地等改革内容密切相关的土地调查、确权登记、规划修编等基础业务。把开展不动产统一登记、集体土地确权颁证、编制"多规合一"的村庄规划，作为深化改革的重要基础工作，抓好抓实。

第二，耦合集体经营性建设用地入市与宅基地交易流转等相关政策工具，打通两块地改革的渠道。现有政策文件对集体经营性建设用地和宅基地的范围作出了比较清晰的界定与规范，但从实践来看，部分地区的宅基地早已具备保障农民基本居住权益以外的其他经营性特征，比如发达地区的农民将宅基地上的农房分层出租用于住房租赁、商品经营、物流仓储等，这就意味着现实中集体经营性建设用地与宅基地的边界不再清晰。对此，地方政府可根据现实情况，积极探索就地入市或异地调整入市与宅基地交易流转等政策工具的耦合。一方面，可以将就地入市的思路引入到宅基地抵押交易流转中，以此扩大并显化宅基地的抵押融资功能；另一方面，可以将异地调整入市的思路引入到宅基地使用权或经营权交易流转中，以此推动宅基地指标的跨村跨镇流转。当然，在整合入市与宅基地交易流转各项政策工具的同时，地方政府也应加强对农村建设用地的管控，防范资本下乡对农民集体土地资产的侵占，合理规划确保各类农村建设用地在市场机制下得到有效、有序、有度的配置。

第三，区分"圈内"与"圈外"并采取不同管理政策，协调好征地、集体经营性建设用地入市与宅基地制度改革三者的关系。对于城市规划区范围内的集体建设用地（多为"城中村"），可以入市自主交易，也可以征为国有，但要赋予被征地农民谈判地位，其公益性用地征收补偿费应参照土地市场价格进行补偿，同时解决好住房、社保、就业等安置问题，使农民能够较多地分享土地增值收益。城市规划区范围外的经营性项目，允许地方政府对集体建设用地进行探索和试验，鼓励集体土地股份制改革，采取购买、租用、入股等方式，直接使用集体建设用地，而不必把集体土地征为国有。

第四，引入市场竞争机制和多元资金供应渠道，提升综合产出效益。从各地探索农村集体建设用地统筹利用的实践来看，在"人、地、钱"三者关系中，"钱从哪里来"的问题相对较难，对此，建议在城市反哺农村、工业反哺农业的国家发展战略背景下，适时调整相应制度上的限制，引入市场竞争机制，鼓励社会资本或城市资金向农村地区流动，建立多元化的资金供应渠道，利用资金逐利的本性推动农村集体建设用地的统筹开发利用。但需注意的是，在这一过程中，地方政府要充当监督者的角色，严格限制社会资本给农村集体经济组织和农民群众利益带来的冲击，以保障农民集体权益为基本前提。

（二）制度环境层次：加快市场机制培育，合理界定政府与市场之间的边界

制度环境是约束地方政府在农村土地制度改革中行为决策的基础性制度框架，包括土地产权、土地规划等相关法律法规或行政管理体系，是现有体制机制的重要组成部分。在坚守"四条底线"[1]的原则下，中央政府允许试点地区暂停实施《中华人民共和国土地管理法》《中华人民共和国城市房地产管理法》等法律法规中的部分条款，实际上是从制度环境层次上放松了对农村土地管理的部分限制，但也仅仅是部分而已[2]，尤其相比于国有土地，中央政府针对农村土地利用与配置的制度管控依然十分严格。对此，应积极调

---

[1] 即土地公有制性质不改变、耕地红线不突破、粮食生产能力不减弱、农民利益不受损。

[2] 所谓"部分"，主要是指仅允许农村集体经营性建设用地交易流转以及宅基地抵押交易等，但农村建设用地仍无法像国有土地一样"自由"流转，农用地也无法直接转为建设用地，其仍需经由土地征收来形成有效的土地供给。

第九章
农村土地制度改革的中国故事：结论与启示

整现有体制机制对农村土地管理的制度环境约束，为提高改革绩效提供第二次机会。

就大的改革方向而言，从早期农民个人土地私有制，到"两权分离"，再到当前的"三权分置"，我国农村土地制度改革实际上遵循着"固化所有权、放活使用权"的改革思路[1]，并意图通过逐步放开制度管控，将市场竞争机制引入到农村土地资源配置的过程中。因此，对制度环境层次的调整应以服务农村土地市场制度的建立为最终目标，这主要包括完善农村土地产权制度、构建公平合理的土地收益分配机制、落实国土空间规划制度等重要内容。与此同时，为将过去依赖政府计划管控的农村土地管理思维调整至依托市场竞争机制，还需进一步厘清政府与市场的关系，界定两者在农村土地资源配置与管理中的边界，发挥两者各自优势，服务农村土地制度改革的落地，但又不至于相互矛盾。

针对上述有关制度环境层次调整的主要内容，面向不同的制度改革项目，具体提出如下几点建议：

1.有关农村集体经营性建设用地入市制度改革的制度环境建议

第一，加快推进农村集体建设用地确权登记工作，为入市交易奠定基础。清晰的产权是进行市场交易的基本前提，为消除农村集体经营性建设用地入市过程中的不确定性、树立农村集体和用地者的市场信心，应加快农村地区集体建设用地确权登记工作，将农村集体建设用地产权落实到具体村集体经济组织或农民个人头上，并以颁证的形式固化农村集体建设用地产权的归属。

第二，积极培育农村集体建设用地市场，逐步实现城乡建设用地市场的统一。市场的作用在于发现交易对象，形成交易价格，规范交易行为，最终促进集体经营性建设用地的优化配置和交易费用的降低。可以说，集体经

---

[1] 刘守英.直面中国土地问题[M].北京：中国发展出版社，2014.

营性建设用地市场的完善和成熟是实现集体经营性建设用地有序、健康入市的基石。因此，地方政府一方面要加强市场交易机制的建设，包括对入市条件、方式和入市后的土地用途进行规定，对入市的程序进行规范，对入市的审批和权属变更登记工作进行完善等；另一方面要加强市场配套服务中介体系的建设，包括完善集体土地产权交易平台、提高中介机构的评估业务能力、建立集体经营性建设用地的基准地价和租金体系等。

第三，转变政府职能和角色，进一步发挥市场和集体民主决策的作用。地方政府应杜绝直接干预集体经营性建设用地入市的行为，比如政府定价，并将政府的职能定位为监管和引导市场交易，从而真正发挥市场的价格机制和资源配置功能。对于入市收益的分配，地方政府应以让利于农民为出发点，通过完善农村内部的利益分配机制，推动农村股份制改革，发挥基层民主决策在集体经营性建设用地入市收益分配中的作用。地方政府还可以通过提取一定比例的收益调节金用于社会公共服务支出，使土地增值收益为集体共享。总之，政府在集体经营性建设用地入市制度改革中应避免政府职能的错位、越位和缺位，同时充分发挥社会和市场的调节机制作用。

2. 有关宅基地制度改革的制度环境建议

第一，探索构建县域范围内的宅基地使用权交易市场，实现跨村镇的宅基地交易流转。现实中，因人口数量与流动、土地资源及区位条件等因素的不同，各村集体经济组织对宅基地指标的需求存在一定差异，部分村集体对宅基地需求较为旺盛，而部分村集体又可能存在大量闲置宅基地。对此，地方政府可以大胆探索将城乡建设用地增减挂钩的政策思路运用至农村地区的宅基地资源配置上，即在管控宅基地总量的前提下允许跨村镇的宅基地指标交易流转，突破现有宅基地仅限于村集体内部隐形交易流转的制度限制，以此实现不同村集体之间宅基地资源的优化配置，同时满足不同区域农民的基本居住权益。

第二，建立健全村庄规划体系，依规有序推进宅基地制度改革落地。进入国土空间规划的新时代之后，政府要积极加强农村地区土地利用总体规划与村庄规划的衔接，加快中心村、特色村、产业村的村庄规划编制工作，全力推进新时期村庄规划任务的完成。在编制过程中，地方政府应结合村庄长远发展需要及农民集体现实需求，对村内宅基地资源进行合理统筹安排与布局，并落实为具体的国土空间规划方案；在后期实施中，地方政府应强化规划管控，严格遵照村庄规划的设定，有序推动宅基地资源的合理分配，实现农民宅基地权益保障与村庄有序开发建设的相互协调。

第三，完善相关配套制度的建设，全方位保障农民利益。宅基地制度改革是一项复杂的系统性工程，牵涉农民基本权益的方方面面，也涉及资金投入、农民安置、就业保障等多方面的相互协作。在资金投入方面，地方政府应建立农村宅基地配套基金，专款专项用于宅基地退出项目的资金投入；在户籍政策方面，地方政府应尝试打破农村户口和城市户口的藩篱，引导农村人口向城镇有序转移，达到以人为核心的新型城镇化；在社会保障政策方面，地方政府应加大补贴力度，优化参保结构，将参与宅基地退出的农民统一纳入城乡社会保障体系；在再就业政策方面，地方政府应承担起解决农民再就业的责任，比如提供就业技能培训、联系用工企业举办招聘会等，同时通过政策倾斜鼓励农民自主创业；在安置房流转政策方面，地方政府应建立一个安置房交易流转平台，允许国有土地性质的安置房在办理合法手续后上市交易，通过买卖、出租等方式提高退出农民的财产性收入。

3. 有关征地制度改革的制度环境建议

第一，以征地社会保障为基础，建立"1+N"的多元保障机制。在土地征收所引发的各类问题中，对失地农民的社会保障欠缺或不足是引发矛盾的重要症结之一。对此，地方政府有必要按照"应保尽保"的基本原则，妥善解决失地农民或集体的医疗保险、社会保险、养老保险、就业保险等问题，并探索建立"1+N"的多元保障机制，即实施"社保+农业""社保+留房""社保+就业""社保+持股"等多种安置模式。与此同时，有条件的地区可以试

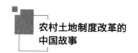

点将被失地农民纳入城镇职工基本养老保险和城乡居民社会养老保险，并探索构建保障类别齐全、保障水平较高、保障覆盖面广的农村社会保障体系，涵盖镇保、农保、低保、合作医疗等多个方面。

第二，正确处理政府与市场的关系，让市场逐步成为确定土地征收补偿的决定性力量。纵使出于公共利益的需要，也应当在尊重、保障农民集体土地权益的基础之上开展土地征收，尤其是，放眼国外惯例，对土地进行征收或征用大多是基于市场机制或采取市场化的配置方式来确定土地征收补偿标准，这也应当成为我国未来很长一段时间内农村土地征收制度改革的方向。对此，地方政府应该逐步弱化其在土地征收中主导土地补偿标准制定的角色，以留用地政策工具为典型，引入市场化的土地征收补偿标准制定方式，减少政府对土地资源的直接配置，让市场成为土地资源配置的决定性力量。在这一过程中，地方政府应做好相关配套工作，创造良好的制度环境，为市场的运行提供制度保障，促进交易的顺利实现，同时地方政府也要扮演好监督者的角色，确保土地征收公平合理、有序、有度推进。

4.有关农村土地制度统筹改革的制度环境建议

第一，加快完善农村土地产权制度，赋予农民集体更为完整的土地产权束。农村集体土地权利的不完整是引发诸多农村问题和社会矛盾的重要原因，也是新一轮农村土地制度改革中要竭力解决的现实问题之一。我国未来农村土地制度改革还将继续在产权制度上予以"松口"，对此应进一步补全农村集体土地在收益权、财产权乃至处分权上的残缺，赋予农民集体更为完整的土地权利束，以此强化农民集体在集体经营性建设用地入市、宅基地流转以及征地中的权利主体地位，保障农民集体的土地权益。

第二，加快构建城乡统一的地价体系，引导城乡建设用地价格向"同地同权同价"的方向衔接。为实现城乡一体化建设用地市场的长远目标，应着手建立覆盖城乡的统一地价体系，并以此为集体经营性建设用地入市的价格确定、征地补偿标准的制定、宅基地退出补偿与有偿使用标准的确定等提供相对统一的参照体系,从而化解不同制度改革下土地增值收益分配或土地收益分配中存在的矛盾与冲突,有助于加强各项制度改革间的衔接,同时也有利于引导城乡建设用地价格向着"同地同权同价"的方向转轨。

第三,加快构建公平合理的土地收益分配制度,实现区域协调发展。土地增值收益分配是农村土地制度改革的焦点所在,但当前全国层面有关集体经营性建设用地、宅基地以及征地制度背后的土地增值收益分配机制仍在探索阶段。在未来的农村土地制度改革中,应进一步加强对土地收益分配制度建设的关注,积极开展土地增值收益相关研究,一要合理界定地方政府、农民集体在农村土地收益上的分配关系,二要协调城市与农村地区之间的土地收益分配关系,三要统筹我国广大农村地区集体与集体之间、集体与农民之间以及农民与农民之间的土地收益分配关系,并在厘清上述关系及权益边界的基础上提出相应土地增值收益分配机制的建设方案。

第四,加快构建城乡统一的建设用地市场,破除城乡生产要素流动的壁垒。在本轮农村土地制度改革中,可入市交易的农村集体经营性建设用地仍占少数,宅基地也多限于村集体内部流转,而土地征收仍带有强烈的计划经济气息,这都是我国农村土地市场制度尚未完全建立的具体体现。此外,相比于国有土地市场制度,当前的农村土地市场制度尚不完善,大量农村土地的资本或资产属性尚未完全显化,农村土地要素仍处于近乎"停滞"的状态,从而缺乏对外来社会资本的吸引力,并遏制了技术、人才等要素向农村地区的有效流入。因此,未来农村土地制度改革应当在逐步完善我国农村土地产权制度的基础上,继续坚持以建立相对完整的农村土地市场制度为目标,探索农村地区内部甚至跨城乡的生产要素流动,为农村地区的产业发展、就业增加以及创收等提供更多的发展机会,从根本上推动农村地区的社会经济发展。

(三)激励机制层次:积极转变央地关系,构建城乡协调发展的价值导向

激励机制刻画了社会经济管理体制下中央政府与地方政府之间的纵向

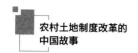

关系以及互动作用机制,具体表现为央地之间的晋升激励机制和财政激励机制,它是影响地方政府决策的深层次因素。在本轮农村土地制度改革中,不同于显化可见的政策工具与制度环境,激励机制如"无形之手"无时无刻不在影响着地方政府在改革各个方面的抉择,甚至决定着地方政府对各项改革的整体定位与行动方向。我国当前激励机制的设定更偏向经济效益最大化与城市发展至上,这就导致地方政府在推动农村土地制度改革中存在"有偏"的决策。例如,地方政府片面追求土地财政而对征地制度改革存在抵触。对此,积极调整现行体制机制下央地之间的激励机制,为提高改革绩效提供了第三次机会。

一方面,改革开放以来,以经济利益为导向的财政激励机制成为地方政府积极投身工业化、城镇化的重要推力,但也让地方政府患上了通过土地征收攫取大量土地出让收益的土地财政依赖症状,使得城乡发展失衡,农民集体长期扮演着利益输送方的角色。为此,有必要及时调整我国现有央地关系下中央政府对地方政府的财政激励机制,打破地方政府单纯追求城市社会经济发展的执念,并把农村地区的社会经济发展以及城乡协调发展作为重要考核内容纳入到对地方政府的财政激励机制中,以此引导地方政府重视农村地区的发展以及对农民集体土地权益的保障。

另一方面,在我国现有政治生态背景下,新一轮农村土地制度改革除了"自上而下"地下达政治任务,也是中央政府考验地方政府执政、治理、攻坚能力的重要"试金石",甚至成为考察地方政府政绩或考核干部晋升的重要窗口。受此影响,地方政府在农村土地制度改革中的行为,很可能演化成刻意彰显政绩的工具或手段,从而偏离了中央政府设定的改革试点任务的初始目标,如各试点地区在改革过程中所呈现的"盆景式"改革案例。对此,有必要调整对地方政府的政治晋升激励机制,将改革所面临的现实问题作为推进改革的切入点,避免地方政府为改革而改革,并强调科学合理在改革试点中的重要性,将改革的目标落到实处,而非通过改革来吸引眼球。

第九章
农村土地制度改革的中国故事：结论与启示

遵循上述针对激励机制层次所提出的框架性建议，面向不同制度改革的内容，具体提出以下几点可操作性建议：

1. 有关农村集体经营性建设用地入市制度改革的激励机制建议

第一，积极引导地方政府正确认识集体经营性建设用地入市制度改革，减少其对入市制度改革的抵触。尽管农村集体经营性建设用地入市在客观上拓宽了土地供应的渠道，使得原本具有垄断性质的国有土地市场面临冲击，并对地方政府"钱袋子"——土地财政形成一定威胁，但从国家整体角度来看，建立城乡一体化的土地市场体制，赋予农民集体更为完整的土地权益以及实现城乡协调发展是大势所趋。地方政府应当正确认识到集体经营性建设用地入市制度改革的历史必然性，并积极推动集体经营性建设用地入市交易与农村产业落地，将对土地财政的依赖逐步转移到对城市和农村地区的产业培育与发展上来，以此拓宽可持续性的财政收入来源渠道，削减对入市制度改革的抵制情绪。

第二，重点强调入市制度改革在加速农村产业落地上的重要性，面向地方政府建立扶持农村产业发展的监督考核机制。中央政府实施改革的目的除了要赋予农民集体相应的土地权益并增加其经济收益，还意在通过入市交易来实现资本、产业、技术以及人才下乡的长远目标，以此撬动农村地区的经济发展，并逐步打破城乡二元壁垒，实现城乡协调发展。对此，可考虑面向地方政府建立扶持农村产业发展的监督考核机制，即考核地方政府在推动入市交易落地中对产业的培养状况，包括引入了多少企业，吸引了多少外来资本，增加了多少劳动就业人口，以及提高了多少农民收入，并据此作为地方政府年度考核或地方领导干部任期考核的重要参考指标，从监督机制上督促地方政府加快农村集体经营性建设用地入市交易。

2. 有关宅基地制度改革的激励机制建议

第一，确保农民基本居住权益在宅基地制度改革中的核心地位，面向地方政府建立保障农民住房权益的监督考核机制。农村宅基地制度改革的一

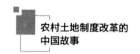

个重要目标在于保障农民集体的基本居住权益,确保农民集体安居乐业。对此,中央政府可以面向地方政府建立保障农民住房权益的监督考核机制,即考核地方政府是否通过宅基地制度改革切实解决了"多户一宅"或"一户多宅"等问题,是否达到了"户有所居"的基本条件,是否避免了农民"被上楼",以及是否保障了农民住房权益得到合理显化等,并将其纳入到地方政府年度考核或地方领导干部任期考核中,作为政治晋升或财政奖励的重要依据。

第二,积极认识宅基地制度改革在农村建设中的重要性,面向地方政府建立推动新农村建设的监督考核机制。从各地实践来看,农村宅基地制度改革不仅有利于解决农民的住房居住问题,还会对危旧房改造、村庄更新、脱贫攻坚等产生促进作用。对此,地方政府应当积极拓宽视野,将农村宅基地制度改革的各项内容与农村地区各项社会政策或发展战略联动起来统筹考虑,使其成为撬动农村发展的重要支点;而中央政府则可循序引导,面向地方政府建立推动新农村建设的监督考核机制,考察地方政府在解决贫困农户居住问题、危旧房改造、村庄更新等方面的工作绩效,并将其纳入地方政府官员的年度考核中,作为人事任免的重要参考。

3.有关征地制度改革的激励机制建议

第一,面向地方政府建立保障失地农民权益的监督考核机制。无论是提高征地补偿标准还是透明化征地流程,其根本目的都在于充分保障失地农民或集体的土地权益。然而,在具体实施过程中,因土地征收引发的官民矛盾依然严峻,对失地农民权益保障不到位引发的次生社会问题依然突出。对此,中央政府有必要面向地方政府建立保障失地农民权益的监督考核机制,对地方政府历年土地征收项目进行抽检审查,评估失地农民长远生计,考核地方政府通过土地征收与市场交易所获得的土地出让金的支出使用情况等,并将它们作为地方政府年度考核的重要指标。

第二,推动财政制度改革,逐步摆脱地方政府对土地财政的依赖。不可否认,征地制度的存在是地方政府得以通过行政强制征收权获取大量土地出让收益的重要原因，而地方政府对经济增长的追逐则固化了其对土地征收以及土地财政的依赖，这成为阻碍农村征地制度改革的重要因素。对此，中央政府应当及时推动央地财政制度改革，比如采取提高中央政府在土地出让金中的分成，或提高地方政府在增值税收入中的分成等思路，压缩地方政府对土地出让金的支配空间，但同时又扩大地方政府其他税收来源渠道或体量，以此帮助地方政府逐步摆脱对土地财政的依赖，使其成为推动征地制度改革的主要促进力量。

4. 有关农村土地制度统筹改革的激励机制建议

第一，清晰界定不同部门的责、权、利，加强部门协作与配合。在大部制改革的背景下，有关农村土地制度统筹改革的内容还会牵涉不同的部门机构。例如，自然资源部负责农村地区土地资源调查与规划，农业农村部负责农村宅基地的管理与利用，而住房和城乡建设部负责对农村集体建设用地（含宅基地）的开发建设行为进行管理等。对此，一方面，应当在客观认识不同部门职能分工的基础上，清晰划定不同部门在农村土地制度改革中的行政管辖边界，合理确定各自的责、权、利，积极运用不同部门在各自负责的环节或板块中的行政力量；另一方面，还应加强农村土地制度改革过程中相关部门的协同配合和相互支持，通过部门合作，做好改革事前、事中、事后的各项工作，确保各项改革内容与任务的真正落地。

第二，加强中央政府顶层设计，进行户籍制度与农村土地制度的联动改革。农村土地制度改革牵一发而动全身，涉及农民生产生活的方方面面，与农民户籍的关联最为紧密。对此，我们建议中央政府加强顶层设计，加快户籍制度与农村土地制度联动改革；逐步放松城市落户限制，推动农民工市民化进程，进而实现农村闲置宅基地的自愿有偿退出；将大量闲置的宅基地复垦为农业用地，有利于实现农业的规模化经营，促进农业的现代化，同时增加农民的人均收入。

第三，重视基层首创经验，赋予地方政府更多自主权。新一轮农村土

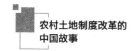

地制度改革试点较好地展现了"智慧在民间"的特色亮点。例如，宅基地制度改革中湄潭县的分割登记、晋江市的农房抵押和义乌市的"集地券"等都体现了这一亮点；农村集体经营性建设用地入市制度改革中，德清县的就地入市与异地调整入市和北流市的住房开发入市，乃至征地制度改革中的"留用地"安排，都是地方政府自主探索、大胆创新的结果，充分展现了基层对于改革的积极能动性。对此，在我国未来持续推进的农村土地制度改革过程中，中央政府应当进一步放权于地方政府，一方面，要赋予地方政府更多的自主权，并通过财政激励与晋升激励充分调动其主观能动性，发挥地方治理经验在创新农村土地制度中的优势；另一方面，还要给予地方政府一定的"宽容"，即允许地方政府在改革过程中存在一定"试错空间"，消除让地方政府在改革试点中畏首畏尾的各种顾虑，以此引导并鼓励地方政府"自下而上"探索农村土地制度改革的新出路或新方向。